公務員
採用試験
対策シリーズ

長崎県の
公務員採用試験
（教養試験）

長崎市・佐世保市・県央地域広域・
島原地域広域の
消防職短大卒／高卒程度

2025

公務員試験研究会　編　　協同出版

まえがき

　公務員は，国や地方の行政諸機関に勤務し，営利を目的とせず，国民や住民などの幸せのため，政策・諸事務を円滑に実施・進行して，社会の土台作りを行うことを職務としています。昨今では，少子高齢化の進行や公務のDX化，国際競争力の低下などの社会情勢の変化に伴って，行政の果たす役割はますます多岐にわたり，重要さを増しています。行政改革が常に論議されているのは，どのような情勢においても安心した生活が送れるよう，公務員に対して国民や市民が，期待を寄せているからでしょう。

　公務員になるためには，基本的には公務員採用試験に合格しなければなりません。公務員採用試験は，公務に携わる広い範囲の職種に就きたい人に対して課される選抜競争試験です。毎年多数の人が受験をして公務員を目指しているため，合格を勝ち取るのは容易ではありません。そんな公務員という狭き門を突破するためには，まずは自分の適性・素養を確かめると同時に，試験内容を十分に研究して対策を講じておく必要があります。

　本書ではその必要性に応え，公務員採用試験に関する基本情報や受験自治体情報はもちろん，「教養試験」，「論作文試験」，「面接試験」について，最近の出題傾向を分析した上で，ポイント，問題と解説，対応方法などを掲載しています。これによって短期間に効率よく学習効果が現れ，自信をもって試験に臨むことができると確信しております。なお，本書に掲載の試験概要や自治体情報は，令和5(2023)年に実施された採用試験のものです。最新の試験概要に関しましては，各自治体HPなどをよくご確認ください。

　公務員を目指す方々が本書を十分活用され，公務員採用試験の合格を勝ち取っていただくことが，私たちにとって最上の喜びです。

公務員試験研究会

長崎県の公務員採用試験対策シリーズ

長崎市・佐世保市・県央地域広域・島原地域広域の 消防職短大卒／高卒程度

◆ 目 次 ◆

第1部

試験の概要

- 公務員試験とは

- ［参考資料］
  試験情報と自治体情報

公務員試験とは

◆ 公務員とはどんな職業か

　一口でいえば，公務員とは，国家機関や地方公共団体に勤務する職員である。

　わが国の憲法では第15条で，「公務員を選定し，及びこれを罷免することは，国民固有の権利である」としたうえで，さらに「すべて公務員は，全体の奉仕者であつて，一部の奉仕者ではない」と定めている。

　また，その職務および人事管理などについては「国家公務員法」および「地方公務員法」という公務員に関する総合法規により，詳細に規定されている。たとえば「この法律は，……職員がその職務の遂行に当り，最大の能率を発揮し得るように，民主的な方法で，選択され，且つ，指導さるべきことを定め，以て国民に対し，公務の民主的且つ能率的な運営を保障することを目的とする」（「国家公務員法」第1条）と述べられ，その職務や人事管理についてはっきりと規定されているのである。すなわち，公務は民主的な方法で選択され，また国民に対しては，民主的・能率的な公務の運営が義務づけられているといえよう。

　現在の公務員の基本的性格を知るにあたって，戦前の公務員に触れておこう。戦前，すなわち明治憲法の時代には，公務員は「官吏」または「公吏」などと呼ばれ，「天皇の使用人，天皇の奉仕者」ということになっていた。したがって，官吏の立場は庶民の上に位置しており，封建時代の"お役人"とほとんど変わらない性格を帯びていた。つまり，民主主義に根ざしたものではなく，天皇を中心とした戦前の支配体制のなかで，その具体的な担い手になっていたといえるだろう。

　戦後，制度が一新されて「官吏」は「公務員」と名を変え，その基本的性格もすっかり変化した。つまり，公務員の「公」の意味が「天皇」から「国民」に変わり，国民によって選定された全体の奉仕者という立場が明確にされたのである。

　なお，公務員という職業は，その職務遂行にあたって国民に大きな影響をおよぼすものであるから，労働権・政治行為などの制限や，私企業からの隔離などの諸制限が加えられていることも知っておく必要がある。

◆ 公務員の種類と職務

(1) 公務員の種類

　本書は，長崎市・佐世保市・県央地域広域・島原地域広域の消防職短大卒／高卒程度をめざす人のための参考書だが，ここでは公務員の種類の全体像をごく簡単に紹介しておこう。一般に公務員は国家公務員と地方公務員に大別でき，さらに一般職と特別職とに分けられる。

① 国家公務員と地方公務員

　　国家公務員とは，国家公務員法の適用を受け（＝一般職），国家機関である各省庁やその出先機関などに勤務し，国家から給与を受ける職員をさす。たとえば，各省庁の地方事務局などに勤務する者も，勤務地が地方であっても国家公務員である。

　　一方，地方公務員は，地方公務員法の適用を受け（＝一般職），各地方公共団体に勤務し，各地方公共団体から給与を受ける職員である。具体的には，都道府県や市町村の職員などを指している。

② 一般職と特別職

　　国家公務員と地方公務員は，それぞれ一般職と特別職に分けられる。人事院または各地方公共団体の人事委員会（またはそれに準ずるところ）を通じて採用されるのが一般職である。

　　特別職とは，国家公務員なら内閣総理大臣や国務大臣・国会職員などであり，地方公務員なら知事や収入役などである。それぞれ特別職は国家公務員法および地方公務員法に列記され，その特別職に属さないすべての職を一般職としている。

③ 上級職，中級職，初級職

　　採用試験の区分であると同時に，採用後の職務内容や給与等の区分でもある。採用試験はこの区分に合わせて実施される。地域によっては，その名称も異なる。

(2) 地方公務員の対象となる職務

　地方公務員試験に合格して採用されると，各地方の職員として，事務および調査・研究または技術的業務などに従事することになる。

　公務員採用にあたって公開平等に試験を実施し，成績の良い者から順に採用することを徹底していて，民間企業の採用によくみられる「指定校制」など

の“制限”は原則としてない。もちろん，出身地・思想・信条などによる差別もない。これは公務員採用試験全般にわたって原則的に貫かれている大きな特徴といえよう。

◆「教養試験」の目的と内容

(1)「教養試験」の目的

　教養試験は，国家公務員，地方公務員の，高校卒程度から大学卒程度までのあらゆる採用試験で，職種を問わず必ず行われている。教養試験は，単なる学科試験とは異なり，今後ますます多様化・複雑化していく公務員の業務を遂行していくのに必要な一般的知識と，これまでの学校生活や社会生活の中で自然に修得された知識，専門分野における知識などが幅広く身についているかどうか，そして，それらの知識をうまく消化し，社会生活に役立てる素質・知的能力をもっているかどうかを測定しようとするものである。

　このことについては，公務員試験の受験案内には，「公務員として必要な一般的知識および知能」と記されている。このため，教養試験の分野は，大きく一般知識と一般知能の2つの分野に分けられる。

　一般知識の分野は，政治，法律，経済，社会，国際関係，労働，時事問題などの社会科学と，日本史，世界史，地理，思想，文学・芸術などの人文科学，物理，化学，生物，地学，数学などの自然科学の3つの分野からなっている。

　一般知識の分野の特徴は，出題科目数が非常に多いことや，出題範囲がとても広いことなどであるが，内容としては高校で学習する程度の問題が出題されているので，高校の教科書を丹念に読んでおくことが必要である。

　一般知能の分野は，文章理解，数的推理，判断推理，資料解釈の4つの分野からなっている。

　一般知能の分野の問題は，身につけた知識をうまく消化し，どれだけ使いこなせるかをみるために出題されているため，応用力や判断力などが試されている。そのため，知能検査に近い問題となっている。

　したがって，一般知識の分野の問題は，問題を解くのに必要な基本的な知識が身についていなければ，どんなに頭をひねっても解くことはできないが，一般知能の分野の問題は，問題文を丁寧に読んでいき，じっくり考えるようにすれば，だれにでも解くことができるような問題になっている。

(2)「一般知識分野」の内容

一般知識分野は，さらに大きく3分野に分けて出題される。

社会科学分野	われわれの社会環境，生活環境に密着した分野で，政治，経済，社会，労働，国際，時事などに分かれる。学校で学んだこと，日々の新聞などから知ることができる内容等が中心で，特に専門的な知識というべきものはほぼ必要がない。
人文科学分野	歴史・地理・文化・思想・国語など，人間の文化的側面，内容的要素に関する知識を問うもので，専門的知識よりも幅広いバランスのとれた知識が必要である。
自然科学分野	数学・物理・化学・生物・地学などを通じて，科学的で合理的な側面を調べるための試験で，出題傾向的には，前二者よりもさらに基本的な問題が多い。

以上が「一般知識分野」のあらましである。これらすべてについて偏りのない実力を要求されるのだから大変だが，見方を変えれば，一般人としての常識を問われているのであり，これまでの生活で身につけてきた知識を再確認しておけば，決して理解・解答ができないということはない問題ばかりである。

(3)「一般知能分野」の内容

一般知能分野は，さらに大きく4分野に分けて出題される。

文章理解	言語や文章についての理解力を調べることを目的にしている。現代文や古文，漢文，また英語などから出題され，それぞれの読解力や構成力，鑑賞力などが試される。
判断推理	論理的判断力，共通性の推理力，抽象的判断力，平面・空間把握力などを調べるもので，多くの出題形式があるが，実際には例年ほぼ一定の形式で出題される。
数的推理	統計図表や研究資料を正確に把握，解読・整理する能力をみる問題である。
資料解釈	グラフや統計表を正しく読みとる能力があるかどうかを調べる問題で，かなり複雑な表などが出題されるが，設問の内容そのものはそれほど複雑ではない。

　一般知能試験は，落ち着いてよく考えれば，だいたいは解ける問題である点が，知識の有無によって左右される一般知識試験と異なる。

　教養試験は，原則として5肢択一式，つまり5つの選択肢のなかから正解を1つ選ぶというスタイルをとっている。難しい問題もやさしい問題も合わせて，1問正解はすべて1点という採点である。5肢択一式出題形式は，採点時に主観的要素が全く入らず，能率的に正確な採点ができ，多数の受験者を扱うことができるために採用されている。

◆「適性試験」「人物試験」の目的と内容

(1)「適性試験」の目的と内容

　適性試験は一般知能試験と類似しているが，一般知能試験がその名のとおり，公務員として，あるいは社会人としてふさわしい知能の持ち主であるかどうかをみるのに対し，適性試験では実際の職務を遂行する能力・適性があるかどうかをみるものである。

　出題される問題の内容そのものはきわめて簡単なものだが，問題の数が多い。これまでの例では，時間が15分，問題数が120問。3つのパターンが10題ずつ交互にあらわれるスパイラル方式である。したがって，短時間に，できるだけ多くの問題を正確に解答していくことが要求される。

　内容的には，分類・照合・計算・置換・空間把握などがあり，単独ではなくこれらの検査が組み合わさった形式の問題が出ることも多い。

(2)「人物試験」の目的と内容

　いわゆる面接試験である。個別面接，集団面接などを通じて受験生の人柄，つまり集団の一員として行動できるか，職務に意欲をもっているか，自分の考えを要領よくまとめて簡潔に表現できるか，などを評価・判定しようとするものである。

　質問の内容は，受験生それぞれによって異なってくるが，おおよそ次のようなものである。

> ① 公務員を志望する動機や理由などについて
> ② 家族や家庭のこと，幼いときの思い出などについて
> ③ クラブ活動など学校生活や友人などについて
> ④ 自分の長所や短所，趣味や特技などについて
> ⑤ 時事問題や最近の風俗などについての感想や意見

　あくまでも人物試験であるから，応答の内容そのものより，態度や話し方，表現能力などに評価の重点が置かれている。

◆「論作文試験」の目的と内容

(1)「論作文試験」の目的

　「文は人なり」という言葉があるが，その人の人柄や知識・教養，考えなどを知るには，その人の文章を見るのが最良の方法だといわれている。その意味で論作文試験は，第1に「文章による人物試験」だということができよう。

　また公務員は，採用後に，さまざまな文章に接したり作成したりする機会が多い。したがって，文章の構成力や表現力，基本的な用字・用語の知識は欠かせないものだ。しかし，教養試験や適性試験は，国家・地方公務員とも，おおむね択一式で行われ解答はコンピュータ処理されるので，これらの試験では受験生のその能力・知識を見ることができない。そこで論作文試験が課せられるわけで，これが第2の目的といえよう。

(2)「論作文試験」の内容

　公務員採用試験における論作文試験では，一般的に課題が与えられる。つまり論作文のテーマである。これを決められた字数と時間内にまとめる。国家・地方公務員の別によって多少の違いがあるが，おおよそ1,000～1,200字，60～90分というのが普通だ。

　公務員採用試験の場合，テーマは身近なものから出される。これまでの例では，次のようなものだ。

11

① 自分自身について	「自分を語る」「自分自身の PR」「私の生きがい」「私にとって大切なもの」
② 学校生活・友人について	「学校生活をかえりみて」「高校時代で楽しかったこと」「私の親友」「私の恩師」
③ 自分の趣味など	「写真の魅力」「本の魅力」「私と音楽」「私と絵画」「私の好きな歌」
④ 時事問題や社会風俗	「自然の保護について」「交通問題を考える」「現代の若者」
⑤ 随想，その他	「夢」「夏の1日」「秋の1日」「私の好きな季節」「若さについて」「私と旅」

　以上は一例で，地方公務員の場合など，実に多様なテーマが出されている。ただ，最近の一般的な傾向として，どういう切り口でもできるようなテーマ，たとえば「山」「海」などという出題のしかたが多くなっているようだ。この題で，紀行文を書いても，人生論を展開しても，遭難事故を時事問題風に扱ってもよいというわけである。一見，やさしいようだが，実際には逆で，それだけテーマのこなし方が難しくなっているともいえよう。

　次に，試験情報と自治体情報を見てみよう。

長崎市の試験情報

令和5年度

第2回長崎市職員採用試験案内
【試験区分：消防職】
・消防（大学）　・消防（高校）

1 受付期間　8月23日(水) まで

2 第1次試験　9月17日(日) ※テストセンターは9月6日(水)〜9月19日(火)

3 試験職種及び受験資格等

試験職種	受験資格		職務内容	採用予定数
消防(大学)	平成9年4月2日以降に生まれた人で、学校教育法に基づく大学若しくはこれと同等と認める大学校等を卒業した人又は令和6年3月までに卒業見込みの人	※準中型自動車（車両総重量3.5トン以上7.5トン未満）を運転できる免許（5トン限定準中型自動車免許不可）を取得している人又は令和6年6月30日までに免許取得見込みの人に限ります。	消防業務	20名程度
消防(高校)	平成12年4月2日以降に生まれた人で、学校教育法に基づく短期大学、高等専門学校、修業年限2年以上の専門課程の専修学校、高等学校若しくはこれらと同等と認める学校等を卒業した人又は令和6年3月までに卒業見込みの人			

（注1）次のいずれかに該当する人は受験できません。
　ア　日本国籍を有しない人
　イ　地方公務員法第16条（欠格条項）の規定に該当する人
　　・禁錮以上の刑に処せられ、その執行を終わるまで又はその執行を受けることがなくなるまでの人
　　・長崎市職員として懲戒免職の処分を受け、当該処分の日から2年を経過しない人
　　・日本国憲法又はその下に成立した政府を暴力で破壊することを主張する政党その他の団体を結成し、又はこれに加入した人
（注2）第2回長崎市職員採用試験で実施する他の試験職種との併願はできません。
（注3）最終学歴と異なる学歴区分の試験は受験できません。（大学を卒業した人若しくは大学在学中の人又はこれらと同等と認める人は、高校卒程度区分の試験は受験できません。）

4　第1次試験

(1) 試験の日時

実施試験	職　種	会　場	実　施　日　時　等
教養試験	・消防(大学) ・消防(高校)	長崎市消防局 (長崎市興善町3-1)	9月17日(日)　教養試験 2時間・適性検査40分 　　開　場　　8時30分 　　着　席　　9時10分 　　試験開始　9時30分 　　終了時刻　12時30分
SPI試験	・消防(大学)	【長崎会場】 長崎市役所 (長崎市魚の町4-1)	9月17日(日)　SPI試験 約2時間(適性検査含む) 　　開　場　　13時30分 　　着　席　　14時10分 　　試験開始　14時30分 　　終了時刻　16時30分
		【テストセンター会場】	9月6日(水)から9月19日(火)までの期間のうち受験者が選択するテストセンター会場及び日時に受験します。受験方法やテストセンター会場の詳細については、SPI3ウェブサイトで確認してください。 受験案内のメールは、9/1(金)頃までに送信します。 【URL　https://www.spi.recruit.co.jp/testcenter/】
※実施試験について			・「試験職種：消防(大学)」は、"教養試験"と"SPI試験"のいずれかを選択できます（併願不可)。「試験職種：消防(高校)」は教養試験となります。
※試験会場について			・**教養試験は長崎市消防局にて試験を行います。** 　**SPI試験は、長崎会場（長崎市役所）またはテストセンター会場から試験会場を選択できます。** ・長崎市消防局には、駐車場はありませんのでご注意ください。 ・長崎市役所には、駐車場（有料)はありますが、台数制限がありますのでご注意ください。 ・自動車による送迎の場合は、近隣の方のご迷惑となりますので、出入口付近での乗り降りはご遠慮ください。 ・スマートフォンやスマートウォッチを時計の代用品として使用することはできません。

(2) 試験内容

試験種目	試　　　験　　　内　　　容
教養試験	公務員として必要な一般的知識及び知能についての多肢選択式による筆記試験 <参考：出題分野> 社会、人文、自然に関する一般知識及び文章理解、判断推理、数的推理、資料解釈に関する一般知能
SPI3-U	職務、組織への適応のしやすさ、仕事への取組み方などをみるための検査
適性検査	意欲、態度や仕事への取組み方などをみるための性格検査

(注)「適性検査」の結果は、第2次試験以降の人物試験の参考とします。

(3) 第1次試験合格発表

9月27日（水)	合格者には電子メールで通知します。 ※合格者の受験番号は、長崎市のホームページにも掲載します。

14

5　第2次試験（10月上旬〜中旬実施予定）

(1)　試験内容

試 験 種 目	試　　　　験　　　　内　　　　容
人 物 試 験	個別面接による試験
身 体 検 査	胸部疾患の有無等、その他職務遂行に必要な健康度の検査
体 力 測 定	消防吏員として必要な体力の測定

- ※　日時、場所等詳しくは、第1次試験の合格通知の際までにお知らせします。
- ※　身体検査については、各受験者が医療機関において健康診断を受診していただき、所定の様式により
  健康診断の結果を提出していただきます。健康診断に必要な費用は、各受験者の負担となります。

(2)　第2次試験合格発表

> 10月下旬に第2次試験受験者全員に合否の結果を通知します。
> ※合格者の受験番号は、長崎市のホームページにも掲載します。

6　第3次試験（11月上旬実施予定）

試 験 種 目	試　　　　験　　　　内　　　　容
人 物 試 験	個別面接による試験

※日時、場所等詳しくは、第2次試験の際にお知らせします。

7　最終結果発表

> 11月中旬に第3次試験受験者全員に合否の結果を通知します。
> (1)　採用内定者のみ受験番号を市ホームページに掲載するとともに、通知書を郵送します。
> (2)　第3次試験の合格基準に達しながら、採用内定に至らなかった方については、成績順で「次点候補者名簿」
>   に登載するとともに、通知書を郵送します。（市ホームページへは、掲載しません。）

8　結果発表から採用まで

(1)　採用内定者は、原則として令和6年4月1日付で採用します。
　　ただし、採用内定者の合意を得たうえで前倒して採用を行う場合があります。
(2)　「次点候補者名簿」登載者については、次のような場合に採用内定の通知を行います。
　ア　採用内定の辞退があり、追加の採用が必要となったとき
　イ　年度途中における職員の退職等があり、追加の採用が必要となったとき
　　「次点候補者名簿」登載者の採用については、令和6年4月2日以降になることがあります。
(3)　次点候補者名簿の有効期間は、最終結果発表の日から1年間です。
(4)　卒業見込みの人が令和6年3月31日までに卒業できなかった場合は、採用される資格を失います。
(5)　受験資格がないことが判明した場合は、採用内定を取り消します。
(6)　長崎市職員としての採用辞令を交付されるまでの間に、地方公務員法第16条（欠格条項）の規定に該当するに至った
　　場合は、採用内定を取り消します。
(7)　受験申込書等の提出書類の記載内容又は人物試験の口述内容に虚偽があることが判明した場合は、採用内定を取り消
　　すことがあります。
(8)　心身の故障のため職務の遂行に支障があり、又はこれに堪えないことが採用時点において明らかであると認められる
　　場合、その他長崎市職員として必要な適格性を欠くこととなった場合は、採用内定を取り消すことがあります。

9　給与その他勤務条件（令和5年4月1日現在）

(1)　初任給（地域手当を含む）
　　大学卒197,451円　　高校卒169,023円（学歴、職歴等により別途加算される場合があります。）
(2)　諸手当　　住居手当、通勤手当、期末手当、勤勉手当等がそれぞれの支給要件に応じて支給されます。
(3)　勤務時間　週38時間45分勤務
(4)　休暇　　　年次休暇、特別休暇、病気休暇、育児休業等を取得できます。
※採用後は、原則、長崎市消防局管内（長崎市、長与町、時津町）での居住が必要となります。

10 受験手続

受付期間	**8月23日（水）まで** **原則として電子申請により受験手続を行ってください。** （電子申請ができる環境にない場合は紙媒体による申請も受け付けます。） **紙媒体による申請の場合は令和5年8月23日午後5時30分まで受け付けます。** **郵送の場合は令和5年8月23日までの消印のあるものに限り受け付けます。**
申込	電子申請 (1) 長崎市電子申請サービス（オンライン）を利用して申し込みください。 　　添付書類のうち申告票は、必ず手書きで作成しPDFデータでアップロードしてください。 　　**申請完了前に入力内容を必ず確認してください。** 　　〔QRコード〕電子申請はこちら 　　https://apply.e-tumo.jp/city-nagasaki-u/offer/offerList_detail?tempSeq=2627 ※紙媒体による申請の場合 (1) ①申込書（写真1枚貼付）　②申告票（手書き作成）を消防局総務課へ提出してください。 (2) 申込書を郵送される方は、封筒の表に「○○試験申込」と朱書し、(1) の ① ～ ③を同封のうえ特定記録郵便又は簡易書留扱いにして郵送してください。「○○」には、試験職種を記入ください。 【留意事項】 (1) 書類を郵送する際は「〒850-0032長崎市興善町3-1長崎市消防局総務課」に送付してください。 (2) 受験番号は、9/1頃までにメールにて通知します。 　※「@city.nagasaki.lg.jp」のドメインのパソコンから送付される電子メールが受信できるように設定しておいてください。 　※電子メールの設定不備や通信障害等については、本市では一切の責任を負いかねます。 (3) 受験票の発行・作成の必要はありません。

11 試験結果の開示

(1) 長崎市職員採用試験の結果（第1次～第3次）については、次のとおり開示します。

開示請求できる人	開示項目	開示場所
受験者本人（代理人は認めません。）	順位 総合得点	長崎市消防局総務課 （消防局7階）

(2) **電話による開示請求は受け付けられません。**

(3) 開示請求される場合は、次のいずれかの書類を持参のうえ、平日の午前8時45分から午後5時30分までに、請求者本人（代理人は認めません。）が直接開示場所へお越しください。

・運転免許証、日本国旅券（パスポート）、学生証又は社員証、各種健康保険の被保険者証、各種年金手帳、国又は地方公共団体の機関が発行した身分証明書又は資格証明書等

12 問い合わせ先

長崎市消防局総務課　〒850－0032　長崎市興善町3－1
☎095－822－0441（直通）

16

長崎市の自治体情報

1　火　災

（1）火災件数

　　令和4年中の火災発生件数は116件で、
前年の106件に対し、10件増加しました。

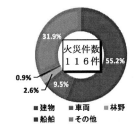

【過去10年間の火災発生件数】

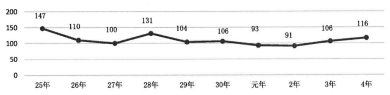

（2）火災による死傷者

　　死者は8人、負傷者は11人です。
　　前年と比較すると死者は増加していますが、
負傷者は減少しています。

	死者（人）	負傷者（人）
令和4年	8	11
令和3年	3	13

（3）出火原因

　　出火原因の1位は「たき火」で22件、2位は
「電気器具・配線」で16件、3位は「たばこ」
及び「こんろ」で各13件、5位は「放火」で
8件となっています。

　　「こんろ」は「食油発火」を、「放火」は
「放火の疑い」を含みます。

（4）損害総額と焼損面積

　　損害総額は、319,748千円で、前年より145,824千円増加して
います。
　　建物焼損面積は、5,138㎡で、前年より3,598㎡増加しています。
　　林野焼損面積は、5aで、前年より5a減少しています。

	令和3年	令和4年	対前年比
損 害 総 額	173,924千円	319,748千円	145,824千円増
建 物 焼 損 面 積	1,540㎡	5,138㎡	3,598㎡増
林 野 焼 損 面 積	10a	5a	5a減

　　なお、詳細については第2部統計編　第6各種災害の状況をご覧ください。

（2）火災発生状況　　　　　　　　　　　　　▲は減少

管轄別		消 防 局 管 内			長 崎 市 内			受 託 町		
年 別		4年	3年	増減	4年	3年	増減	4年	3年	増減
火災種別	合　　計	116	106	10	88	94	▲ 6	28	12	16
	建　　物	64	55	9	48	52	▲ 4	16	3	13
	林　　野	3	5	▲ 2	1	4	▲ 3	2	1	1
	車　　両	11	9	2	9	5	4	2	4	▲ 2
	船　　舶	1	3	▲ 2	1	3	▲ 2	0	0	0
	航 空 機	0	0	0	0	0	0	0	0	0
	そ の 他	37	34	3	29	30	▲ 1	8	4	4
火災のうち爆発		0	0	0	0	0	0	0	0	0
焼損棟数	合　　計	106	60	46	83	55	28	23	5	18
	全　　焼	33	12	21	22	11	11	11	1	10
	半　　焼	3	1	2	2	1	1	1	0	1
	部 分 焼	22	10	12	17	9	8	5	1	4
	ぼ　や	48	37	11	42	34	8	6	3	3
り災世帯数	合　　計	108	45	63	94	43	51	14	2	12
	全　　損	23	12	11	17	11	6	6	1	5
	半　　損	2	3	▲ 1	1	3	▲ 2	1	0	1
	小　　損	83	30	53	76	29	47	7	1	6
り 災 人 員		205	85	120	174	80	94	31	5	26
死　　　者		8	3	5	7	3	4	1	0	1
負 傷 者		11	13	▲ 2	6	13	▲ 7	5	0	5
焼損面積	床面積(㎡)	5,138	1,540	3,598	3,247	1,344	1,903	1,891	196	1,695
	表面積(㎡)	233	11	222	221	3	218	12	8	4
	林 野 (a)	5	10	▲ 5	1	7	▲ 6	4	3	1
損害額(千円)		319,748	173,924	145,824	228,175	169,737	58,438	91,573	4,187	87,386

（4）過去１０年間の火災発生状況

区分	年別		１０か年平均	令和4年	令和3年	令和2年	令和元年	平成30年	平成29年	平成28年	平成27年	平成26年	平成25年
火災種別	合 計		110.4	116	106	91	93	106	104	131	100	110	147
	建 物		63.1	64	55	62	58	56	67	79	52	65	73
	林 野		2.4	3	5	1	0	2	2	1	2	4	4
	車 両		10.9	11	9	8	8	12	4	15	11	14	17
	船 舶		2.0	1	3	1	1	2	0	4	2	3	3
	航 空 機		0	0	0	0	0	0	0	0	0	0	0
	そ の 他		32.0	37	34	19	26	34	31	32	33	24	50
焼損棟数	合 計		93.5	106	60	90	101	96	90	113	95	87	97
	全 焼		20.4	33	12	20	18	22	15	20	25	21	18
	半 焼		4.1	3	1	2	6	11	5	6	2	3	2
	部 分 焼		21.2	22	10	18	29	23	18	31	25	19	17
	ぼ や		47.8	48	37	50	48	40	52	56	43	44	60
り災世帯数	合 計		72.7	108	45	63	82	72	61	89	75	60	72
	全 損		17.5	23	12	15	17	19	12	22	24	15	16
	半 損		4.3	2	3	3	8	9	3	5	4	3	3
	小 損		50.9	83	30	45	57	44	46	62	47	42	53
り 災 人 員			159.1	205	85	118	169	179	144	217	164	141	169
死 者			6.2	8	3	3	6	10	8	6	11	3	4
負 傷 者			17.3	11	13	13	11	13	16	24	19	29	24
焼損面積	床面積 (m²)		2,816.5	5,138	1,540	3,898	2,111	3,054	2,960	2,466	2,375	2,670	1,953
	表面積 (m²)		323.5	233	11	329	221	174	105	1,862	152	80	68
	林 野 (a)		8.7	5	10	10	0	8	9	25	6	5	9
損害額（千円）			174,118	319,748	173,924	282,758	89,060	183,654	226,222	183,601	97,301	88,827	96,087

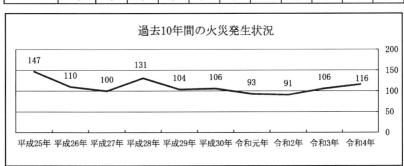

過去10年間の火災発生状況

平成25年	平成26年	平成27年	平成28年	平成29年	平成30年	令和元年	令和2年	令和3年	令和4年
147	110	100	131	104	106	93	91	106	116

（５）過去１０年間の出火率

項目 \ 年別		平成25年	平成26年	平成27年	平成28年	平成29年	平成30年	令和元年	令和2年	令和3年	令和4年
出火率	全火災	2.87	2.16	1.97	2.59	2.07	2.14	1.90	1.88	2.21	2.45
	建物火災	1.43	1.27	1.03	1.56	1.33	1.13	1.18	1.28	1.15	1.35

「出火率」とは人口1万人あたりの火災件数を表しています。

（６）過去１０年間の出火原因

順位 \ 年別		平成25年	平成26年	平成27年	平成28年	平成29年	平成30年	令和元年	令和2年	令和3年	令和4年
1位	原因	たき火	放火	電気器具・配線	こんろ	たき火	たき火	たき火	電気器具・配線	たき火	たき火
	件数	21	19(7)	13	19(7)	14	21	16	18	30	22
2位	原因	たばこ	たばこ	たき火	放火	放火	電気器具・配線	たばこ	たき火	こんろ	電気器具・配線
	件数	16	15	12	17(10)	14(3)	15	13	13	10(5)	16
3位	原因	電気器具・配線	電気器具・配線	放火	たばこ	電気器具・配線	たばこ	電気器具・配線	放火	電気器具・配線	たばこ
	件数	16	14	11(7)	15	14	11	12	9(5)	9	13
4位	原因	こんろ	たき火	たばこ	電気器具・配線	たばこ	こんろ	放火	たばこ	たばこ	こんろ
	件数	10(7)	12	10	15	12	8(2)	10(1)	8	7	13(7)
5位	原因	放火・火遊び	こんろ	こんろ	たき火	こんろ	放火	こんろ	こんろ	放火	放火
	件数	9(5),9	11(5)	9(6)	14	11(8)	6(4)	8(7)	6(2)	5(4)	8(6)

「放火」の件数の（ ）内には、「放火の疑い」の件数を、「こんろ」の（ ）内には、「食油発火」の件数を表しています。

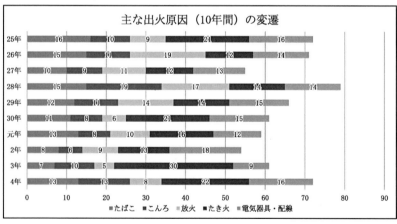

主な出火原因（10年間）の変遷

2　救　　急

（1）出場件数と搬送人員

　　令和4年中の救急出場件数は28，788件(対前年比11．9％増)で、前年の25，7
29件と比較し、3，059件増加しました。

　　また、搬送人員は、25，117人（対前年比9．5％増）で、前年の22，944人と
比較し、2，173人増加しました。

	令　和　3　年	令　和　4　年	対　前　年　比
出場件数（件）	25,729	28,788	3,059件増
搬送人員（人）	22,944	25,117	2,173人増

（2）事故種別ごとの出場件数

　　出場件数が最も多いのは急病で、
全体の64．6％を占めており、
次いで一般負傷、交通事故の順に
なっています。

　　これらの3種別だけで、全体の
約85．7％を占めています。

「その他」の事故種別については、
「火災事故」「加害事故」「自損行為」
「自然災害」「水難事故」「運動競技」
「労働災害事故」「転院搬送」「その他」
等が含まれます。

■急病 ■一般負傷 ■交通事故 ■その他

（５）過去１０年間の救急発生状況

種別＼年別		平成25年	平成26年	平成27年	平成28年	平成29年	平成30年	令和元年	令和2年	令和3年	令和4年
出場件数	合　計	23,434	23,640	24,019	24,801	25,741	26,120	25,539	24,517	25,729	28,788
	急　病	13,460	13,786	14,388	15,148	15,829	16,254	16,025	15,047	15,918	18,597
	一般負傷	3,513	3,723	3,640	3,949	4,229	4,416	4,304	4,412	4,769	5,026
	交通事故	1,632	1,551	1,506	1,354	1,314	1,222	1,135	1,067	972	1,044
	その他	4,829	4,580	4,485	4,350	4,369	4,228	4,075	3,991	4,070	4,121

種別＼年別		平成25年	平成26年	平成27年	平成28年	平成29年	平成30年	令和元年	令和2年	令和3年	令和4年
搬送人員	合　計	21,268	21,288	21,548	22,322	23,210	23,124	22,483	21,853	22,944	25,117
	急　病	12,397	12,486	12,861	13,481	14,071	14,140	13,819	13,129	13,906	15,817
	一般負傷	3,301	3,471	3,355	3,658	3,942	3,990	3,918	4,074	4,366	4,578
	交通事故	1,526	1,474	1,374	1,238	1,175	1,120	993	960	853	870
	その他	4,044	3,857	3,958	3,945	4,022	3,874	3,753	3,690	3,819	3,852

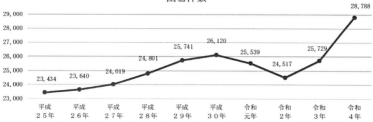

出場件数

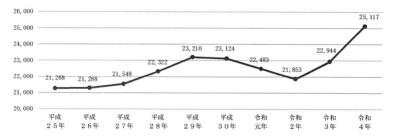

搬送人員

3　救　　助

事故種別ごとの出動件数

令和4年中の救助出動件数は191件で（対前年比2．1%減少）、前年の195件と比較し、4件減少しました。

事故種別では、建物等による事故が92件と最も多く、全体の48．2%を占め、次いで交通事故が34件、水難事故が12件、火災が7件、機械による事故が4件、ガス及び酸欠事故が1件、自然災害が1件となっています。

救助出動件数
191件

48.2%　20.9%　2.1%　3.7%　6.3%　17.8%

■建物等による事故　■交通事故
■水難事故　■火災
■機械による事故　■ガス及び酸欠事故
■自然災害　■その他の事故

出動件数

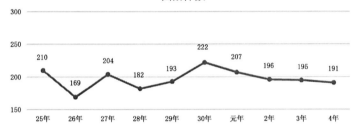

	令　和　3　年	令　和　4　年	対　前　年　比
出動件数（件）	195	191	4件減
救助人員（人）	136	140	4人増

（４）過去１０年間の救助発生状況

種別	年別	平成25年	平成26年	平成27年	平成28年	平成29年	平成30年	令和元年	令和2年	令和3年	令和4年
	合　　　計	210	169	204	182	193	222	207	196	195	191
出動件数	建物等による事故	52	46	57	62	72	80	79	80	95	92
	交 通 事 故	67	48	58	38	44	45	46	33	32	34
	水 難 事 故	21	15	23	26	19	18	16	23	13	12
	火　　　災	9	5	10	9	9	10	10	7	6	7
	機械による事故	7	4	7	3	7	6	4	5	5	4
	風水害等自然災害	0	1	0	1	0	0	0	0	0	1
	ガス及び酸欠事故	1	0	2	3	0	0	0	1	0	1
	破 裂 事 故	0	0	0	0	0	0	0	0	0	0
	その他の事故	53	50	47	40	42	63	52	47	44	40
活　動　件　数		142	115	156	138	152	173	164	145	150	155
救　助　人　員		145	108	148	131	144	173	153	134	136	140

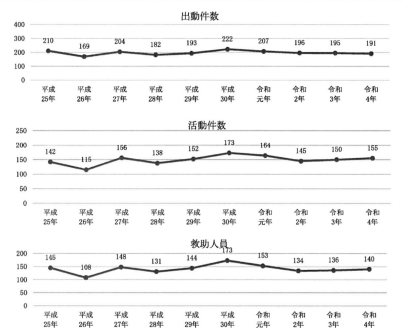

「消防年報（令和5年版）」より抜粋

令和5年度
佐世保市消防職員採用試験案内

1 採用試験日時、申込方法等

第１次試験日程　令和５年９月17日（日）

試験会場　　　長崎国際大学（佐世保市ハウステンボス町2825-7）

申込受付期間　令和５年８月１日（火）から令和５年８月20日（日）まで

申込方法　　　下記URLまたはQRコードから、電子申請により申し込みを行ってください。

　　　　　　　https://app.oss.myna.go.jp/Application/search

　　　　　　　パソコンやスマートフォンからの申し込みが可能です。

※電子申請は必ず５ページの「電子申請ガイド」を確認してから行ってください。

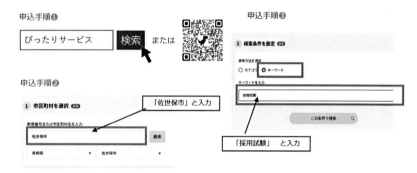

2 試験職種、受験資格等、採用予定人員、職務内容

試験職種	受験資格等	採用予定	職務内容
消防職	次の①から③までの要件を満たす人 ①平成１１年４月２日以降に生まれ、高等学校以上の学校を卒業した人か来年３月までに卒業見込みの人、又はこれと同等以上の学力を有すると認められる人 　ただし、救急救命士法（平成３年法律第３６号）の規定による救急救命士の免許を有する人については、上記「平成１１年４月２日以降」とあるのは「平成６年４月２日以降」とします。 ②消防業務に必要な体力及び持久力を有し、次の各項目に該当する人 　・視力　矯正視力を含み両眼で0.7以上、かつ一眼でそれぞれ0.3以上で、赤色、青色及び黄色の色彩が識別できること 　・聴力　正常であること ③普通自動車運転免許（オートマチック車限定を除く）取得者、又は採用後取得できる人 ※採用後５年以内に中型自動車運転免許(一種)を取得すること	５名程度	火災、救助、救急の現場活動の他、火災予防などの業務に従事します。 （救急救命士の免許取得者は、救急救命士としての活動を含みます。）

※採用予定人員は、変更になることがあります。

※Ｕ・Ｊ・Ｉターン型試験との併願はできません。

■留意事項　次の(1)から(２)のいずれかに該当している人は受験できません。
(1) 日本国籍を有しない人
(2) 地方公務員法第16条の各号のいずれかに該当する人
　①　禁錮以上の刑に処せられ、その執行を終わるまで又はその執行を受けることがなくなるまでの人
　②　佐世保市職員として懲戒免職の処分を受け、その処分の日から2年を経過していない人
　③　日本国憲法施行の日以降において、日本国憲法又はその下に成立した政府を暴力で破壊すること
　　　を主張する政党その他の団体を結成し、又はこれに加入した人

3 試験日程等

（1）試験日程

区　分	試験の内容	場　所	発　表
第１次試験	令和５年９月１７日（日） ①受　　付　　8：30〜 ②着　　席　　9：10 ③教養試験　　9：30〜10：30 ④適性検査　10：45〜11：20 ⑤論文試験　11：30〜12：30	長崎国際 大　学	令和５年１０月上旬までに市ホームページに掲載し、合格者には通知を送付します。 ※不合格者には通知しません。
第２次試験	第１次試験合格通知の際にお知らせします。（１０月下旬を予定）		

（2）試験の内容

① 第１次試験

試験種目	試験の内容	試験時間
教養試験	消防職員として必要な一般的知識及び知能に関する多肢選択式による筆記試験	６０分
適性検査	消防職員に必要な適応性に関する調査	３５分
論文試験	職務遂行に必要な思考力、判断力、構成力についての論文試験	６０分

※試験当日は、受験票、鉛筆（HB）、消しゴムを持参してください。試験会場に時計はありません。

※スマートフォン及びスマートウォッチなどの時計はご使用できませんのでご注意ください

② 第２次試験

試験種目	試験の内容	対象者
体力試験	消防職員に求められる基礎体力について測定	第１次試験合格者
面接試験	個別面接による試験	

（備考）
①第１次試験合格者は、医療機関で受診した身体検査結果（詳細は第１次試験合格者へ別途通知）を、第２次試験当日に提出してください。
②最終合格者の選考は、第１次試験（論文試験）及び第２次試験（体力試験、面接試験）の総合成績により行い、第１次試験における教養試験の成績は反映されません。
③各試験種目には基準点があり、基準点に達しない試験種目がある場合は不合格となります。

4 試験結果の開示

①採用試験の結果については、開示請求を行うことができます。（順位、総合得点、種目別得点）

②開示を請求される場合は、本人であることを証明する書類（運転免許証、旅券等）を持参のうえ、平日（土・日曜祝日を除く）の8時30分から17時15分までに、消防局3階の総務課へ受験者本人（代理人はできません。）が直接お越しください。電話による開示請求は受け付けられません。

5 採用・給与

項　目	内　容
採　用	①この試験の最終合格者は、採用候補者名簿（作成日から1年間有効）に登録し、欠員等に応じて採用します。 ②この名簿からの採用は、原則として令和6年4月1日以降としますが、欠員等の状況により、採用可能な人については、それ以前に採用することもあります。 ③受験資格がないこと又は、採用試験申込書等に記載漏れや不実記載があった場合は、合格を取り消すことがありますので注意してください。
給　与	給料のほか、住居手当、通勤手当、扶養手当、期末・勤勉手当等を本市給与条例及び規則に基づき支給します。 ※初任給月額は学歴や職歴がある場合に、一定の基準により加算される場合があります ●大学卒初任給基準月額　　　　175,300円（令和5年4月1日現在） ●高校卒初任給基準月額　　　　164,100円（令和5年4月1日現在）

佐世保市の自治体情報

令和４年中の火災概況

1　出火件数

　佐世保市消防局管内における令和４年中の火災発生件数は１１２件で、前年より１０件増加しています。このうち佐世保市内においては７１件で、１件の増加、委託市町においては４１件で９件の増加となっています。

　火災種別ごとにみると、建物火災が４６件（１件増）で、総出火件数の約４割（４１％）を占め、以下、林野火災５件（１件減）、車両火災６件（５件減）、その他の火災５５件（１６件増）となっています。

　建物火災のうち住宅部分から出火した火災の発生件数は２１件（１件減）で、建物火災の約５割（４６％）となっています。

2　焼損内訳

　建物焼損床面積は３，２０８㎡で、前年より１９８㎡減少し、林野の焼損面積は２５アールで、前年より７６アール減少しています。

　焼損棟数は７６棟〔全焼３１棟（１０棟増）、半焼２棟（２棟減）、部分焼１９棟（８棟増）、ぼや２４棟（増減なし）〕で前年より１６棟増加しています。

　り災世帯数については、４７世帯と前年より２世帯減少しています。り災人員については１００名と前年より１０名増加しています。

3　損害額

　損害額は１億９６５万２千円で、前年より４，６４４万６千円の減少となっています。

　火災種別ごとにみると、建物火災が１億６５８万９千円、林野火災計上なし、車両火災２５８万５千円、その他の火災４７万８千円となっています。

4　出火原因

　出火原因の主なものは、「たき火」３５件（増減なし：３１％）、「こんろ」８件（６件増：７％）、「電灯・電話等の配線」５件（１件増：４％）、「灯火」３件（１件増：３％）「たばこ」３件（１件減：３％）となっています。

5　死傷者

　火災による死者は８名で、前年より６名増加しています。３名が住宅火災による死者で、すべての方が住宅内で亡くなられています。５名がその他の火災による死者であり、そのうち４名が着衣着火によるものです。火災による負傷者は１３名で、前年より増減はありません。負傷の主な原因は「初期消火中」の６名、「避難中」が４名、「作業中」が２名、「その他」が１名となっています。

火災概況年次比較表

年次／区分	令和4年			令和3年		
	計	佐世保市	委託市町	計	佐世保市	委託市町
火災発生件数（件）	112	71	41	102	70	32
焼損棟数（棟）	76	53	23	60	40	20
建物焼損床面積（㎡）	3,208	1,944	1,264	3,406	2,544	862
建物焼損表面積（㎡）	98	64	34	155	29	126
り災世帯数（世帯）	47	36	11	49	43	6
り災人員（人）	100	81	19	90	78	12
火災損害額（千円）	109,652	64,987	44,665	156,098	124,972	31,126
林野焼損面積（a）	25	24	1	101	59	42
死者（人）	8	1	7	2	2	0
負傷者（人）	13	7	6	13	12	1
出火率（件／人口1万人）	3.54	2.97	5.35	3.18	2.91	4.14
死者発生率（人／人口10万人）	2.53	0.42	9.14	0.62	0.83	0.00
人口（人）	315,954	239,386	76,568	320,481	242,763	77,718

※人口については記載年の1月1日現在の長崎県推計人口を使用

原因別火災発生状況

令和4年中

原因＼区分	佐世保市	委託市町	計
計	71	41	112
たばこ	2	1	3
こんろ	6	2	8
かまど	1	－	1
風呂かまど	－	－	－
炉	－	－	－
焼却炉	－	－	－
ストーブ	－	2	2
こたつ	－	－	－
ボイラー	－	－	－
煙突・煙道	－	－	－
排気管	－	－	－
電気機器	－	－	－
電気装置	－	－	－
電灯・電話等の配線	2	3	5
内燃機関	1	1	2
配線器具	1	－	1
火あそび	1	－	1
マッチライター	－	1	1
たき火	22	13	35
溶接機・切断機	－	1	1
灯火	1	2	3
衝突の火花	－	－	－
取灰	－	－	－
火入れ	1	－	1
放火	1	1	2
放火の疑い	－	2	2
その他	11	5	16
不明	21	7	28

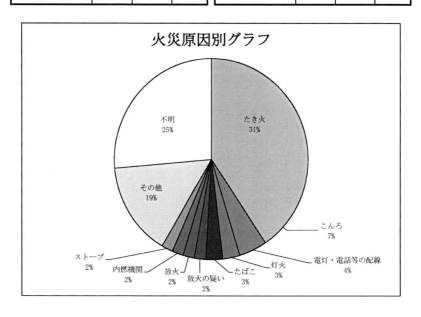

火災原因別グラフ

不明 25%
たき火 31%
その他 19%
こんろ 7%
ストーブ 2%
内燃機関 2%
放火 2%
放火の疑い 2%
たばこ 3%
灯火 3%
電灯・電話等の配線 4%

各署別火災発生状況　令和4年中

署別	区分	計 件数	計 (千円)	建物火災	林野火災	車両火災	船舶火災	航空機火災	その他火災
合	計	112	109,652	46	5	6	-	-	55
中央署	小 計	35	37,840	17	1	2	-	-	15
中央署	本 署	12	13,170	6	-	1	-	-	5
中央署	春 日	12	19,876	7	-	-	-	-	5
中央署	干 尽	3	68	1	-	-	-	-	2
中央署	日 宇	8	4,726	3	1	1	-	-	3
東署	小 計	48	58,590	21	3	3	-	-	21
東署	本 署	18	16,464	6	3	1	-	-	8
東署	東 彼	8	9,794	4	-	-	-	-	4
東署	波 佐 見	8	7,807	4	-	-	-	-	4
東署	西 彼	8	16,947	5	-	-	-	-	3
東署	大 崎	4	4,540	1	-	2	-	-	1
東署	大 瀬 戸	2	3,038	1	-	-	-	-	1
西署	小 計	29	13,222	8	1	1	-	-	19
西署	本 署	7	10,040	3	-	-	-	-	4
西署	江迎・鹿町	4	46	1	-	-	-	-	3
西署	祝 橋	3	-	-	1	-	-	-	2
西署	宇 久	1	-	-	-	-	-	-	1
西署	佐 々	7	952	2	-	1	-	-	4
西署	小 値 賀	7	2,184	2	-	-	-	-	5

令和4年中の救急概要

（1）佐世保市消防局管内救急車配置状況（委託市町を含む）

　　　佐世保市　　　　10台
　　　委託市　　　　　3台　　（3出張所に各1台）
　　　委託町　　　　　4台　　（4出張所に各1台）計17台運用
　　（非常用　3台）　　　　　　　　　　　　　総合計20台

（2）救急活動状況

　　　救急出場件数　　　　17,558 件（前年比　1,840件増）
　　　救急搬送人員　　　　14,339 人（前年比　698人増）
　　　1日平均出場件数　　　約　48 件（約29.9分に1回出場）

　　　月別出場件数　　　最も多い月　　　　8　月　　（1,784件）
　　　　　　　　　　　　最も少ない月　　　2　月　　（1,230件）

　　　曜日別出場件数　　最も多い曜日　　月曜日　　（2,660件）
　　　　　　　　　　　　最も少ない曜日　水曜日　　（2,384件）

　　　時間別出場件数　　最も多い時間帯　10 時～ 12 時　　（2,402件）
　　　　　　　　　　　　最も少ない時間帯　2 時～　4 時　　（571件）

　　　日別出場件数　　　1日最多出場件数　81 件　　（8月14日）
　　　　　　　　　　　　1日最少出場件数　25 件　　（2月5日）

　　　事故種別毎の出場件数

　　　　1　急病　　　　11,340 件　　　4　交通事故　　　788　　件
　　　　2　一般負傷　　2,746 件　　　5　その他　　　　673　　件
　　　　3　転院搬送　　2,011 件

　　　佐世保市及び委託市町別出場件数

　　　　佐世保市　13,614 件（前年比 1,482件増）
　　　　委託市町　3,936 件（前年比　357件増）
　　　　　　　　　　　　　　「西海市、東彼杵町、川棚町、波佐見町、小値賀町、佐々町」
　　　　管外　　　　8 件（前年比　　1件増）

救急活動状況比較表

区分　　　　累計比較	令和4年	令和3年	増減数	増減率(%)
出 場 件 数	17,558	15,718	1,840	11.7%
搬 送 人 員	14,339	13,641	698	5.1%
1日平均　出場件数	48.1	43.0		
搬送人員	39.2	37.3		
佐世保市　出場件数	13,614	12,132	1,482	12.2%
搬送人員	11,140	10,528	612	5.8%
委託市町　出場件数	3,936	3,579	357	10.0%
搬送人員	3,193	3,107	86	2.8%
管 外　　出場件数	8	7	1	
搬送人員	6	6	0	

※ 委託市町＝「西海市、東彼杵町、川棚町、波佐見町、小値賀町、佐々町」

年別救急活動の推移

年	平成30年	令和元年	令和2年	令和3年	令和4年
出 場 件 数	17,006	16,597	15,236	15,718	17,558
搬 送 人 員	14,789	14,541	13,393	13,641	14,339
急病　　　出場件数	10,474	10,216	9,477	9,820	11,340
搬送人員	8,955	8,859	8,212	8,425	8,977
一般負傷　出場件数	2,635	2,583	2,426	2,537	2,746
搬送人員	2,341	2,268	2,173	2,256	2,341
転院搬送　出場件数	2,392	2,288	1,994	2,013	2,011
搬送人員	2,381	2,281	1,986	2,001	2,002
交通事故　出場件数	837	861	706	741	788
搬送人員	768	768	638	621	635
その他　　出場件数	668	649	633	607	673
搬送人員	344	365	384	338	384

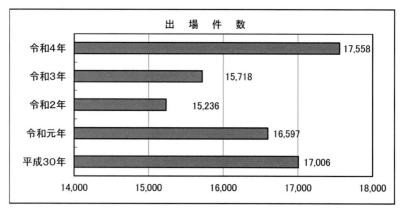

出 場 件 数

令和4年	17,558
令和3年	15,718
令和2年	15,236
令和元年	16,597
平成30年	17,006

14,000　15,000　16,000　17,000　18,000

事故種別救急活動状況

区分 種別	出場件数	構成比（%）	搬送人員
急 病	11,340	64.59	8,977
一 般 負 傷	2,746	15.64	2,341
転 院 搬 送	2,011	11.45	2,002
交 通	788	4.49	635
そ の 他	235	1.34	41
自 損 行 為	144	0.82	87
労 災 事 故	117	0.67	109
運 動 競 技	106	0.60	101
加 害	35	0.20	22
水 難	18	0.10	9
火 災	16	0.09	13
自 然 災 害	2	0.01	2
医 師 搬 送	0	0.00	0
資 材 搬 送	0	0.00	0
合 計	17,558	100.0	14,339

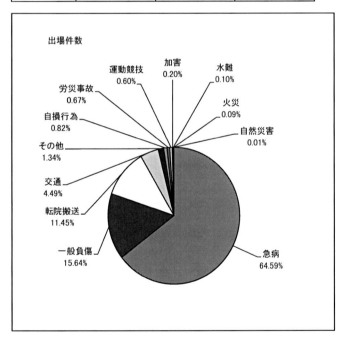

出場件数

運動競技 0.60%
加害 0.20%
水難 0.10%
労災事故 0.67%
火災 0.09%
自損行為 0.82%
自然災害 0.01%
その他 1.34%
交通 4.49%
転院搬送 11.45%
一般負傷 15.64%
急病 64.59%

令和4年中の救助概況

（1）救助体制の概況

当局では、中央消防署に高度救助隊を、東消防署及び西消防署に特別救助隊を配置し、複雑かつ多様化する救助要請に即時対応している。

令和4年中の管内の救助活動状況は、救助出動件数が113件で前年の93件と比較すると20件増加している。

救助活動件数は77件で、前年の44件と比較すると33件増加、救助人員は94人で、前年の46人と比較し48人増加している。

事故種別ごとの出動状況は、多い順に交通事故63件（56％）、その他の事故31件（27％）、水難事故15件（13％）、機械事故4件（4％）となっている。事故種別ごとの救助人員は、交通事故53人（56％）、その他の事故28人（30％）、水難事故10人（11％）、機械事故3人（3％）となっている。

消防署別の出動状況をみると、中央消防署39件（35％）、東消防署56件（50％）、西消防署18件（15％）となっている。

（2）救助活動の状況

令和4年中の救助活動状況は、出動件数件113件、活動件数77件、救助人員94人となっている。

救助活動の推移

	平成30年	令和元年	令和2年	令和3年	令和4年
出動件数	102	93	89	93	113
活動件数	62	57	50	44	77
救助人員	68	59	54	46	94

事故種別救助活動状況と救助人員

区分	種別	合計	火災	交通事故	水難事故	風水害事故	機械事故	建物等による事故	その他の事故
令和4年	出動件数	113	0	63	15	0	4	0	31
	活動件数	77	0	38	10	0	3	0	26
	救助人員	94	0	53	10	0	3	0	28
令和3年	出動件数	93	0	46	17	0	1	0	29
	活動件数	44	0	17	10	0	1	0	16
	救助人員	46	0	19	10	0	1	0	16

市町別救助活動状況

事故種別	区分	計	佐世保市	委託小計	西海市	川棚町	東彼杵町	波佐見町	佐々町	小値賀町	管外
計	出動件数	113	74	36	18	7	2	6	2	1	3
	活動件数	77	48	26	14	5	2	3	1	1	3
	救助人員	94	59	32	16	9	1	3	2	1	3
火災	出動件数										
	活動件数										
	救助人員										
交通事故	出動件数	63	43	17	8	2	1	4	1	1	3
	活動件数	38	23	12	6	2	1	1	1	1	3
	救助人員	53	33	17	6	6	1	1	2	1	3
水難事故	出動件数	15	8	7	2	4	1				
	活動件数	10	7	3		2	1				
	救助人員	10	8	2		2					
風水害等自然災害	出動件数										
	活動件数										
	救助人員										
機械による事故	出動件数	4	1	3	2				1		
	活動件数	3	1	2	2						
	救助人員	3	1	2	2						
建物等による事故	出動件数										
	活動件数										
	救助人員										
ガス及び酸欠事故	出動件数										
	活動件数										
	救助人員										
爆発事故	出動件数										
	活動件数										
	救助人員										
その他の事故	出動件数	31	22	9	6	1		2			
	活動件数	26	17	9	6	1		2			
	救助人員	28	17	11	8	1		2			

「令和5年版　消防年報」より抜粋

県央地域広域の試験情報

令和5年6月1日
県央地域広域市町村圏組合

令和5年度 消防吏員採用試験案内

◆ **受付期間**
　令和5年7月3日（月）〜8月21日（月）（消印有効）

◆ **試験日**
　消防 I II III 　令和5年9月17日（日）　試験会場…諫早消防署
　消防 IV 　令和5年9月22日（金）　試験会場…諫早消防署

◆ **申込先**
　県央地域広域市町村圏組合消防本部
　〒854−0051　長崎県諫早市鷲崎町221番地1　TEL(0957)23−0119

　　県央地域広域市町村圏組合の消防吏員の採用試験を次のとおり行います。

1 受験資格及び採用基準等

(1)

試験区分	受　験　資　格	採用予定数
消防 I （大学）	平成7年4月2日以降に生まれた人で、学校教育法による大学（短期大学を除く）もしくはこれと同等と認める大学校等を卒業又は令和6年3月までに卒業見込みの人。ただし、消防IVに該当する人を除く。	10名程度
消防 II （短大・高校）	平成7年4月2日以降に生まれた人で、学校教育法による高等学校もしくはこれと同等と認める学校等を卒業又は令和6年3月までに卒業見込みの人。ただし、消防 I 、消防III、消防IVに該当する人を除く。	
消防 III （高校新卒）	学校教育法による高等学校もしくはこれと同等と認める学校等を令和6年3月に卒業見込みの人。	
消防 IV （実務経験）	昭和63年4月2日から平成11年4月1日までに生まれた人で、消防吏員としての実務経験を有する人。	

※採用予定数は変更になる場合があります。

(2)　県央地域広域市町村圏域（諫早市、大村市、雲仙市（吾妻町、愛野町、千々石町、小浜町、南串山町の区域））
　　内に居住する人又は採用後居住可能な人

(3)　身体基準

身　長	（男）おおむね160cm以上	（女）おおむね155cm以上
体　重	（男）おおむね50kg以上	（女）おおむね45kg以上
視　力	矯正視力を含み両眼で0.7以上、かつ、一眼でそれぞれ0.3以上であること。色覚正常であること。	
聴　力	左右とも正常であること。（オージオメーターを使用し、純音聴力検査により実施する）	
握　力	（男）左右ともおおむね30kg以上	（女）左右ともおおむね20kg以上
肺活量	（男）おおむね3000cc以上	（女）おおむね2000cc以上

(4)　体力試験
　　上体起こし（30秒間）
　　懸垂　（女）斜め懸垂
　　時間往復走（15秒間）
　　立ち幅とび

※　ただし、次のいずれかに該当する者は受験できません。
　（ア）　日本国籍を有しない人
　（イ）　地方公務員法第16条各号に該当する人
　　　○　禁錮以上の刑に処せられ、その執行を終わるまで又はその執行を受けることがなくなるまでの人。
　　　○　県央地域広域市町村圏組合において懲戒免職の処分を受け、当該処分の日から2年を経過しない人。
　　　○　日本国憲法施行の日以後において、日本国憲法又はその下に成立した政府を暴力で破壊することを主張
　　　　する政党その他の団体を結成し、又はこれに加入した人。

2 試験の種目及び内容

試験区分				種目	内容
消防 Ⅰ Ⅱ Ⅲ		消防	第一次	教養試験	公務員として必要な一般的知識及び知能についての5肢択一式による筆記試験
				身体検査	身体基準に合致しているかを検査する。(視力・聴力については、健康診断で実施)
				体力試験	消防吏員として要求される体力を検査する。
			第二次	作文試験	課題に対する理解力、文章表現力、総合的判断力、思考力等をみるために行う。
				口述試験	個人面接を実施する。
				健康診断	胸部疾患の有無、その他職務遂行に必要な健康度について検査する。
				資格審査	受験資格の有無、申込書記載事項の真否その他について審査する。
		消防Ⅳ			一次試験を免除し、二次試験は、試験区分 Ⅰ Ⅱ Ⅲ に準ずる。

3 試験の日時、場所及び発表

区分		日時	会場	発表
消防 Ⅰ Ⅱ Ⅲ	第一次	**令和5年9月17日(日)** 受　付　　8時10分〜 8時50分 教養試験　　9時00分〜11時00分 身体検査　11時20分〜12時00分 休憩(昼食は各自で準備してください) 体力試験　13時00分〜14時00分 ※終了時間は受験者数により変更となる場合があります。体力試験の際は、運動ができる服装及び運動靴(体育館シューズ)を必ず着用してください。	諫早市鷲崎町 221番地1 諫早消防署	**合格者は、令和5年10月中旬頃** 消防本部、諫早、大村、小浜各消防署に掲示するほか、合格者には文書で通知します。 ※合格者の受験番号は県央組合のホームページ(http://www.nagasaki-kenoukumiai.jp/)にも掲載します。
	第二次	第一次試験合格通知の際にお知らせします。		
消防Ⅳ		**令和5年9月22日(金)** 受　付　　9時40分〜10時20分 作文試験　10時30分〜11時30分 休憩(昼食は各自で準備してください) 口述試験　13時00分〜	諫早市鷲崎町 221番地1 諫早消防署	**合格者は、令和5年11月下旬頃**

4 受験手続及び受付期間

受付場所	県央地域広域市町村圏組合消防本部消防総務課　(諫早市鷲崎町221番地1)
受付期間	**令和5年7月3日(月)〜令和5年8月21日(月)** 平日は、午前8時30分から午後5時15分まで。土曜日、日曜日、国民の祝日は休み。 ※郵送の場合は、令和5年8月21日の消印のあるものまでに限り受け付けます。
申込用紙請求先	(ア) 申込用紙は、消防本部又は諫早、大村、小浜各消防署で交付します。 　　県央組合のホームページ(http://www.nagasaki-kenoukumiai.jp/)からも入手できます。 (イ) 郵送で申込用紙を請求する場合は、封筒の表に「採用試験申込用紙請求」と朱書きし94円切手を貼った宛先明記の返信用封筒(長3定型 120 ㎜×235 ㎜)を同封して、消防本部消防総務課へ申し込んでください。切手を貼った返信用封筒を同封していない場合は、申込用紙は送付致しませんので注意をしてください。
申込方法	(ア) 申込書には必要事項を記入し消防本部消防総務課へ提出の上、受験票を受け取ってください。 (イ) 申込書を郵送される方は、郵便局で簡易書留の手続をし、封筒の表に「採用試験申込」と朱書きし、84円切手を貼った宛先(受験票の送付先)明記の返信用封筒(長3定型 120 ㎜×235 ㎜)を同封してください。切手を貼った返信用封筒を同封していない場合は、受験票は送付致しませんので注意をしてください。
その他	(ア) 受験票は申込受付後にお渡しします。上半身脱帽正面向きから写した写真(申込前3か月以内に撮影したもので、縦 5.5 ㎝×横 4.5 ㎝)を貼り付け試験当日持参してください。 (イ) 遅刻は、原則として受験を認めません。 (ウ) 写真が貼り付けてない場合は、受験できません。 (エ) 受験番号は、試験当日、試験場で指定します。

5 合格から採用まで及び給与等

合格から 採用まで	(ア) 最終合格者は、採用候補者名簿に登載され、任命権者は、この名簿の中から採用者を決定します。名簿の有効期間は、登録された日から1年間です。 (イ) この採用試験の最終合格者は、原則として令和6年4月1日に採用されます。ただし、身体要件に適合しない場合には採用されません。 (ウ) 受験資格がないこと、又は採用試験申込書の記載事項が正しくないことが明らかになった場合は、合格を取り消すことがあります。 (エ) 採用者は、消防吏員(消防士)に任命され、長崎県消防学校で約6か月間の初任科教育を受けた後、管内の各消防署又は各分署に配属されます。 (オ) 試験区分Ⅳ採用者は、消防吏員に任命され、管内の各消防署に配属されます。
給与等	(ア) 県央地域広域市町村圏組合職員の給与に関する条例及び同条例施行規則等により支給します。なお、学歴、職歴等により別途加算される場合があります。 【初任給:令和5年4月1日現在】 　大学卒業後すぐに採用された場合 … 月額 212,000円 　高校卒業後すぐに採用された場合 … 月額 174,500円 (イ) 制服その他所要の被服が貸与されます。

備　考　　今後、情勢の変化により採用試験の日程変更等の可能性があります。
　　　　　変更する場合には、県央組合のホームページ等でお知らせします。

⎡ この試験についての詳細なことは、消防本部消防総務課へお問い合わせください。⎤
⎣ 　【住所:諫早市鷲崎町221番地1　電話:(0957)23-0119】　　　　　　　 ⎦

県央地域広域の自治体情報

1 火 災 の 概 況

		R4年		R3年	
(1) 総 出 火 件 数		95 件		71 件	
(2) 火災件数内訳	建　　物	42 件	建　　物	39 件	
	林　　野	3 件	林　　野	1 件	
	車　　両	6 件	車　　両	6 件	
	船　　舶	0 件	船　　舶	1 件	
	航空機	0 件	航空機	0 件	
	その他	44 件	その他	24 件	
(3) 損　　害　　額		158,109 千円		427,020 千円	
(4) 死 傷 者 数	死　　者	8 人	死　　者	2 人	
	負傷者	13 人	負傷者	9 人	
(5) り 災 世 帯 数		33 世帯		29 世帯	
(6) り 災 人 員		90 人		71 人	
(7) 焼 損 床 面 積		3,226 ㎡		4,346 ㎡	
焼 損 表 面 積		159 ㎡		106 ㎡	
林　　　　　野		33 a		15 a	
(8) 出 火 原 因	1位 たき火	32 件	1位 たき火	13 件	
	2位 電気機器	5 件	2位 たばこ	6 件	
	排気管	5 件	3位 放火（疑い含む）	5 件	
	4位 こんろ	4 件	4位 こんろ	4 件	
	火入れ	4 件			
	ストーブ	4 件			
	放火（疑い含む）	4 件			
(9) 出火率(人口1万人当たり)		3.7 件		2.7 件	
住民基本台帳人口		259,930 人		260,861 人	
		(R4.3.31現在)		(R3.3.31現在)	
(10) 住民一人当たりの損害額		608 円		1,637 円	
(11) 1日当たりの損害額		433,175 円		1,169,918 円	
(12) 火災1件当たりの損害額		1,664 千円		6,014 千円	

41

5 署別・月別火災件数

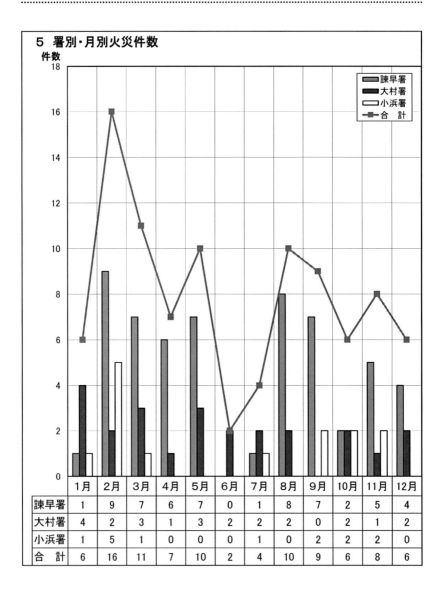

件数

	1月	2月	3月	4月	5月	6月	7月	8月	9月	10月	11月	12月
諫早署	1	9	7	6	7	0	1	8	7	2	5	4
大村署	4	2	3	1	3	2	2	2	0	2	1	2
小浜署	1	5	1	0	0	0	1	0	2	2	2	0
合 計	6	16	11	7	10	2	4	10	9	6	8	6

6　出火原因別火災発生状況

	火災種別 合計	建物	林野	車両	船舶	航空機	その他	爆発	焼損棟数 全焼	半焼	部分焼	ぼや	焼損面積 建物焼損床面積(㎡)	建物焼損表面積(㎡)	林野 a	り災世帯 全損	半損	小損	り災人員	死傷者 死者	負傷者	損害見積額(千円) 合計	建物	林野	車両	船舶	航空機	その他	爆発
合　計	95	42	3	6			44		25	1	18	2	23,226	159	33	14	2	17	90	8	13	158,109	156,651	4	877			577	
た ば こ	2	2							1	0	1		104			1		2	5			11,327	11,327						
こ ん ろ	4	4							0	0	1		46	1				1	3			4,327	4,327						
か ま ど	1						1		0	0	0											0	0						
風呂かまど	1	1							0	0	0		1	1				1	3		1	32	17		15				
焼 却 炉									0	0	0											0	0						
炉									0	0	0											0	0						
ス ト ー ブ	4	4							3	0	1		492	14		2		2	10	2		11,744	11,744						
こ た つ									0	0	0											0	0						
ボ イ ラ ー									0	0	0											0	0						
煙突・煙道									0	0	1											0	0						
排 気 管	5			5					0	0	0		20									1,024	310		714				
電 気 機 器	5	4		1					1	0	1					1		1	3		2	536	536						
電 気 装 置	1	1							0	0	1							1				1,200	1,200						
電灯・電話等の配線									0	0	0											0	0						
内 燃 機 関									0	0	0											0	0						
配 線 器 具	3	3							1	0	1		143	2		1			9	1	1	20,577	20,577						
火 あ そ び									0	0	0											0	0						
マッチ・ライター	1						1		0	0	0		89	15				1	2		1	1,146	684		10			452	
た き 火	32	3	2				27		1	0	0		954	57	30							28	28						
溶接機・切断機	1	1							0	0	0											0	0						
灯 火	1	1							0	0	0											0	0						
衝突の火花									0	0	0											0	0						
取 灰									0	0	0											0	0						
火 入 れ	4						4		0	0	0											0	0						
放 火	4	1					3		0	0	0					1			1	1		129	9		30			90	
放火の疑い									0	0	0									1		0	0						
そ の 他	16	8	1				7		8	0	4		57		3	8	2	2	13		2	24,070	24,063	4	3				
不明・調査中	10	9					1		10	1	8		1,377	69		8	2	6	42	3	4	81,969	81,829		105			35	

43

10　過去１０年間の市町別火災件数及び出火率

署 / 市町別	年別	H25	H26	H27	H28	H29	H30	R1	R2	R3	R4	平均
諫早署	諫 早 市	46	41	34	46	44	50	47	34	40	57	43.9
	諫早中央	29	22	23	26	23	29	28	20	27	31	25.8
	多良見町	8	3	2	7	5	3	3	3	4	2	4.0
	飯 盛 町	2	4	2	3	3	5	2	3	1	7	3.2
	高 来 町	5	4	3	6	5	10	8	5	4	8	5.8
	小長井町	1	2	3	1	4	3	5	3	4	8	3.4
	森 山 町	1	6	1	3	4	0	1	0	0	1	1.7
大村署	大 村 市	42	29	19	36	30	34	18	16	22	24	27.0
小浜署	雲 仙 市	16	9	14	10	6	12	13	10	9	14	11.3
	吾 妻 町	4	3	7	2	1	4	3	2	1	6	3.3
	愛 野 町	1	1	3	1	1	0	4	2	3	2	1.8
	千々石町	3	1	2	2	0	3	1	1	1	2	1.6
	小 浜 町	4	2	2	5	4	3	4	4	3	2	3.3
	南串山町	4	2	0	0	0	2	1	1	1	2	1.3
計	件数	104	79	67	92	80	96	78	60	71	95	82.2
	出火率	3.3	3.9	3.0	2.5	3.5	3.0	3.7	3.0	2.3	3.7	3.2

※出火率は人口１万人あたりの件数

1．救急の概況

	R4年	R3年
(1) 出 場 件 数	12,247 件	10,664 件
(2) 搬 送 人 員	11,431 人	10,073 人

(3) 出 場 件 数 の 多 い 事 故　　急　病　7,707 件　　　　急　病　6,522 件
　　　　　　　　　　　　　　　　　　（ 62.9% ）　　　　　　（ 61.2% ）

　　　　　　　　　　　　　　　　　一般負傷　1,832 件　　転院搬送　1,589 件
　　　　　　　　　　　　　　　　　　（ 15.0% ）　　　　　　（ 14.9% ）

(4) 1日当たりの平均出場回数	33.6 回	29.2 回
(5) 時 間 割 出 場	43分に 1 件	50分に 1 件
(6) 搬 送 者 傷 病 程 度	11.9人に 1 人が重症	10.6人に 1 人が重症

(7) 出 場 件 数 の 多 い 月　　　12月　1,235 件　　　12月　1,065 件
　　　〃　　　少ない月　　　　 2月　 822 件　　　 2月　 737 件

(8) 出 場 件 数 の 多 い 曜 日　月・金曜日　1,851 件　　月曜日　1,640 件
　　　〃　　　少ない曜日　　　土曜日　1,680 件　　木曜日　1,449 件

(9) 出 場 件 数 の 多 い 時 間　10時～12時　1,675 件　10時～12時　1,405 件
　　　〃　　　少ない時間　　　02時～04時　 415 件　02時～04時　 345 件

(10) 圏 内 の 主 な 搬 送 先　（件数順）

	R4年	R3年
長 崎 医 療 セ ン タ ー	4,056 人	3,283 人
諫 早 総 合 病 院	2,713 人	2,460 人
大 村 市 民 病 院	939 人	877 人
宮 崎 病 院	725 人	678 人
日赤長崎原爆諫早病院	636 人	498 人
愛 野 記 念 病 院	534 人	547 人
公 立 小 浜 温 泉 病 院	447 人	397 人
西 諫 早 病 院	317 人	389 人
貞 松 病 院	253 人	204 人
諫 早 記 念 病 院	186 人	167 人

(11) 圏 内 住 民 利 用 程 度	23人に 1 人が利用	26人に 1 人が利用
(12) 人口 1 万人当たりの件数	471 件	409 件
※ 住民基本台帳による人口	（R4.3.31現在　259,930人）	（R3.3.31現在　260,861人）

３．市町別・事故別出場件数表

市町別	事故別	年別	合計	火災事故	自然災害	水難事故	交通事故	労働災害	運動競技	一般負傷	加害	自損行為	急病	その他
合計		4	12,247	14		5	710	84	96	1,832	20	90	7,707	1,689
		3	10,664	8	4	11	641	81	90	1,569	15	87	6,522	1,636
諫早市	諫早	4	4,474	5		1	270	30	50	662	10	29	2,759	658
		3	3,864	3		2	240	26	43	531	4	31	2,320	664
	多良見	4	734				27	2	6	97		8	391	203
		3	706	1		2	36	5	9	94		6	382	171
	飯盛	4	282	2			13	3	2	64	2	1	190	5
		3	274			2	19	3	1	54		1	189	5
	高来	4	414				17	3	4	90	1	5	262	32
		3	375	1			21	6	2	62	3	3	253	24
	小長井	4	229				14	2		25		3	106	79
		3	185				3	2		20			89	71
	森山	4	266	1			23	2	4	49	1	2	176	8
		3	184			1	10	3		22			139	9
	小計	4	6,399	8		1	364	42	66	987	14	48	3,884	985
		3	5,588	5		7	329	45	55	783	7	41	3,372	944
大村市		4	4,316	5		3	269	28	24	610	4	34	2,860	479
		3	3,741	2		3	225	22	30	564	7	38	2,368	482
雲仙市	吾妻	4	279	1			20	2	2	30		3	204	17
		3	247				20	4	1	42		3	142	35
	愛野	4	349				16	1		42	1		185	104
		3	267				10	4	2	33		2	139	77
	千々石	4	202				14	1	1	38			111	36
		3	187	1		1	13			38			95	39
	小浜	4	529				25	8	3	93	1	4	329	66
		3	479		4		31	5	2	82	1	2	300	52
	南串山	4	170				1	2		32		1	132	2
		3	137				9	1		26		1	97	3
	小計	4	1,529	1		1	76	14	6	235	2	8	961	225
		3	1,317	1	4	1	83	14	5	221	1	8	773	206
その他の地域		4	3				1						2	
		3	18				4			1			9	4

46

17. 救助出動活動状況表

事故別 署別	火災		交通事故		水難事故		風水害等 自然災害		機械に よる事故		その他の 事故		合計	
	出動件数	救助人員	出動件数	救助人員	出動件数	救助人員	出動件数	救助人員	出動件数	救助人員	出動件数	救助人員	出動件数	救助人員
諫早消防署	5		24	10	2				2	2	32	18	65	30
大村消防署	1		18	10	1						20	7	40	17
小浜消防署			6	4	1	1			3	1	3	2	13	8
合　計	6		48	24	4	1			5	3	55	27	118	55

島原地域広域の試験情報

令 和 5 年 度

島原地域広域市町村圏組合
消防吏員採用試験実施案内

消防本部管轄区域
島原市
南島原市
雲仙市（国見町及び瑞穂町）

　島原地域広域市町村圏組合の消防業務に従事する消防吏員の採用試験を次のとおり実施します。

1　**試験日**　　　令和5年9月17日（日）

2　**受付期間**　　令和5年7月24日（月）から令和5年8月18日（金）まで
　　　　　　　　（郵送の場合は、令和5年8月18日までの消印有効。また、受付時間は
　　　　　　　　土曜日、日曜日及び祝日以外の8時30分から17時15分まで）

3　**受付場所**　　長崎県島原市新馬場町872番地2
　　　　　　　　島原地域広域市町村圏組合　消防本部　総務課

4　**試験職種、受験資格及び採用予定人員等**

試験職種	職務内容	受　験　資　格	採用予定数
消防吏員	消防業務全　般	学校教育法に基づく高等学校卒業程度の学力を有し、平成11年4月2日から平成18年4月1日までに生まれた人	若干名

　※　採用後は島原地域広域市町村圏組合消防本部の管轄区域内に居住できる人
　　　自動車運転免許の普通免許（オートマチック限定普通免許は除く。以下同じ）を取得している
　　　人、又は、採用の日までに普通免許を取得できる人（ただし、令和6年3月に卒業見込みの人は、
　　　採用後1年以内に普通免許を取得できる人）で採用後、5年以内に中型免許を取得できる人

※　ただし、次の各号の一に該当する人は受験出来ません。
（1）日本国籍を有しない人
（2）地方公務員法第16条に該当する人
　　ア　禁錮以上の刑に処せられ、その執行を終わるまで又はその執行を受けることがなくなるまで
　　　の人
　　イ　島原地域広域市町村圏組合職員として懲戒免職の処分を受け、当該処分の日から2年を経過し
　　　ない人
　　ウ　日本国憲法施行の日以後において、日本国憲法又はその下に成立した政府を暴力で破壊するこ
　　　とを主張する政党その他の団体を結成し、又はこれに加入した人

5 試験の方法及び内容等

（1）第一次試験

試 験 種 別		試　験　の　内　容
学 力 試 験	教 養 試 験（出題分野）	公務員として必要な一般的知識及び知能についての多肢選択式による筆記試験【出題分野】時事、社会・人文及び自然に関する一般知識並びに文章理解、判断・数的推理及び資料解釈に関する一般知能
	適 性 検 査	消防職員に必要な適応性に関する調査
体 力 試 験		消防吏員として必要な体力の測定を次の種目により行う。ア 往復走　イ 立ち幅跳び　ウ 起き上がり　エ 握力オ 腕立て伏せ（女子は膝つき腕立て伏せ）

※ 学力試験には筆記用具及び上履きを、体力試験には運動ができる服装、運動靴（スパイク不可）及び体育館シューズを持参してください。

（2）第二次試験

第二次試験は、第一次試験合格者について作文及び個別面接による試験を実施します。

また、第二次試験については、胸部疾患の有無、視力、その他職務遂行に必要な健康度の有無、身体条件について検査するため、医療機関で受診した健康診断書を提出していただきます。

※ 試験当日は、筆記用具を持参してください。

6 試験の日時、場所及び合格者発表

試 験 種 別		試　験　日　時	試　験　場　所	合格者発表
第 一 次試 験	学力試験	令和5年9月17日（日）受 付　9時00分～9時30分着 席　9時40分（1）教養試験　　10時00分～12時00分（2）適性検査　　12時10分～13時10分	長崎県島原市新馬場町872番地2島原地域広域市町村圏組合　消防本部	第 一 次 試 験合 格 者 に は文 書 で 通 知します。（当組合ホームページ及び掲示板に掲示します。）
	体力試験	令和5年9月17日（日）受付　14時10分～14時20分試験開始14時30分		
第 二 次試 験	作文及び面接試験	令和5年10月下旬予定（第一次試験合格発表の際にお知らせします。）	長崎県島原市新馬場町872番地2島原地域広域市町村圏組合　消防本部	第 二 次 試 験受験者全員に文書で通知します。

7 受験手続き等

（1）申込用紙（採用試験申込書・受験票）の請求先

　　採用試験申込書・受験票は、当組合消防本部総務課で交付します。

　　郵送で請求される場合は、封筒の表に『採用試験申込書請求』と朱書きし、１２０円切手を貼った宛先明記の返信用封筒（角形２号）を必ず同封してください。

（2）申込方法及び注意事項

　ア　採用試験申込書・受験票には必要事項を記入し、消防本部総務課へ提出の上、受験票を受け取ってください。

　イ　郵送される方は、封書（簡易書留扱い）にしてください。

　　　なお、受験票の郵便はがき欄に受験者の宛先を明記し、６３円切手を必ず貼ってください。

　ウ　申込みの際は、必ず採用試験申込書に写真を貼ってください。

　　　写真は、申込み前６か月以内のもので、帽子をかぶらず正面から上半身を撮影した、縦5.5㎝×横4.5㎝程度の本人とはっきりわかるものとします。

　エ　写真がない場合は受付できません。

（3）個人情報の取扱い

　　受験申込者及び第一次試験合格者から取得する個人情報は、島原地域広域市町村圏組合の消防吏員を採用するという目的を達成するために利用するものであり、消防吏員採用に係る業務に必要な範囲でしか利用しません。

8 採用及び給与等

（1）最終合格者については、令和６年４月１日付、採用予定です。

（2）採用者は、採用後消防士に任命され、原則として長崎県消防学校での初任科教育課程に入校し、その後消防本部又は各消防署に配属されます。

（3）配属後は、原則として二交替制（当番、非番）勤務となります。

（4）給与については、「島原地域広域市町村圏組合の一般職の職員の給与に関する条例」に基づき支給します。

（5）制服その他所要の被服は貸与されます。

9 その他

　　この試験について、ご不明の点がありましたら、下記までお問い合わせください。

〒855－0033　長崎県島原市新馬場町872番地2
島原地域広域市町村圏組合消防本部　総務課
電話　0957－62－7711
ホームページ　http://www.shimabara-area.net/site/

島原地域広域の自治体情報

火災概況

区　　　分		単位	令和4年 (A)	令和3年 (B)	増減 (A)-(B)
出火件数	計	件	41	37	4
	建　物	〃	13	17	△ 4
	林　野	〃	1		1
	車　両	〃	2	2	0
	船　舶	〃	1		1
	その他	〃	24	18	6
焼損棟数	計	棟	19	34	△ 15
	全　焼	〃	5	17	△ 12
	半　焼	〃	1	1	△ 1
	部分焼	〃	5	8	△ 3
	ぼ　や	〃	9	8	1
建物焼損床面積		㎡	1,349	1,656	△ 307
林野焼損面積		a	4		4
死　者		人		1	△ 1
負　傷　者		〃	5	5	0
り災世帯	計	世帯	11	15	△ 4
	全　損	〃	2	6	△ 4
	半　損	〃			0
	小　損	〃	9	9	0
り災人員		人	20	42	△ 22
損害額	計	千円	40,776	58,128	△ 17,352
	建　物	〃	31,691	56,204	△ 24,513
	林　野	〃			0
	車　両	〃	6,662	144	6,518
	船　舶	〃	1,400		1,400
	その他	〃	1,023	1,780	△ 757
出　火　率		件	4.1	3.6	0.5

※出火率とは、人口1万人当たりの出火件数をいう。

出火原因状況

年別 原因別	令和4年		令和3年	
	出火件数	割合	出火件数	割合
た　き　火	20	48.8%	9	24.3%
た　ば　こ	2	4.9%	2	5.4%
ス　ト　ー　ブ	2	4.9%	1	2.7%
こんろ・天ぷら鍋	1	2.4%	2	5.4%
風　呂　か　ま　ど	1	2.4%	1	2.7%
火　遊　び	1	2.4%	1	2.7%
ボ　イ　ラ　ー	1	2.4%		
放　火　の　疑　い	1	2.4%	1	2.7%
炉			1	2.7%
排気管(自動車等)			1	2.7%
電　気　装　置			1	2.7%
灯火(灯ろう、ローソクを含む)			2	5.4%
マ　ッ　チ・ラ　イ　タ　ー			1	2.7%
放　　火			1	2.7%
電灯・電話等の配線			1	2.7%
枯草焼き(火入れ)			2	5.4%
そ　の　他	5	12.2%	4	10.8%
不　明	7	17.1%	6	16.2%
合　　　計	41	100.0%	37	100.0%

火災種別の構成割合状況

年別 火災種別	令和4年		令和3年	
	出火件数	割合	出火件数	割合
建　物　火　災	13	31.7%	17	45.9%
林　野　火　災	1	2.4%		
車　両　火　災	2	4.9%	2	5.4%
船　舶　火　災	1	2.4%		
そ　の　他　火　災	24	58.5%	18	48.6%
計	41	100.0%	37	100.0%

最近10年間の火災発生状況

年別	発生件数 合計	建物	林野	車両	船舶	その他	失火	火遊び	放火（疑いを含む）	自然発火	不明	焼損棟数 計	全焼	半焼	部分焼	ぼや	り災世帯 計	全損	半損	小損	り災人員	焼損面積 建物(㎡)	林野(a)	死者	傷者
25年	61	28	3	3		27	46		4	1	9	42	17	1	13	11	21	8	1	12	70	3,223	5	3	5
26年	46	23	1	4		18	33	1	2	1	9	40	14	3	14	9	24	5	2	17	72	1,625	22		4
27年	33	24	1	2		6	28	1	1	1	2	48	26	2	8	12	16	6	1	9	58	3,388		2	8
28年	38	17	1	2		18	27	2	3	1	5	30	12	1	8	9	12	4		8	39	1,586		2	5
29年	37	17	1	2		17	27	1	2		7	28	8		14	6	12	4		8	25	1,231			8
30年	46	21	2		1	22	33	1	5		7	36	17	2	10	7	22	6	3	13	65	2,577	3	1	8
元年	40	17	2			21	32	1			7	32	19		8	5	16	9		7	48	2,989	3	3	3
2年	37	16	1	3		17	29	1	2		5	33	12	3	6	12	17	5	1	11	46	1,916	2	2	6
3年	37	17		2		18	28	1	2		6	34	17	1	8	8	15	6		9	42	1,656		1	5
4年	41	13	1	2	1	24	32	1	1		7	19	5		5	9	11	2		9	20	1,349	4		5

救急出場状況

※( )内は搬送人員

年別 / 事故種別	令和4年 出場件数 A件	令和4年 全件数に対する割合%	令和3年 出場件数 B件	令和3年 全件数に対する割合%	前年との比較 増減件数 A-B
急病	3,004 (2,578)	57.70 (55.85)	2,680 (2,436)	55.43 (54.28)	324 (142)
交通事故	231 (207)	4.44 (4.48)	218 (199)	4.51 (4.43)	13 (8)
一般負傷	852 (744)	16.37 (16.12)	816 (755)	16.88 (16.82)	36 (△11)
労働災害	33 (31)	0.63 (0.67)	30 (29)	0.62 (0.65)	3 (2)
自損行為	32 (14)	0.61 (0.30)	28 (11)	0.58 (0.25)	4 (3)
運動競技	41 (37)	0.79 (0.79)	23 (21)	0.48 (0.46)	18 (16)
水難事故	7 (4)	0.13 (0.09)	4 (4)	0.08 (0.09)	3
加害	8 (7)	0.15 (0.15)	7 (6)	0.14 (0.13)	1 (1)
火災	5 (5)	0.10 (0.11)	4 (3)	0.08 (0.07)	1 (2)
自然災害	1 (1)				1 (1)
その他 医師搬送					
その他 資器材等輸送					
その他 転院搬送	990 (988)	19.02 (21.40)	1,024 (1,024)	21.18 (22.82)	△34 (△36)
その他 その他	2	0.04	1	0.02	1
合計	5,206 (4,616)	100 (100)	4,835 (4,488)	100 (100)	371 (128)

△はマイナス

市別救急出場状況

区分 / 市別	出場件数 令和4年 A(件)	出場件数 令和3年 B(件)	増減 A-B(件)	搬送人員 令和4年 C(人)	搬送人員 令和3年 D(人)	増減 C-D(人)	令和4年 不搬送件数
合計	5,206	4,835	371	4,616	4,488	128	608
島原市	2,316	2,055	261	2,066	1,870	196	260
島原市(有明町を除く)	1,903	1,742	161	1,699	1,589	110	214
有明町	413	313	100	367	281	86	46
雲仙市	698	698		609	657	△48	92
国見町	470	430	40	412	408	4	58
瑞穂町	228	268	△40	197	249	△52	34
南島原市	2,192	2,076	116	1,941	1,954	△13	256
加津佐町	277	291	△14	217	263	△46	60
口之津町	318	322	△4	283	307	△24	36
南有馬町	222	179	43	198	168	30	24
北有馬町	140	131	9	127	124	3	13
西有家町	304	299	5	270	281	△11	36
有家町	381	357	24	349	341	8	33
布津町	158	166	△8	144	152	△8	15
深江町	392	331	61	353	318	35	39
その他の地域		6	△6		7	△7	

市別・事故別救急出場状況

市別	出場件数														搬送人員													
	計	火災	自然災害	水難事故	交通事故	労働災害	運動競技	一般負傷	加害	自損行為	急病	その他転院搬送	医師搬送	その他	計	火災	自然災害	水難事故	交通事故	労働災害	運動競技	一般負傷	加害	自損行為	急病	その他転院搬送	医師搬送	その他
島原市（有明町を除く）	1,903			2	69	13	24	281	2	11	985	514		2	1,699			1	65	11	23	241	1	5	838	514		
有明町	413	1	1		19	2	1	73		2	287	27			367	1	1		18	2	1	67			250	27		
国見町	470	3		1	22	4	8	81		4	307	40			412	3			20	4	7	74			264	40		
瑞穂町	228				22	1	1	44		1	147	12			197				22	1		39		1	122	12		
加津佐町	277				13			62		2	198	2			217				10			47			158	2		
口之津町	318			2	11	5		48	1	3	122	126			283			1	9	5		36	1	2	103	126		
南有馬町	222				6	1		50		1	145	18			198				6	1		44		1	127	18		
北有馬町	140				5	1		28		2	97	6			127				3	1		27		2	87	6		
西有家町	304				18	1		65		3	194	23			270				17	1		58		1	170	23		
有家町	381				19	4	2	51	3	2	231	69			349				15	4	1	50	3	2	206	68		
布津町	158	1		1	11	1		22			111	10			144	1		1	9	1		20			101	10		
深江町	392			1	16	1		47	1	2	180	143			353			1	13	1		41	1	1	152	142		
その他																												
合計	5,206	5	1	7	231	33	41	852	8	32	3,004	990		2	4,616	5	1	4	207	31	37	744	7	14	2,578	988		

月別・事故別救急出場状況

月別	出場件数														搬送人員													
	計	火災	自然災害	水難事故	交通事故	労働災害	運動競技	一般負傷	加害	自損行為	急病	その他転院搬送	医師搬送	その他	計	火災	自然災害	水難事故	交通事故	労働災害	運動競技	一般負傷	加害	自損行為	急病	その他転院搬送	医師搬送	その他
1月	431	1			13	4	1	70	2	3	243	94			391	1			13	4	1	59	1	1	217	94		
2月	410	1		1	17	3	1	69	1	1	235	81			368	1		1	18	3	1	57	1	1	204	81		
3月	409	3		1	27	3	3	50		3	228	91			369	3		1	24	2	3	47		1	197	91		
4月	366				19	3	4	70		2	202	66			326				14	3	3	65			175	66		
5月	415			1	15	2	6	81		1	229	80			378				16	2	5	69			206	80		
6月	384				27	3	4	52	1	6	214	76		1	351				25	3	4	47	1	1	194	76		
7月	471				13	3	6	65			296	84			425				15	3	6	59			258	84		
8月	510			3	27	5	5	82	1	3	309	75			423			2	21	5	5	69	1	3	242	75		
9月	410	1			21		7	53	1	5	251	71			361	1			22		6	49	1	1	210	71		
10月	448			1	19		1	69	1	3	246	108			401				20		1	56	1	2	214	107		
11月	446				12	3	2	83		3	265	78			387				8	3	2	67		2	228	77		
12月	506				17	4	1	108	1	2	286	86		1	436				11	3		100	1	2	233	86		
合計	5,206	5	1	7	231	33	41	852	8	32	3,004	990		2	4,616	5	1	4	207	31	37	744	7	14	2,578	988		

救助出動状況

種別 / 区分	計	火災 建物	以外	交通事故	水難事故	風水害等自然災害	機械による事故	建物等による事故	ガス及び酸欠事故	爆発事故	その他の事故
出動件数	31			13	4		2	1			11
活動件数	24			8	3		1	1			11
救助人員	25			9	3		1	1			11

救助出動人員・活動人員の状況

種別 / 区分		計	火災 建物	以外	交通事故	水難事故	風水害等自然災害	機械による事故	建物等による事故	ガス及び酸欠事故	爆発事故	その他の事故
出動人員（活動人員）	専任救助隊員	0										
		(0)										
	兼任救助隊員	63			26	6		4	3			24
		(31)			(6)			(2)	(3)			(20)
	消防隊員	73			29	11		7	3			23
		(46)			(14)	(5)		(3)	(3)			(21)
	救急隊員	108			57	12		6	3			30
		(69)			(27)	(6)		(3)	(3)			(30)
	消防団員	0										
		(0)										
計		244	0	0	112	29	0	17	9	0	0	77
		(146)	(0)	(0)	(47)	(11)	(0)	(8)	(9)	(0)	(0)	(71)

（　　）内は、活動人員を内書

最近10年間の救助出動件数状況

種別 / 年別	計	火災 建物	以外	交通事故	水難事故	風水害等自然災害	機械による事故	建物等による事故	ガス及び酸欠事故	爆発事故	その他の事故
平成25年	33			21	4		2				6
平成26年	21			11	1		3				6
平成27年	46			30	2		1				13
平成28年	36			17			6				13
平成29年	34			16	4		4				10
平成30年	39			26	6		1				6
令和元年	45	1		21	4		3	3			13
令和2年	26	1		11	2		4				8
令和3年	25	1		12	1		2				9
令和4年	31			13	4		2	1			11

「令和5年度版消防年報」より抜粋

第2部

教養試験
社会科学・人文科学

- 政治・経済・社会
- 歴　史
- 地　理

社会科学　政治・経済・社会

IIIIIIIIIIIIIIIIIIIIIIIIIIII　P O I N T　IIIIIIIIIIIIIIIIIIIIIIIIIII

政治：学習法としては，まず，出題傾向をしっかり把握すること。出題形式や出題内容は当然変わっていくが，数年単位で見ると類似した内容を繰り返していることが多い（後述の「狙われやすい！重要事項」参照）。そのような分野を集中的に学習すれば効果的である。学習の中心となるのは基礎・基本の問題であるが，要点がまとまっているという点で，まずは本書の問題にしっかり取り組むとよい。そしてその学習の中で問題点や疑問点が出てきた場合に，教科書・学習参考書・辞典・専門書で学習内容をさらに高めていこう。

経済：まず高等学校の「政治・経済」の教科書で，次の項目のような主要な要点をまとめてみよう。

 (1) 国内経済…金融政策・財政政策・景気変動・国民所得・GNIとGDP・三面等価の原則・国家予算・独占禁止法・公正取引委員会など

 (2) 第二次世界大戦後の国際経済の歩み…OECD・EEC→EC→EU・GATT→WTO

 (3) 国際経済機構…IMF・IBRD・IDA・UNCTAD・OPEC・OAPEC・ケネディラウンド → ウルグアイラウンド → ドーハラウンド・FTA → EPA → TPP

 最新の動向については，ニュースや時事問題の問題集で確認しておこう。

社会：社会の学習法は，問題を解くことと合わせて，新聞等を精読するに尽きる。記事をスクラップするなどして，系統的に理解を深めていくことが大切である。新聞などに掲載されている社会問題は，別の様々な問題と関連していることが多い。一つのテーマを掘り下げて理解することにより，社会で起きている時事的な問題をより横断的に結びつけてとらえることが可能となる。そのためにも，様々なメディアを通じて日々新しい情報をチェックし，政治・経済・社会・環境など，網羅的にニュースを把握しておくようにしておきたい。

👉 **狙われやすい! 重要事項** ‥‥‥‥‥‥‥‥‥‥‥‥‥‥

☑ 国会や選挙の制度
☑ 国際的な機構や国際政治
☑ 基本的人権 (各論まで)
☑ 金融政策や財政政策の制度と実情
☑ 少子高齢化や社会保障
☑ 日本経済の実情
☑ 日本と世界の国際関係
☑ 科学技術や医療などの進歩
☑ 社会的な課題

《 **演 習 問 題** 》

1 **日本の選挙制度に関する記述として，妥当なものはどれか。**

1 国会議員，地方議会議員，地方の首長についての選挙権を与える年齢が18歳以上に引き下げられるとともに，憲法改正時の国民投票に参加する権利についても同様の改正が行われた。

2 被選挙権を与える年齢については，都道府県知事と参議院議員については30歳以上，市町村長，地方議会議員，衆議院議員については25歳以上とされていたが，選挙権を与える年齢に連動する形で，これらの引き下げが行われた。

3 日本国籍を有しない者についての選挙権は，地方議会議員選挙においては認められているものの，衆議院や参議院の議院選挙については与えられていない。

4 参議院の選挙区選挙は，国会における都道府県の代表者を選出するとの趣旨から，47都道府県に1名から6名の議員が割り当てられている。

5 選挙権の平等は，各自が1票ずつの投票権を行使し，特権的に複数の投票権を与えることを許さないとの趣旨であり，1票の価値の平等までは求めないとする解釈や運用が定着している。

2 国会に関する記述として，妥当なものはどれか。

1　衆議院の解散による総選挙が行われると，選挙の日から30日以内に臨時国会が召集され，内閣総理大臣の指名が行われる。

2　衆議院の解散中に国会の議決が必要な事態が生じたときには，内閣によって参議院の緊急集会が召集されることがある。

3　国会議員は，その任期中には所属する院の許諾なしには逮捕されず，この権利は不逮捕特権と呼ばれている。

4　法律案や予算案についての採決を本会議において行う場合には，総議員の過半数の出席がなければならない。

5　憲法改正の発議については，特に厳格な要件が定められており，衆議院と参議院の両院において，出席議員の3分の2以上の賛成を得なければならない。

3 国家についての学説に関する記述として，妥当なものはどれか。

1　国家法人説を提唱したことで知られるイェリネックは，国家の三要素として，領土，国民，立法権を挙げた。

2　多元的国家論は，国家に特段の優位性を認めず，他の社会集団と同列にとらえる立場であり，ボダンやヘーゲルによって主張された。

3　行政国家化は，国家の役割の増大に伴い，行政機関や官僚が大きな役割を果たすようになった現象を指す。

4　マルクスは，国家が私有財産の番人としての役割を果たさない状況を踏まえ，そのような国家を夜警国家と呼んで批判した。

5　20世紀以降，各国において委任立法が急増したことによって，立法国家化が顕著な傾向となった。

4 内閣に関する記述として，妥当なものはどれか。

1　内閣総理大臣およびその他の国務大臣の過半数は，文民でなければならない。

2　内閣総理大臣は衆議院議員でなければならず，また，その他の国務大臣はすべてが国会議員でなければならない。

3　内閣総理大臣は，あらかじめ国会に諮ることなく，他の国務大臣を任命・罷免することができる。

4　内閣は最高裁判所の長たる裁判官を含むすべての裁判官を任命する。

5 内閣による意思決定は閣議によって行われ，日本国憲法の規定に基づき，その要件は出席した国務大臣の3分の2以上とされている。

5 **日本の選挙に関する記述として，妥当なものはどれか。**
1 公職選挙法において，文書や図画の配布が制限されており，特に，候補者・政党等はウェブサイト等及び電子メールを利用した選挙運動が禁止されている。
2 2022年に行われた参議院議員選挙以降，有権者は，あらかじめ認証を受けた端末から各地の選挙管理委員会が管理するホームページにアクセスすることにより投票できるようになった。
3 衆議院議員選挙において，小選挙区で立候補した者は，同時に比例代表の候補者にはなれない旨が公職選挙法によって定められている。
4 参議院の比例区代表選挙において各政党が示す名簿について，2018年にあらかじめ政党の決めた順位に従って当選者が決まる「特定枠」の制度が廃止された。
5 2022年時点において，参議院の選挙区選挙において，鳥取県と島根県，徳島県と高知県をそれぞれ1つの選挙区とする合区が導入されている。

6 **日本の地方自治に関する記述として，妥当なものはどれか。**
1 法律の留保が付されていたものの，大日本帝国憲法には地方自治の基本的精神を定めた条文があった。
2 地方自治の本旨のうち，住民自治は，地方自治体が国などからある程度独立して運営されることを意味する。
3 首長が任命した主要公務員の解職請求は，原則として有権者の3分の1以上の署名を首長に提出することによって成立し，署名の有効性が確認されると，当該公務員は直ちに失職する。
4 議会が首長に対して不信任の議決を行った場合，首長はそれに対抗して議会を解散することができ，選挙後に議会において再び不信任の議決が行われた場合，首長は失職する。
5 地方分権一括法の施行に伴い，国と地方との紛争を処理するために，内閣府に国地方係争処理委員会が設置された。

7 利益集団と政党に関する記述として，妥当なものはどれか。

1　利益集団は，国民的な利益の増進をはかるとともに，選挙における勝利と政権の獲得を目指して活動する点が他の集団と異なる。

2　アメリカでは，利益集団と関係の深いロビイストが積極的に活動しているが，登録や情報公開について，一定のルールが定められている。

3　イギリスでは，保守党と労働党による二大政党制が定着し，21世紀に入り，それ以外の小政党の凋落が顕著になっている。

4　フランスでは，一時的に既成政党の衰退の動きがあったものの，2017年以降，伝統的な政党を基盤とする大統領による政権が続いている。

5　中国では，事実上の一党独裁制が続いていたが，21世紀初頭，複数政党制が導入され，諸政党の活動が大幅に自由化された。

8 国際連合に関する記述として，妥当なものはどれか。

1　「平和のための結集」決議の成立により，緊急特別総会は，加盟国による軍事的な措置を勧告することができるようになった。

2　安全保障理事会の理事国の数は，加盟国が50ヵ国余りであった時点から変わらなかったが，日本やドイツが常任理事国としての地位を得ること，順次理事国数を増やすことが決定された。

3　経済社会理事会は，経済，社会，文化などにかかわる事項についての調査，勧告などを行うが，同理事会の常任理事国が拒否権を行使した際には，その活動は停止される。

4　信託統治理事会は，独立の支援などを行う機関であるが，東ティモールの独立により，その任務は休止されている。

5　国際司法裁判所は，紛争当事国の一方が求めれば裁判を開始し，強制力を持った決定をできる。

9 公職選挙法に関する記述として，妥当なものはどれか。

1　個別の政策課題について住民の意向を問う住民投票に向けた運動の際にも，公職選挙法の適用を受ける。

2　候補者は，ホームページやソーシャルネットワーキングサービスなどを活用し，インターネットを通じて自らの政策を訴えることができる。

3　親族や秘書が選挙違反に問われ，一定以上の刑罰を受けた場合，直接的な関与が明確でない限り，候補者本人の責任が問われることはない。

4　候補者および運動員は，自らの身分を明らかにすることなどを前提とし
て，選挙区内の有権者の自宅を無作為に訪問し，投票を依頼することがで
きる。

5　投票日当日に投票所に行けない場合には期日前投票ができるが，レ
ジャーなどの理由では認められない。

10　各国の政治体制に関する記述として，妥当なものはどれか。

1　中国の政治体制の特徴として，全国人民代表大会に権力が集中してい
ることが挙げられ，国家元首である国家主席は，ここから選出される。

2　アメリカの大統領は，選挙人などを介さない直接選挙によって選ばれ，
全米において最も多い得票を得た候補者が就任する。

3　ドイツの政治体制は，議院内閣制によって運営されているが，大統領も
強力な権力を数多く持っているため，首相と大統領が対立すると，主要な
政治的決定が大幅に遅れることがある。

4　フランスの首相は，有権者による直接選挙によって選ばれるが，1回目
の投票において過半数を得られない場合は，決選投票が行われる。

5　イギリスの首相は，貴族院において多数の議席を占める政党の党首が国
王から任命される。

11　日本の政治体制に関する記述として，妥当なものはどれか。

1　日本国憲法には，国権の最高機関が国会であると定められているため，
内閣総理大臣は衆議院と参議院の議長による任命手続を経て就任する。

2　内閣総理大臣については，衆議院議員の中から国会による指名を受けた
者が就任する。

3　最高裁判所の長官については，内閣によって指名された者が天皇による
任命手続を経て就任する。

4　国会は，外国との間の条約を締結するが，その事前または事後に内閣に
よる承認手続を要する。

5　除名処分を受けた国会議員は，その処分に不服がある場合には最高裁判
所に対して異議を申し立てることができ，最高裁判所は他の案件に先立っ
てこれを審理しなければならない。

12 **日本の司法制度に関する記述として，妥当なものはどれか。**

　1　裁判員裁判は，市民から選ばれた裁判員が裁判官とともに裁判を進め，判決を下す制度であり，重大な民事裁判と刑事裁判が対象とされている。

　2　検察官が起訴しなかった案件について，検察審査会が2度にわたって起訴すべきであるとの議決を行うと，裁判所が選任した弁護士によって起訴され，刑事裁判が行われる。

　3　法務省人権擁護局は，総合的な法律相談，民事事件についての訴訟費用の立替を行う法律扶助などの業務を行っている。

　4　相次ぐ凶悪犯罪への批判の高まりを受けて，あらゆる犯罪についての公訴時効を廃止する法改正が行われた。

　5　最高裁判所において法律の違憲判決が確定すると，その効力が停止されるとともに，直ちにその法律の廃止手続が開始される。

13 **大日本帝国憲法と日本国憲法に関する記述として，妥当なものはどれか。**

　1　大日本帝国憲法は，改正の手続が法律の改正と同等である軟性憲法であるのに対して，日本国憲法は改正に厳格な手続を必要とする硬性憲法である。

　2　大日本帝国憲法と日本国憲法は，両者ともに形式的には国民が定めた民定憲法である。

　3　大日本帝国憲法の下における裁判は，日本国憲法の下で行われる裁判と異なり，天皇の名において行われた。

　4　大日本帝国憲法には，天皇の協賛機関としての枢密院についての規定があった。

　5　日本国憲法における内閣総理大臣は，同輩中の主席として位置づけられているが，大日本帝国憲法における内閣総理大臣には強力な権限が認められていた。

14 **日本国憲法に定められた基本的人権に関する記述として，妥当なものはどれか。**

　1　日本国憲法において明文で定められた基本的人権に関する諸規定は，私人間においても直接的な効力を有するというのが最高裁判所による判例の立場である。

　2　生存権の規定など，大日本帝国憲法に定められた人権に関する諸規定の一部は，法律の留保を外す形で日本国憲法に受け継がれ，最高裁判所は，

この規定に基づき，国の措置や法律に対して多くの違憲判決を下してきた。
3　日本国憲法の前文に定められた平和的生存権について，最高裁判所は法的な効力を積極的に認めている。
4　最高裁判所によって平等権に反する不当な差別にあたることを根拠に法律の効力が否定された例として，婚外子への相続差別が挙げられる。
5　最高裁判所は，県知事による靖国神社や護国神社への玉ぐし料の支出について，社会的な儀礼の範囲であり，憲法に違反しないとの判決を下した。

15　日本国憲法の改正手続に関する記述として，妥当なものはどれか。
1　衆議院と参議院に設置された憲法審査会には，具体的な改正原案の審査を行う権限は認められておらず，具体的な手続は各院の予算委員会において行われる。
2　憲法改正案を発議するには，衆議院と参議院のそれぞれにおいて，出席議員の3分の2以上の賛成が求められる。
3　あらかじめ国会による付託手続を経た場合に限り，内閣にも憲法改正案の発議権がある。
4　国民投票に参加できるのは，日本国民のうち20歳以上の有権者である。
5　憲法改正案が国民投票において過半数の賛成を得た場合，天皇が直ちに国民の名で公布する。

16　民法に定められた内容に関する記述として，妥当なものはどれか。
1　私的契約について，その内容が公の秩序または善良の風俗に反するものであったとしても，履行を拒むことはできない。
2　特別養子縁組の制度は，一般的な養子縁組と異なり，血縁のある親との法的な親子関係を消滅させるのが特徴である。
3　相続人が，「配偶者」と「その配偶者との子」である場合，すべての財産を子に相続する旨を記した遺言書があれば，配偶者はそこから財産を得ることができない。
4　相続人が，「配偶者」，「その配偶者との子1名」，「婚姻関係にない者との子1名」である場合，婚姻関係にない者との子が相続する割合は，他のいずれの相続人より低い比率となる。
5　ある契約について，民法と他の特別法に規定がある場合には，民法の適用が優先される。

17 ある生産物の市場において，取引量と価格が，右の図における需要曲線，供給曲線の交点において決定されているとする。市場機構に関する記述として，妥当なものはどれか。

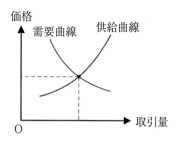

1　技術革新と所得の増加が同時に起きた場合，取引量は増加する。

2　生産コストの増加は，需要曲線と供給曲線を同時に左にシフトさせるため，取引量は減少する。

3　所得の増加は，需要曲線と供給曲線を同時に右にシフトさせるため，取引量は増加する。

4　代替財の価格が上昇した場合，取引量は減少する。

5　補完財の価格が上昇した場合，供給曲線が右にシフトする。

18 2022年における日本の経済事情に関する記述として，妥当なものはどれか。

1　世界的な物価上昇，外国為替市場における円安方向への変動があったものの，民間の需要が低迷したことから，物価はほぼ横ばいで推移した。

2　国全体の実質所得が減少したことを背景に，特に低所得層では実質消費支出が減少傾向にあった。

3　所得に占める消費の割合は世代ごとに異なる動向を示してきたが，特に，2010年代以降においては，若年層と高齢層を中心に上昇傾向にあり，2022年もその傾向が続いた。

4　2022年の雇用環境が総じて改善したことに伴い，労働移動については，コロナ禍前を大きく上回る活発さがみられた。

5　輸出企業については，非輸出企業と比較して生産性が低く，また，研究開発実施率も低い状況が続いた。

19 日本の租税に関する記述として，妥当なものはどれか。

1　逆進税とは，所得が低い者ほど実質的な負担割合が大きくなる税であり，その典型的な例としては，所得税が挙げられる。

2　消費税が導入された際，当初の税率は5％であり，それが8％に引き上

げられるのと同時に，事業者にはインボイスの発行が義務付けられた。

3　課税主体が国である税を国税といい，資産課税のうち，固定資産税は国税に分類される。

4　法人に対する課税は，黒字の企業に対して行われるのが原則であったが，2004年以降，法人事業税の一部に，事業の規模に応じ，赤字であっても課税される仕組みが導入された。

5　課税に直接的に責任を負う官庁は財務省であるから，課税の仕組みや税率，徴収方法など，租税に関する基本的なルールは，財務省令や政令によって定められている。

20　日本における金融政策に関する記述として，妥当なものはどれか。

1　日本における金融政策は，日本銀行政策委員会の政策決定会合により決定されるが，その議決の要件は，全会一致とされている。

2　市中銀行が日本銀行に預金を預けた際に，日本銀行が市中銀行に金利を支払う場合，その金利はマイナス金利と呼ばれている。

3　日本銀行が国債等の有価証券を市場から大量に購入すると，市中の資金量は増加し，金利は低下する。

4　日本銀行は，日本銀行券を発行する発券銀行としての地位を有しており，その発行限度枠は閣議において決定される。

5　日本銀行が市中銀行に貸し付ける資金の金利を引き上げることは，金融市場における金利が逆に低下する要因となる。

21　経済学説に関する記述として，妥当なものはどれか。

1　重商主義の代表的論客であるマンは，富の源泉を労働に求める一方，差額貿易によって国家を富ませることが政策の柱であるべきであると主張した。

2　重農主義に分類されるケネーは，『経済表』の中で，富の源泉は農業労働であるとし，自由放任主義の必要性を説いた。

3　アダム・スミスは，各国政府の利己的な行動が「見えざる手」に導かれて，望ましい調和をもたらすとした。

4　リカードは，人口の増加こそが貧困の原因であると説き，その抑制の必要性を主張した。

5　ケインズは，不況の原因を政府による経済過程への介入に求め，財政政策は最小限に抑制すべきであるとした。

22 **財政に関する記述として，妥当なものはどれか。**

1　比例税は，所得が増加するほど税率が上昇する税であり，その例として，日本の所得税が挙げられる。

2　市場における金利を調整し，物価を一定の水準に導くことは，財政政策の主要な目的である。

3　公共事業，出資金，貸付金の原資として発行される国債は建設国債と呼ばれ，財政法にその根拠がある。

4　不況時に人々の所得が減少した際，税率が低下し，失業に伴う給付が増えることによって景気が下支えされるしくみは，フィスカル・ポリシーと呼ばれる。

5　日本の予算のうち，経済情勢の変化などによって当初の予算の執行をそのまま継続することが困難になった場合には，暫定予算が編成される。

23 **日本の金融に関する記述として，妥当なものはどれか。**

1　ペイオフは，銀行経営が破綻した際，保護される預金に上限を設ける制度であり，日本では法的に禁じられている。

2　金融政策は，その原案が閣議決定された後，日本銀行政策委員会政策決定会合において議決が行われ，実施に移される。

3　買いオペレーションは，有価証券を日本銀行が市場から購入することによって資金量や金利を調整することを目的としており，その対象について，信託商品や国債は除外されている。

4　預金準備率操作は，市中銀行に対する預金の一定割合を準備金とする制度であり，1991年以降，その比率の変更は金融政策の重要な柱と位置付けられている。

5　マイナス金利とは，民間の銀行が日本銀行に保有する当座預金の一部にマイナスの金利を課すものである。

24 **外国為替相場に関する記述として，妥当なものはどれか。**

1　ブレトンウッズ協定は，当初イギリスのポンドを基軸通貨とする旨を定めていたが，経済情勢の変化を踏まえ，アメリカのドルがその地位を引き継いだ。

2　1970年代はじめのニクソンショックによって混乱した世界経済の混乱を収束させるため，許容する変動幅を拡大しながら固定相場制を維持するキ

ングストン合意が決定された。

3　1985年のプラザ合意では，ドル安の是正についての合意がなされ，その後，急激に円安やドル高が進み，世界経済の不安定化をもたらした。

4　自国通貨の減価は，自国による輸入に有利な影響を及ぼす一方，輸出には不利な影響を与える。

5　自国通貨に対する需要の増加はその通貨の増価をもたらす。国内の金利が外国に比べて急激に上昇することなどがその要因である。

25 **日本における労働事情や労働法制に関する記述として，妥当なものはどれか。**

1　労働需要が労働供給よりも急激に増加する場合には，賃金は急落することが多く，日本においては主に不況期にこの現象がみられた。

2　残業による長時間労働を是正するために，時間外手当は通常の賃金よりも割安にすることが義務付けられた。

3　労働組合の争議行為によって会社に損害が生じた場合，民事上の責任は免れないが，刑事上の責任は免責される。

4　バブル崩壊以降，労働者に占める正規雇用の割合が増加する傾向にあり，契約社員やパートタイム労働者等の非正規雇用労働者の割合は減少を続けている。

5　一定規模以上の事業所には，障害者を一定以上の比率で雇い入れることが義務付けられており，これを満たさない場合には，納付金が課せられる。

26 **社会学の諸学説に関する記述として，妥当なものはどれか。**

1　社会学の創始者であるコントは，実証主義や人類教の提唱者としても知られている。彼は，人間の知識や精神は，形而上学的段階，神学的段階，実証的段階の順に進化するとした。

2　デュルケームの問題意識は，社会におけるエゴイズムとアノミーの蔓延であった。彼は，それらを乗り越え，平和と秩序をもたらすためには，資本主義的な産業化の進行と功利主義的な個人主義が不可欠であるとした。

3　ウェーバーは，官僚制や支配の正統性に関する研究などの業績を残した。彼の規定によれば，社会学は，社会的行為を解釈によって理解するという方法で，社会的行為の過程および結果を因果的に説明しようとする科学である。

4　ホルクハイマーとアドルノは，共同で『啓蒙の弁証法』を著した。彼らによれば，野蛮状態から解放されるためには，道具的理性を発展させることが不可欠である。

5　テンニースは，社会の類型化について，先駆的な提言を行った。彼によれば，人間によって形成される社会は，ゲゼルシャフトからゲマインシャフトに移行する。

27 日本と世界の環境問題に関する記述として，妥当なものはどれか。

1　日本における2021年度の温室効果ガス排出・吸収量は，11億2,200万トン（CO_2換算）であり，削減目標基準年の2013年度の排出量比と比較して2割り余り増加した。

2　国連環境計画による2022年の報告では，世界は未だパリ協定の目標達成には及ばず，1.5℃に向けた信頼性の高い経路に乗れていないと結論付けられている。

3　2022年12月にカナダ・モントリオールで生物多様性条約第15回締約国会議（COP15）第2部が開催されたが，愛知目標の後継となる世界目標の合意には至らなかった。

4　各国では，陸地や海洋の一部を国立公園等の保護地域に指定する取り組みが進んでいるが，日本では，それらが陸地や海洋の1割に満たないことが各国からの批判の対象となっている。

5　2022年4月時点において，日本では，プラスチックの再資源化等に関する法整備が行われておらず，その分野での取り組みが急務となっている。

28 日本の社会保障に関する記述として，妥当なものはどれか。

1　社会保障とは，国民の生活の安定が損なわれた場合に，国民に健やかで安心できる生活を保障することを目的として，公的責任で生活を支える給付を行うものである。

2　社会保障の機能として，生活の安定・向上，経済の安定の2つが挙げられる。

3　ジニ係数は，生活の安定度を測る指標として用いられる。

4　「ゆりかごから墓場まで」は，戦前の社会保障制度を表す標語として用いられた。

5　社会保障の給付は，すべて租税等の公費を財源としている。

29 世界の社会保障に関する記述として，妥当なものはどれか。

1 17世紀初頭のイギリスでは，「ゆりかごから墓場まで」の生活を保障するとの理念から，救貧法が施行された。

2 フランスでは，イギリスから社会保険の制度が移入されたことをきっかけに社会保障の諸制度が整備された。

3 19世紀後半のドイツでは，ビスマルクにより社会主義者弾圧法が制定されるとともに，社会保険制度が創設された。

4 世界人権宣言や国際人権規約には社会保障に対する国民の権利が明記されたが，いずれも法的拘束力を持たない規定とされた。

5 アメリカには，長らく全国民を対象とした公的医療保険が存在しなかったが，オバマ政権の下，連邦政府と州政府が共同で管理する健康保険組合が設立された。

30 日本の労働問題に関する記述として，妥当なものはどれか。

1 厚生労働省によるデータによれば，労働争議の総数は戦後を通して長期的に減少傾向にあったが，2022年の件数は10年前と比較してほぼ横ばいであった。

2 労働争議のうち，労働組合員が一時的に就業を拒否する行為をサボタージュ（怠業）という。

3 2020年のOECD（経済協力開発機構）のデータによれば，日本の有償労働の男女間の比率は，G7の国々の中でイタリアと並んで最も大きい。

4 労働争議は，労働者側が要求を貫徹させることなどを意図して行われるものであるから，使用者側による争議行為は認められていない。

5 非正規労働者は，2010年をピークに減少を続けていたが，2020年以降になると，その減少幅がさらに拡大した。

31 社会集団の類型に関する記述として，妥当なものはどれか。

1 マッキーバーは，自主的な共同生活を営む集団をアソシエーション，人為的集団をコミュニティと呼び，集団の類型化を行った。

2 クーリーは，特定の利害関心に基づく集団をセカンダリーグループと呼んだが，彼の後継者達は，それと対比するためにプライマリーグループという概念を提唱した。

3　ギディングスは，血縁や地縁を契機とする組成社会，特定の活動を行う
ために人為的に組織された生成社会という2つの類型化を行った。

4　高田保馬は，類似性に基づく派生社会の役割が相対的に低下し，血縁
や地縁に基づく基礎社会が重要な地位を占めるようになる「派生社会衰耗
の法則」を提唱した。

5　テンニースは，本質的意志に基づく共同社会をゲマインシャフトとし，
選択意思に基づく利益社会をゲゼルシャフトと呼んだ。

32 **家族についての社会学説に関する記述として，妥当なものはどれか。**

1　マードックは，家族の基礎単位として核家族という考え方を提唱した。
核家族は歴史的・地理的に普遍的な社会集団であることを説き，この複
合形態として，拡大家族，複婚家族があるとした。

2　リースマンは，家族の機能として性的機能，経済的機能，生殖的機能，
教育的機能の4つを挙げた。

3　パーソンズは，社会化と安定化の2つを家族の機能とする説を批判する
立場から，家族内のリーダーシップの構造を手段的リーダーと表出的リー
ダーに分類した。

4　バージェスは，近代化の流れの中で友愛家族から制度家族への変遷を遂
げたことを主張した。

5　オグバーンは，時代が下るにつれ社会の複雑さを反映して，家族の機能
が拡大してきたことを指摘した。

33 **こども家庭庁に関する記述として，妥当なものはどれか。**

1　こども家庭庁は，こどもに関する政策を一元的に立案・実施すること等
を目的に設置された行政組織であり，長官には国務大臣が充てられている。

2　こども家庭庁の主たる役割として，こどもの教育に関する政策立案や教
員の採用・配置が挙げられる。

3　こども家庭庁の組織の区分は，大きく「企画立案・総合調整部門」，「成
育部門」，「支援部門」の3つから構成されている。

4　こども家庭庁の行政組織上の位置付けは，文部科学省の外局とされて
いる。

5　発足にあたり，「こどもがまんなかの社会」を実現することや，「こども
の意見を積極的にきく」などの理念が検討されたが，いずれも，こどもの

主体性を過度に強調するものであるとの指摘から，掲げることが見送られた。

34 **公的医療保険に関する記述として，妥当なものはどれか。**

1 公的医療保険は，18世紀の市民革命期に社会権を含む人権に関する宣言が広がった流れを受け，19世紀中に普及が進んだ。

2 日本では，民間企業の被用者は健康保険に，自営業者等は国民健康保険に加入するが，原則として65歳以上の者は後期高齢者医療制度の対象となる。

3 ドイツでは，「ゆりかごから墓場まで」というスローガンで知られるベバリッジ報告の発表以来，公的医療保険を含む社会保険が整備されてきた。

4 イギリスでは，ビスマルクによって公的医療保険を含む社会保険が世界に先駆けて実施されたが，労働運動や社会主義運動への激しい弾圧を伴ったため，「アメとムチの政策」と呼ばれた。

5 アメリカでは，全国民を対象とする医療保険の整備が遅れていたが，高齢者や障害者を対象としたメディケア，低所得者を対象とするメディケイドについては，公的に運営されてきた。

35 **世界人口白書2023年度版に示された世界の人口問題に関する記述として，妥当なものはどれか。**

1 世界の人口は増加傾向にあり，世界の女性が生涯に産む子どもの数を女性1人あたりについて推計した出生率は，近年において3を上回っている。

2 人口の増加率は国や地域によって大きく異なり，約3分の2の人々は出生率が人口置換水準を上回る国や地域で暮らしている。

3 世界人口は50年間で倍以上に増え，2022年11月に80億人を超え，地域によっては，食糧や居住地域などに困難をもたらしている。

4 世界の人口が増加する一方で，乳幼児の死亡率が高い地域が多いことから，世界の人々の平均寿命は60歳を下回っている。

5 世界人口のうち，温室効果ガス排出量全体の半分を排出している人々の割合は約3割である。

36 こども基本法に関する記述として，妥当なものはどれか。

1　こどもについての施策を策定する際，対象となるこども又はこどもを養育する者その他の関係者の意見を反映させるために必要な措置を講ずることが盛り込まれた。

2　こども基本法における「こども」の定義は，他の法律に定められた未成年の規定に合わせ「満18歳に満たない者」とされた。

3　政府には，5年に1回，国会に，我が国におけるこどもをめぐる状況及び政府が講じたこども施策の実施の状況に関する報告を提出するとともに，これを公表することが義務付けられた。

4　こども基本法の制定に伴い，厚生労働省の下に「こども政策推進会議」が設置された。

5　こども基本法において，その施策の推進の主体として，国や地方公共団体に対する責務が課せられる一方，事業主の努力義務については，法律に定めることが適切でないとの判断から見送られた。

37 日本の防衛に関する記述として，妥当なものはどれか。

1　防衛省・自衛隊は，新型コロナ禍においても重要な役割を果たし，特に，ワクチンについては，東京と大阪において大規模接種センターを開設・運営し，延べ196万回の接種を行った。

2　2023年の通常国会に防衛費増額に向けた財源確保法が提出されたものの，増税を前提にした法案に対する批判が強く，成立には至らなかった。

3　2023年度一般会計当初予算によれば，防衛費は前年度の横ばいの5兆3千億余りであった。

4　日本の自衛隊は，集団的自衛権を行使できないことから，日本と密接に関係がある国に対する武力行使があった場合には，後方支援に絞った行動を行うこととされている。

5　日本の自衛隊は，2022年5月，UNHCR（国連難民高等弁務官事務所）の要請に基づき，ウクライナ国内において人道救援物資の輸送を実施した。

38 2023年版の情報通信白書に関する記述として，妥当なものはどれか。

1　情報通信白書は，日本の情報通信を取り巻く現況及び今後の政策の動向について，国民の理解を得ることを目的として経済産業省が年次で発行している文書である。

2　新型コロナ禍は，世界各国でロックダウンや移動制限が行われるなど，経済活動に大きな制約が課されたことから，ICT業界にも売り上げや投資の減少などの影を落とし，2022年のICT市場規模は前年比で5.2％減少した。

3　高速なデータ通信や低遅延を実現した5G（第5世代移動通信システム）の人口カバー率は，当初の見込みよりやや遅れており，2021年度末時点において7割程度にとどまった。

4　情報通信白書において，データ流通を支える強靱な通信ネットワークのために，大量のデータを保管・処理するためのデータセンターや，異なる地域を結ぶ国際的な通信インフラである海底ケーブル等を集約させることの重要性が強調された。

5　情報通信産業の国内総生産は2021年の名目値で52.7兆円であり，全産業に占める割合は1割近くで，経済の中で重要な地位を占めていることが示された。

《 解 答 ・ 解 説 》

1　1

解説　1．正しい。選挙権と憲法改正の国民投票に参加する権利を与える年齢は，ともに18歳以上とされた。　2．被選挙権についての引き下げが行われたという事実はない。　3．外国人の参政権については，地方議会議員選挙を含め，認められていない。　4．参議院の選挙区選挙については，47都道府県に議員定数を割り当ててきたが，1票の格差の是正の観点から一部で「合区」が行われたため，すべての都道府県ごとに割り当てられているわけではない。　5．選挙権の平等は，1票の価値の平等も求める趣旨であり，最高裁判所が議員定数について「違憲」「違憲状態」とした例もある。

2　2

解説　1．衆議院の総選挙の後に召集されるのは，臨時国会ではなく特別国会である。　2．正しい。なお，参議院の緊急集会における決定は臨時のものであり，次の国会において10日以内に衆議院の同意を得られない場合は，将来に向かって効力を失う。　3．不逮捕特権が認められるのは，任期中では

なく国会の会期中である。なお，現行犯の場合は例外である。　4. 本会議の定足数は，総議員の3分の1以上とされている。　5. 出席議員の3分の2以上ではなく，総議員の3分の2以上である。

3 3

解説 1. 誤り。イェリネックは，国家の三要素として，「領域」「国民」「主権」を挙げた。　2. 誤り。多元的国家論は，パーカーやラスキらによって主張された。ボダンやヘーゲルらによる説は一元的国家論に分類される。3. 正しい。経済や福祉などにおいて大きな役割を果たす国家が行政国家である。　4. 誤り。マルクスではなく，ドイツの社会主義者ラサールについての記述である。　5. 誤り。委任立法とは，議会が法律において大枠を示し，細かいルールなどを行政機関に委任するものである。これは「立法国家化」ではなく，「行政国家化」の具体的な例である。

4 3

解説 1. 内閣総理大臣とその他の国務大臣はすべて文民でなければならない。文民（シビリアン）とは軍人以外の者という意味であるが，運用上，現職の自衛官以外の者と捉えるのが一般的である。　2. 日本では，内閣総理大臣は国会議員でなければならず，また内閣総理大臣が任命する国務大臣の過半数は国会議員でなければならない。　3. 正しい。内閣総理大臣による他の国務大臣の任命・罷免は，事実上総理大臣が自らの意思に基づいて行う専権事項である。　4. 内閣は，最高裁判所の長たる裁判官を指名する。なお，任命するのは天皇である。最高裁判所の他の裁判官は内閣によって任命される。下級裁判所の裁判官は，最高裁判所の名簿による指名に基づき，内閣により任命される。　5. 内閣の意思決定は総理大臣が主宰する閣議によって行われる。その要件についての規定は憲法にはないが，運用上，全員一致とされている。

5 5

解説 1. 誤り。公職選挙法において文書や図画の配布が制限されている旨の記述は正しいが，2013年に行われた同法の改正により，候補者・政党等は，ウェブサイト等及び電子メールを利用した選挙運動ができるようになっ

た。　2．誤り。2022年時点において，公職選挙法に基づく選挙で，インターネットを通じた投票は導入されていない。　3．誤り。衆議院議員選挙では，小選挙区と比例代表の両方の候補者となる「重複立候補」が認められている。4．誤り。参議院の比例代表選挙においては，原則として，各政党が当選する優先順位を付けない非拘束名簿式比例代表制が導入されている。しかし，2018年の公職選挙法の改正により，参議院議員選挙における比例代表に「特定枠」という，あらかじめ政党の決めた順位に従って当選者が決まる仕組みが導入された。よって，「『特定枠』の制度が廃止」との記述は誤りである。
5．正しい。合区とは，都道府県が選挙区となる参議院議員通常選挙において，複数の都道府県を1つの選挙区とすることである。参議院の「選挙区」は長い間，都道府県を一つの単位として行われてきたが，一票の格差を是正するため，2016年の選挙から「鳥取県と島根県」，「徳島県と高知県」が，それぞれ一つの選挙区となる「合区」が導入された。

6　4

解説 1．誤り。大日本帝国憲法には，地方自治についての規定はなかった。　2．誤り。選択肢の説明は団体自治についてのものであり，住民自治は自治体の運営に住民の意思を反映させるべきであるとする考え方である。
3．誤り。主要公務員の解職請求が成立すると，議会にはかられ，そこで解職の可否が決定される。なお，「有権者の3分の1以上の署名」という要件は，有権者数が40万人以上の大都市においては段階的に緩和されている。　4．正しい。議会から不信任議決を受けた首長は，10日以内に議会を解散することができるが，解散しなければ10日が経過した時点で失職する。　5．誤り。国地方係争処理委員会が設置されているのは，内閣府ではなく総務省である。

7　2

解説 1．誤り。選択肢の記述は，利益集団ではなく政党に関する説明である。　2．正しい。議員へのはたらきかけをロビー活動，それを担う者をロビイストと呼ぶ。語源は，議会のロビー（議員面会所）である。連邦ロビイング規制法により，登録や情報の公開についてルール化がなされている。　3．誤り。イギリスは二大政党であるものの，21世紀に入り，第3党が連立政権の一翼を担ったり，地域政党が一定の議席を確保したりするなど，「凋落が顕

著」とはいえない。　4．誤り。2017年に就任したマクロン大統領は，既成政党の衰退を背景として誕生した。　5．誤り。中国で諸政党の活動が大幅に自由化されたという事実はない。中国では憲法に中国共産党の指導的役割が明記されている。

8 1

解説　1．正しい。1950年の「平和のための結集」決議により，安全保障理事会が常任理事国による拒否権行使で機能停止に陥った際，緊急特別総会によって加盟国による軍事的な措置を勧告できるようになった。　2．誤り。安全保障理事会の理事国の数は，常任理事国5ヵ国，非常任理事国10ヵ国である。日本やドイツなどが常任理事国入りを目指し，その拡大を提言したものの，それが決定されたという事実はない。　3．誤り。経済社会理事会には常任理事国や拒否権に関する制度はない。　4．誤り。東ティモールをパラオにすると正しい記述となる。　5．誤り。国際司法裁判所が裁判を開始し，強制力のある決定を行うためには，当事国双方の合意が必要となる。

9 2

解説　1．誤り。個別の政策課題についての住民投票の際，公職選挙法の適用は受けない。　2．正しい。現在は，インターネットを用いた選挙運動が可能である。　3．誤り。親族，秘書，会計責任者が選挙違反で有罪となり，一定以上の刑罰を受けた場合には，連座制が適用され，候補者本人の当選が無効とされる。　4．誤り。戸別訪問は禁じられている。　5．誤り。期日前投票はレジャーなどが理由であっても認められる。

10 1

解説　1．正しい。行政機関，司法機関，軍などの主要な役職について，全国人民代表大会が選出に関与する。　2．誤り。アメリカの大統領は，各州の一般投票において選出された大統領選挙人の投票により決定するので，「選挙人などを介さない直接選挙」という記述は誤りである。ただし，各選挙人は，あらかじめどの候補者に投票するかを明らかにしている。　3．誤り。ドイツの大統領の権限の多くは儀礼的なものにとどまる。そのため，「大統領も強力な権限を数多く持っている」という記述は誤りである。　4．誤り。「首

相」を「大統領」とすると正しい記述になる。なお，フランスの首相は大統領によって任命される。　5．誤り。「貴族院」を「庶民院」または「下院」とすると正しい記述になる。イギリスの議会は，「貴族院（上院）」と「庶民院（下院）」の二院制であるが，実質的な権能は「庶民院（下院）」に集中している。

11　3

解説　1．誤り。内閣総理大臣は，天皇による任命手続を経て就任する。2．誤り。「衆議院議員」を「国会議員」とすると正しい記述になる。　3．正しい。日本国憲法第6条に「天皇は，内閣の指名に基いて，最高裁判所の長たる裁判官を任命する」と定められている。　4．誤り。「内閣」と「国会」を入れ替えると正しい記述になる。条約を締結する権限は内閣にあるが，事前または事後に国会による承認を得る必要がある。　5．誤り。国会議員の除名処分について，裁判所に対する異議申立を認める制度やその除名処分の適否を裁判所が審理し，判断する制度はない。なお，日本国憲法第58条には，「両議院は，各々その会議その他の手続及び内部の規律に関する規則を定め，又，院内の秩序をみだした議員を懲罰することができる。但し，議員を除名するには，出席議員の3分の2以上の多数による議決を必要とする。」の規定がある。

12　2

解説　1．裁判員裁判の対象は，重大な事件を扱う刑事裁判であり，民事裁判は含まれない。　2．正しい。検察官が起訴しなかった案件について，検察審査会が起訴すべきであるとの議決を行い，その後検察が一定期間以内に起訴しない場合，検察審査会が再び起訴すべきであるとの議決を行うと，裁判所が選任した弁護士によって強制的に起訴され，刑事裁判が行われる。3．日本司法支援センター（法テラス）についての記述である。　4．公訴時効とは，犯罪の実行の後，法律の定める期間が経過すれば犯人を処罰することができなくなる制度である。法定刑の上限が死刑である犯罪については，公訴時効が廃止されたものの，あらゆる犯罪についての時効が廃止されたわけではない。　5．最高裁判所において法律の違憲判決が確定した場合でも，形式的には存続する。その後，国会における手続を経て廃止されることになるが，相当の期間存続した事例もある。

13 3

解説 1. ともに硬性憲法である。なお，日本国憲法の改正には衆議院と参議院それぞれの総議員の3分の2の賛成に基づく国会による発議と，有権者の投票における過半数の賛成が必要である。改正が成立すると，天皇によって公布される。　2. 大日本帝国憲法は君主（天皇）によって定められた欽定憲法であるのに対し，日本国憲法は民定憲法である。　3. 正しい。戦前の裁判は天皇の名において行われる旨が大日本帝国憲法に書かれていた（第57条）。　4. 大日本帝国憲法における天皇の諮問機関が枢密院であり，協賛機関が帝国議会である。　5. 大日本帝国憲法における内閣総理大臣は同輩中の主席に過ぎなかった。一方，日本国憲法における総理大臣は他の国務大臣に対する任命・罷免権を持つなど，強力な権限が認められている。

14 4

解説 1. 誤り。最高裁判所は，私人間における効力を直接的に認めているわけではなく，民法の公序良俗違反などの解釈や適用において憲法の趣旨を考慮するとの立場である。　2. 誤り。大日本帝国憲法に生存権を含む社会権に関する規定はなかった。また，最高裁判所が多くの違憲判決を下してきたという事実はない。　3. 誤り。最高裁判所は，平和的生存権の法的効力を認めていない。　4. 正しい。2013年において最高裁判所は，相続にあたって婚外子への差別を認めた民法の規定を違憲とした。　5. 誤り。最高裁判所は，愛媛県知事による靖国神社や護国神社への玉ぐし料などの記述について，政教分離を定めた憲法に違反するとした。

15 5

解説 1. 誤り。改正原案の審査は，各院に設置された憲法審査会において行われる。　2. 誤り。「出席議員」を「総議員」とすると正しい記述になる。　3. 誤り。内閣による発議についての制度はない。　4. 誤り。国民投票に参加できるのは18歳以上の有権者である。　5. 正しい。日本国憲法第96条に規定についての記述である。

16 2

解説 1. 誤り。公の秩序または善良の風俗に反する契約は無効である。2. 正しい。法改正により，特別養子縁組の要件が緩和された。 3. 誤り。選択肢に示された状況において，配偶者は遺言書がない場合の法定相続分の半分，つまり，4分の1の遺留分を相続することができる。 4. 誤り。違憲判決を踏まえ，遺言書がない場合，「婚姻関係にある者（配偶者）との子」と「婚姻関係にない者との子」についての相続の割合は対等とされた。ただし，「婚姻関係にない者との子」については，被相続人によって認知されていることが前提になる。 5. 誤り。一般に，契約や取引に関する同一の事柄について複数の法律に規定がある場合，特別法の方が優先される。

17 1

解説 1. 正しい。技術革新により供給曲線が右下にシフトし，所得の増加により需要曲線が右上にシフトすることを通じて均衡点が右に移動するため，取引量は増加する。 2. 誤り。生産コストの増加は需要曲線への影響はないが，供給曲線を左にシフトさせるため価格は上昇し，取引量は減少する。したがって，「需要曲線と」および「同時に」の部分を削除すると，正しい文になる。 3. 誤り。所得の増加は，それが生産コストの増加と連動しない限り供給曲線への影響はないが，需要曲線を右にシフトさせるため価格は上昇し，取引量は増加する。したがって，「供給曲線と」および「同時に」の部分を削除すると，正しい文になる。 4. 誤り。似た性質を持つ代替財の価格上昇は，もう一方の財の購買意欲を高め，需要曲線を右にシフトさせるため取引量は増加し，価格は上昇する。 5. 誤り。組み合わせて消費する補完財価格の上昇は，供給曲線への影響はないが需要曲線を左にシフトさせる。

18 2

解説 1. 誤り。世界的な物価上昇，円安方向への為替変動，ロシアやウクライナの情勢の不安定化から小麦などの食糧やエネルギーの価格の上昇がみられたことなどが反映し，2022年には，40年ぶりの高い物価上昇がみられた。また，2022年における民間の需要については，緩やかな回復傾向にあった。なお，円安は，輸入価格を上昇させるため，日本の物価を上昇させる影響をもたらす。 2. 正しい。物価の上昇に伴う実質所得の減少を背景に，特

に低所得層では実質消費支出が減少傾向にあった。　3．誤り。所得の中で消費が占める割合である消費性向は，2010年代以降，若年層と高齢層を中心に低下傾向にある。　4．誤り。内閣府が2023年2月に示した「日本経済2022-2023」において，2022年の雇用環境は総じて改善したが，労働移動はコロナ禍前ほど活発ではなく，失業期間の長期化への懸念が指摘されている。5．誤り。「日本経済2022-2023」において，輸出企業は非輸出企業に比べて生産性が高いこと，研究開発実施率も高いことなどが指摘されている。

19　4

解説　1．誤り。所得税は，所得が高い者ほど負担割合が大きくなる累進税である。逆進税の例として挙げられるのは，消費税を含む間接税である。2．誤り。消費税の導入時の税率は3％であった。また，インボイス（適格請求書）は2023年に導入が予定されている。　3．誤り。固定資産税は地方税である。　4．正しい。法人事業税の一部は，付加価値と資本金に応じ課税される外形標準課税である。　5．誤り。租税法律主義に基づき，租税に関する基本的なルールは法律によって定められている。

20　3

解説　1．日本銀行政策委員会政策決定会合における議決の要件は，全会一致ではなく多数決である。　2．マイナス金利は，市中銀行が日本銀行に預金を預ける際に，市中銀行が日本銀行に手数料を支払う場合に用いられる用語である。　3．正しい。公開市場操作における買いオペレーションは，市中の資金量を増加させ，金利を低下させる。　4．日本銀行は，内閣の承認なしに日本銀行券の発行限度枠を決定する。　5．日本銀行が市中銀行に貸し付ける金利を低下させることは，市場における金利を低下させる要因となる。

21　2

解説　1．誤り。マンは，富の源泉は労働ではなく金であるとした。2．正しい。ケネーは，経済を循環の中で捉えることでも先駆的な役割を果たした。　3．誤り。「各国政府」を「各経済主体」とすると正しい記述となる。アダム・スミスは，経済における政府の役割については最小限にとどめるべきであるとした。　4．誤り。リカードではなくマルサスについての記述であ

る。リカードは，比較生産費説に基づき，自由貿易と国際分業の必要性を説いたことで知られる。　5．誤り。ケインズは，不況の原因を有効需要の不足に求め，積極的な財政政策の必要性を説いた。

22 3

解説 1．誤り。選択肢の文章は，比例税ではなく累進税についてのものである。比例税は，課税対象金額に関わらず一定の比率で税額が決定される税である。　2．誤り。財政政策を金融政策とすると正しい記述になる。　3．正しい。財政法第4条についての記述である。　4．誤り。「フィスカル・ポリシー」を「ビルト・イン・スタビライザー」とすると正しい記述となる。　5．誤り。暫定予算は，翌年度の予算の成立が年度末までに行えないときに編成される短期間分の予算である。選択肢の説明は，補正予算についてのものである。

23 5

解説 1．誤り。ペイオフについての説明は正しいが，日本において法的に禁止されてはおらず，2010年に発動されている。　2．誤り。金融政策の原案を閣議決定するというルールは存在しない。日本銀行による金融政策の決定には，一定の独立性が確保されている。　3．誤り。信託商品や発行後一定期間を過ぎた国債などは，買いオペレーションの対象となっている。　4．誤り。1991年以降，預金準備率は据え置かれたので，金融政策の重要な柱とはいえない。　5．正しい。マイナス金利は，2016年1月に導入された。

24 5

解説 1．誤り。ブレトンウッズ協定は，当初からアメリカのドルを基軸通貨としていた。　2．誤り。選択肢の説明は，キングストン合意ではなくスミソニアン合意についての記述である。キングストン合意は，外国為替市場の状況を踏まえ，変動為替相場制を追認することを柱としていた。　3．誤り。1985年のプラザ合意では，ドル高是正についての合意がなされ，その後急激な円高やドル安が進んだ。　4．誤り。自国通貨の減価は，輸入に不利に，輸出に有利にはたらく。　5．正しい。金利が高くなるとその通貨での運用が有利になるため需要の増加をもたらし，その国の通貨は増価する。例えば，

アメリカにおいて金利が急上昇すると，ドルに対する需要が増え，為替相場
をドル高に導く。

25 5

解説 1．労働需要が労働供給に比べて急激に増加する場合には，賃金は
上昇する。　 2．時間外手当は，通常の賃金よりも割増されている。　 3．労
働組合の争議行為については，民事上，刑事上の責任がともに免責される。
4．長期的には，非正規雇用の労働者の割合が増加を続けている。　 5．正しい。
障害者の法定雇用率を満たさない場合には，納付金を納めなければならない。

26 3

解説 1．誤り。コントによる知識・精神の発展段階について，形而上学
的段階と神学的段階の順が逆になっている。　 2．誤り。デュルケームは，む
しろ資本主義的な産業化の進行や功利主義的な個人主義が，エゴイズムとア
ノミーをもたらすとした。なお，アノミーとは，無規制な状態を意味する。
3．正しい。ウェーバーは，特に社会的行為における主観的意味の重要性を強
調した。　 4．誤り。ホルクハイマーとアドルノによれば，道具的理性は人間
の内なる自然をも支配し，人間を新たな野蛮に追い込むものである。　 5．誤
り。ゲマインシャフトとゲゼルシャフトの順が逆になっている。なお，テン
ニースによれば，本質意志に基づく相互肯定的な関係がゲマインシャフトで
あり，選択意志に基づく相互肯定的な関係がゲゼルシャフトである。

27 2

解説 1．誤り。「増加」を「減少」とすると正しい記述になる。2021年度
の温室効果ガス排出・吸収量（確報値）は，11億2,200万トン（CO_2換算）で
あり，削減目標基準年の2013年度の排出量比と比較して20.3％減少した。
2．正しい。国連環境計画（UNEP）による「Emissions Gap Report 2022」に
ついての記述である。　 3．誤り。2022年12月にカナダ・モントリオールで
生物多様性条約第15回締約国会議（COP15）第2部が開催され，愛知目標の
後継となる世界目標として「昆明・モントリオール生物多様性枠組」が採択
された。なお，「愛知目標」とは，2010年10月に愛知県名古屋市で開催され
た生物多様性条約第10回締約国会議（COP10）で採択された「生物多様性を

保全するための戦略計画2011-2020」の中核をなす世界目標である。　4．誤り。日本では，陸地の約20.5％，海洋の約13.3％が国立公園等の保護地域に指定されている。　5．誤り。2022年4月に「プラスチックに係る資源循環の促進等に関する法律」が施行された。これにより，プラスチック使用製品のライフサイクル全般にわたって，バイオマス化・再生材利用等の原則に従い，あらゆる主体におけるプラスチック資源循環の取り組みを促進するための措置が講じられることになった。

28 1

解説 1．正しい。日本の社会保障は，日本国憲法第25条に定められた「生存権及び国民生活の社会的進歩向上に努める国の義務」に基づき，国民の健やかな生活を保障するものである。　2．誤り。社会保障の機能として，生活の安定・向上，経済の安定のほかに，所得の再分配を加えた3つが挙げられる。　3．誤り。ジニ係数は，所得分布の均等度を示す指標となるものであり，所得格差の是正を図るために用いられる。　4．誤り。「ゆりかごから墓場まで」は，第二次世界大戦後の英国における社会保障制度のスローガンであり，日本を含めた各国の社会保障政策の指針となった。　5．誤り。日本の社会保障は，社会保険方式と税方式によって成り立ち，社会保険方式の財源は，加入者や事業主が支払う保険料が中心である。

29 3

解説 1．誤り。「ゆりかごから墓場」までのスローガンは，1942年の『ベヴァリッジ報告』についてのものである。17世紀初頭の救貧法は，強制収容を伴うなど，今日の社会保障とは異なる理念の下で実施されていた。　2．誤り。フランスでは，旧ドイツ領から社会保険制度の移入が行われた。　3．正しい。ビスマルクによる「アメとムチ政策」に関する記述である。　4．誤り。国際人権規約は，批准した国に対して法的拘束力を持つ。　5．誤り。アメリカにおいて，公的医療保険を運営する健康保険組合が設立された事実はない。オバマ政権の下で，国民が何らかの医療保険に加入することを義務付けた制度が創設されたが，民間の保険会社が大きな役割を占める制度である。

30 3

解説 1．誤り。労働争議の件数が長期的に減少傾向にある旨の記述は正しいが，2022年297件であるのに対して，2012年は612件であり，10年で半分以下に減少していることから，「ほぼ横ばい」との記述は誤りである。
2．誤り。サボタージュ（怠業）とは，業務の効率を意図的に低下させる行為である。労働組合員が一時的に就業を拒否する行為はストライキ（同盟罷業）と呼ばれる。　3．正しい。2020年のデータによれば，どの国も有償労働時間は男性の方が長いが，各国において男女比（女性を1とした場合の男性の倍率）を見ると，男女比が大きいのは，G7の国の中で，日本とイタリアであり，1.7倍にのぼった。ちなみに，有償労働とは，市場で労働力を提供して対価を得る労働である。　4．誤り。場合によっては，使用者側による争議行為であるロックアウト（作業所閉鎖）が認められる場合があり，「使用者側による争議行為は認められていない」との記述は誤りである。ロックアウト（作業所閉鎖）は，労働組合等の団体や労働者に対して，雇用主や経営者が作業する場を閉鎖することによって生産活動を停止させることを意味する。この行為は，労働者側によるストライキ（同盟罷業）を抑止することなどを目的としている。　5．誤り。非正規雇用労働者の数は，2010年以降増加が続き，2020年以降は減少したが，2022年は増加に転じた。なお，非正規雇用労働者は，正規の雇用契約ではなく，パートタイム労働者や，派遣労働者，契約社員などの雇用形態の下で働く人々のことを指す。非正規雇用労働者は，一般に，正規雇用労働者よりも地位の安定性や保護の面で不利な状況に置かれることがある。

31 5

解説 1．誤り。「アソシエーション」と「コミュニティ」を逆にすると正しい記述になる。　2．誤り。クーリーは，成員相互の親密な結合による集団をプライマリーグループ（第一次集団）と呼び，彼の後継者らがそれと対比するため，特定の利害や関心に基づく集団をセカンダリーグループ（第二次集団）という類型を提唱した。　3．誤り。「生成社会」と「組成社会」を逆にすると正しい記述になる。　4．誤り。高田保馬は，基礎社会が様々な要因によって派生社会を分立させ，基礎社会自体の機能が衰耗していくことを指摘し，このことを基礎社会衰耗の法則と呼んだ。　5．正しい。ゲマインシャフトは，

家族・村落・都市，ゲゼルシャフトは，大都市・国・世界といった形態を示すとした。

32 1

解説 1．正しい。マードックは，約250の民族を調査し，核家族が普遍的な形態であることを見出した。 2．誤り。リースマンではなくマードックに関する記述である。リースマンは，現代人の特徴を「他人指向型」と表現したことなどで知られる。 3．誤り。パーソンズは，家族の機能として社会化と安定化を挙げた。 4．誤り。「友愛家族」と「制度家族」の順番が逆になっている。なお，制度家族は，法律や慣習によって結合している家族であり，友愛家族は，相互の愛情によって支えられた家族である。 5．誤り。オグバーンは，家族において「愛情」以外の機能が衰退してきたとして，家族機能縮小論を提唱した。

33 3

解説 1．誤り。こども家庭庁の事務に関して，内閣特命担当大臣（こども政策担当）が置かれるが，長官については，一般職の国家公務員と位置づけられることから，「長官には国務大臣が充てられる」という記述は誤りである。 2．誤り。こどもの教育に関する政策立案や教員の採用・配置を担当することについては，文部科学省や各自治体の教育委員会等の役割であるが，こども家庭庁が所管する事項とはいえない。 3．正しい。それぞれ，「企画立案・総合調整部門」を長官官房が，「成育部門」を生育局が，「支援部門」を支援局が担う。 4．誤り。こども家庭庁は，内閣府の外局として設置されており，内閣総理大臣直属の機関である。なお，一般に「外局」は内閣の統轄する府や省に属しつつ，内部部局の外にあって，特殊な事項をつかさどる機関である。 5．誤り。「こどもがまんなかの社会」「こどもの視点に立って意見をきくこと」も理念として掲げられた。ホームページの冒頭には，「こども家庭庁は，こどもがまんなかの社会を実現するために，こどもの視点に立って意見を聴き，こどもにとっていちばんの利益を考え，こどもと家庭の，福祉や健康の向上を支援し，こどもの権利を守るためのこども政策に強力なリーダーシップをもって取り組みます」との理念が掲げられている。

34 5

解説 1. 誤り。市民革命期の人権宣言の中に社会権に関する内容は含まれておらず、公的医療保険が整備されたのは20世紀以降である。 2. 誤り。「65歳以上」を「75歳以上」とすると正しい記述となる。なお、選択肢に示されていない公的医療保険として、公務員等が加入する共済組合（短期給付）が挙げられる。 3. 誤り。ドイツではなく、イギリスに関する記述である。 4. 誤り。イギリスではなく、ドイツに関する記述である。 5. 正しい。アメリカでは、メディケアとメディケイドの対象とならない者は、民間の医療保険に加入し給付を受けていたが、未加入者が数多くいた。オバマ政権の下で、「オバマケア」と呼ばれ、加入を促進する施策が実行された。

35 3

解説 1. 誤り。世界の女性が生涯に産む子どもの数を推計した出生率は2.3である。なお、ここでいう「出生率」は、一般的には「合計特殊出生率」と呼ばれる。これは、「15〜49歳までの女性の年齢別出生率を合計したもの」であり、一人の女性がその年齢別出生率で一生の間に生む子どもの数の推計値に相当する。 2. 誤り。「上回る」を「下回る」とすると正しい記述になる。世界人口のうち、出生率が人口を維持できる「人口置換水準」を下回る地域で暮らす人々の割合は約3分の2である。 3. 正しい。2022年11月に世界人口は80億人を超えた。特に、貧困層が多い国や地域において増加が著しく、食糧、住居、生活全般に大きな困難をもたらしている。 4. 誤り。世界の平均寿命は72.8歳であり、寿命の延びが人口増加の大きな要因になっている。 5. 誤り。 世界人口のうち、温室効果ガス排出量全体の半分を排出している人々の割合は約10％である。

36 1

解説 1. 正しい。こども基本法第11条には、「国及び地方公共団体は、こども施策を策定し、実施し、及び評価するに当たっては、当該こども施策の対象となるこども又はこどもを養育する者その他の関係者の意見を反映させるために必要な措置を講ずるものとする」と定められている。 2. 誤り。こども基本法第2条において「この法律において『こども』とは、心身の発達の過程にある者をいう」と定められているが、年齢についての規定はない。

3．誤り。「5年に1回」を「毎年」とすると正しい記述になる。こども基本法第8条には、「政府は、毎年、国会に、我が国におけるこどもをめぐる状況及び政府が講じたこども施策の実施の状況に関する報告を提出するとともに、これを公表しなければならない」と定められている。　4．誤り。「厚生労働省」を「子ども家庭庁」とすると正しい記述になる。こども基本法第17条において、「こども家庭庁に、特別の機関として、こども政策推進会議（以下「会議」という）を置く」と定められている。　5．誤り。事業主にも努力義務が課せられている。こども基本法第6条に「事業主は、基本理念にのっとり、その雇用する労働者の職業生活及び家庭生活の充実が図られるよう、必要な雇用環境の整備に努めるものとする」との規定がある。

37 1

解説 1．正しい。防衛省・自衛隊は、新型コロナウイルスの急速な感染拡大が懸念された状況の下、緊急災害派遣により、2021年5月24日から同年11月30日まで、東京及び大阪において大規模接種センターを開設した。また、医療従事者を各地に派遣して支援を行い、地域の医療機関の負担軽減や、感染者の治療やケアにも寄与した。　2．誤り。防衛費増額に向けた財源確保法2023年に成立した。なお、この法律には、歳出改革や決算剰余金、それに国有財産の売却など、税金以外の収入を複数年度にわたって活用できるようにするため、一般会計に「防衛力強化資金」を創設することが盛り込まれている。　3．誤り。2023年度一般回会計当初予算における防衛費は6兆7880億円であり、2022年度の当初予算より1兆4192億円増えて過去最大となった。さらに、「防衛力強化資金」という新たな枠組みを設け、外国為替資金特別会計の繰入金などで3兆3806億円を計上しており、これを合わせると防衛関係の予算は、10兆円を超える規模となった。　4．誤り。2015年に安全保障関連法が成立し、翌年に施行されたことにより、「存立危機事態」において、他国を武力で守る集団的自衛権を発動することができるようになった。よって、「集団的自衛権を行使できない」との記述は誤りである。　5．誤り。2022年5月、自衛隊がUNHCR（国連難民高等弁務官事務所）の要請に基づいて人道救援物資の輸送を実施した点は正しいが、派遣したのは、ウクライナではなく、ドバイ（アラブ首長国連邦）、ポーランド、ルーマニアである。

38 5

解説 1．誤り。「経済産業省」を「総務省」とすると正しい記述になる。情報通信白書には，情報通信産業の現状や成長に関する各種統計データや調査結果，専門家の論文や専門的な分析などが含まれている。　2．誤り。ICT業界は，コロナ禍において，テレワークやオンライン会議，デジタルサービスなどの需要が増し，その結果，2022年度におけるICTの市場規模は27.2兆円であり，前年比で5.2％増となった。　3．誤り。2021年度末における5G（第5世代移動通信システム）の地域における導入状況や進捗にはばらつきがあったものの，人口カバー率は93.2％であった。なお，人口カバー率とは，サービスが提供されている地域（サービスエリア）における網羅率を測る指標のことであり，「カバーした市区町村の総人口÷国内総人口」によって求められる。　4．誤り。情報通信白書では，災害に対するレジリエンス向上等の観点から，データセンターや海底ケーブル等の立地分散化の推進の必要性が強調された。なお，レジリエンスとは，「回復力」「復元力」「耐久力」などを意味する。　5．正しい。情報通信産業の国内総生産は2021年の名目値で52.7兆円であり，全産業の9.7％を占める。その変化率は，前年比0.8％増であった。なお，国内総生産（GDP）は，国内において生産された財やサービスの付加価値の合計である。

社会科学　歴　史

IIIIIIIIIIIIIIIIIIIIIIIIIIIIII　P O I N T　IIIIIIIIIIIIIIIIIIIIIIIIIIIIII

日本史：日本史の対策としては以下の3点が挙げられる。

　　まず，高校時代に使用した日本史の教科書を何度も読み返すことが必要となってくる。その際，各時代の特色や歴史の流れを大まかにつかむようにする。その上で，枝葉にあたる部分へと学習を進めていってもらいたい。なぜなら，時代の特色や時代の流れを理解することで，それぞれの歴史事象における，重要性の軽重を判断できるようになるからである。闇雲に全てを暗記しようと思っても，なかなか思うようにはいかないのが実情であろう。

　　次に，テーマ別に整理し直すという学習をすすめる。高校時代の教科書はある時代について政治・社会・文化などを一通り記述した後に，次の時代に移るという構成になっている。そこで各時代のあるテーマだけを順にみてその流れを整理することで，分野別にみた歴史の変化をとらえやすくなる。そうすることで，分野別に焦点化した歴史理解が可能となろう。

　　最後に，出題形式からみて，空欄補充や記述問題にきちんと答えられるようになってもらいたい。空欄補充問題や記述問題に答えられるようになっていれば，選択問題に答えることが容易となる。難易度の高い問題形式に慣れていくためにも，まずは土台となる基礎用語の理解が不可欠となってくる。

世界史：世界の歴史の流れを理解し，歴史的な考え方を身につけることが「世界史」を学習する上で最も重要となってくる。しかし，広範囲にわたる個々ばらばらの細かい歴史的事項を学習するだけでは，「世界史」が理解できたとは言えない。それぞれの歴史的事項が，どのような背景や原因で起こり，どのような結果や影響を与え，また他地域との結びつきはどうだったのかなど，世界の歴史の大まかな流れと全体のメカニズムについて理解するよう努めたい。そうすることが，世界史の試験対策となる。

　　特に，日本と世界の結びつきについては，各々の時代背景を比較しながら理解することが必要である。また，近現代が重視されるのは，現代の社

会の形成に直接的に影響を与えているからである。その観点から考えると，近現代の出来事を理解するとともにその影響についても考察し，現在の社会といかなるかかわりを持つのか，把握することも必要となってこよう。

☞ 狙われやすい! 重要事項

- ☑ 江戸時代の幕藩体制〜現代までの日本の変遷
- ☑ 産業革命
- ☑ 市民革命
- ☑ 第一次世界大戦〜現代までの世界の変遷
- ☑ 中国王朝の変遷

《 演 習 問 題 》

1 **江戸時代末期の情勢に関する記述として，妥当なものはどれか。**

1　天保8年，幕府はアメリカ商船モリソン号が浦賀に入港しようとしたため，異国船打払令を出して，異国船を見つけ次第打ち払い，上陸した異国人を殺すよう命じた。

2　日米和親条約は，嘉永7年，ペリーの再度の来航を受けて，大老井伊直弼が締結した。

3　日米修好通商条約は，天皇の勅許を受けて安政5年に締結された。

4　安政7年，大老井伊直弼は，坂下門外において水戸脱藩浪士らにより暗殺された。

5　禁門の変とは，元治元年，長州藩が京都に攻め上がり，会津，桑名，薩摩ら幕府側諸藩に敗れた戦いのことである。

2 **大化の改新以降の歴史に関する記述として，妥当なものはどれか。**

1　政府は，戸籍に基づいて6歳以上の男女に口分田を支給し，死後に返させる制度を整備した。一方，豪族たちは，この土地を買い付け自分たちの勢力の拡大に利用した。

2　初の全国的な戸籍は，八色の姓と呼ばれた。これを作成した天智天皇の死後には，壬申の乱が起き，大海人皇子が大友皇子の政権を打ち倒した。

3　本格的な律令政治が始まったのは，8世紀のことであった。藤原不比等，

刑部親王らは，養老律令を制定し，次いで，藤原不比等らにより大宝律令が定められた。

4 律令の制定を契機として，政治の仕組み全般が整えられた。律は今日の刑法にあたり，令は民法や行政法にあたる内容を柱としていた。

5 墾田永年私財法は，開墾した土地を口分田として利用する代わりに，開墾した土地について，一定割合の私的な所有を認めるものであった。これによって，公地公民制は崩壊することとなった。

3 北海道・東北・沖縄の歴史に関する記述として，妥当なものはどれか。

1 坂上田村麻呂は，征東使，征夷使を経て，794年に史上初の征夷大将軍として節刀を授けられた。

2 アテルイ（阿弖流為）は，朝廷により派遣された軍を打ち破り，9世紀初めには現在の北海道から東北にかけて強力な勢力を持つ一族を率いた。

3 奥州藤原氏は，平泉に中尊寺を建立するなど独自の文化を築くなど栄華を誇る一方，政治的にも源頼朝と強力な同盟を結ぶなど，大きな影響力を行使した。

4 沖縄本島では，コメや麦の生産，按司と呼ばれる首長によるグスク（城）の構築を背景として，10世紀には南山・中山・北山と呼ばれる小国家が成立した。

5 15世紀に中山王尚氏によって琉球王国が成立した。1872年に琉球藩が設置され，1879年に沖縄県になった。

4 室町時代に関する記述として，妥当なものはどれか。

1 足利尊氏は，後醍醐天皇の命を受けて鎌倉幕府に造反し，六波羅探題を攻略して幕府滅亡のきっかけを築いた。その後，後醍醐天皇によって征夷大将軍に任命され，鎌倉幕府の御成敗式目を廃止して建武式目を制定した。

2 足利義満は，管領細川頼之の補佐を受けて南北朝の合一を達成し，幕府を花の御所と呼ばれた室町殿に移した。その後，明との間で対等な外交関係である日明貿易を開始して当時の社会に経済的な発展をもたらした。

3 足利義教は天台宗の僧侶から還俗して将軍に就任し，鎌倉公方を永享の乱で滅ぼすなど将軍権力の強化を図った。その後，播磨の守護大名である赤松満祐を打倒する動きを見せたために，嘉吉の乱で暗殺された。

4　足利義政が弟と息子のどちらを将軍としての後継者にするかについての決断ができなったことが，応仁の乱の要因の一つとなった。その後，将軍職を息子の義尚へと譲り，自らは政治から引退し，京都の北山で文化的な活動に興じる生活を送った。

5　足利義昭は，応仁の乱後に衰退の一方だった幕府の権力を回復させるために，各地の戦国大名の援助を求めて回った。その後，豊臣秀吉の保護を受けて室町幕府最後の将軍に就任したが，後に彼とも対立し，京を追われたことにより幕府は滅亡した。

⑤　**鎌倉時代の政治に関する次の記述の空欄A〜Dに入る語句の組み合わせとして，妥当なものはどれか。**

鎌倉中期以降，皇室では皇位継承問題をめぐり，（　A　）と（　B　）に分かれて対立していた。幕府はこの紛争の調停にのりだし，両統が交代で皇位に就く両統迭立を定め，朝廷の政治に介入した。鎌倉時代後半には，元が日本に襲来し，その一度目の（　C　）では，元に北九州上陸を許し苦戦を強いられたため，元の再襲来に備えて幕府は（　D　）を強化した。

	A	B	C	D
1	持明院統	大覚寺統	文永の役	異国警固番役
2	大覚寺統	持明院統	弘安の役	博多警固番役
3	持明院統	大覚寺統	文永の役	博多警固番役
4	大覚寺統	持明院統	弘安の役	異国警固番役
5	持明院統	大覚寺統	元弘の変	博多警固番役

⑥　**江戸時代における幕政改革に関する記述として，妥当なものはどれか。**

1　徳川吉宗によって断行された享保の改革は，商人の経済活動への統制を大幅に緩和し，新田の開発や年貢を増やすことによって財政を再建することなどを柱としていた。

2　徳川吉宗は，耕作されないで放置された田畑の活用を促進するために，金銭の貸借に伴う土地の質流しを積極的に奨励した。

3　寛政の改革は，老中の松平定信によって進められた幕政改革であり，これを推進するにあたり，当時経済政策の立案で定評のあった田沼意次が登用された。

4　寛政の改革が断行された当時は，米価の高騰が進んでいたため，籾米の

備蓄を命じた囲い米の制度が廃止された。
5　老中水野忠邦が行った天保の改革は，財政の緊縮，綱紀粛正，経済統制によって幕府の力を強化しようとしたが，上知令が失敗したことなどにより挫折した。

7　明治維新の諸改革に関する記述として，妥当なものはどれか。

1　1869（明治2）年，新政府は廃藩置県を実施し，諸大名に命じて領地と領民を天皇に返上させ，藩主は知藩事として政治を行った。
2　1871（明治4）年，新政府は解放令を出し，江戸時代の身分制度を廃して四民平等としたが，江戸時代，「えた」「ひにん」とされた人々には適用されなかった。
3　1872（明治5）年，新政府は学制を公布し，近代的な教育制度を整え，6歳以上の男子に義務教育を実施した。
4　1873（明治6）年，新政府は地租改正条例を公布し，地租を地価の2.5％と定め，土地所有者に現金で納めさせるようにした。
5　1873（明治6）年，新政府は国民皆兵による政府軍をつくるため，徴兵令を公布し，身分にかかわりなく満20歳以上の男子に兵役の義務を課した。

8　日本における立憲国家の成立に関する記述として，妥当なものはどれか。

1　愛国公党が提出した民撰議院設立の建白書は，それに先立って結成された国会期成同盟の影響を強く受けていた。
2　自由民権運動の高まりを受けて，自由な言論を求める世論と運動に配慮し，新聞紙上における闊達な議論を促進する目的で，新聞紙条例が制定された。
3　漸次立憲政体樹立の詔は，元老院と大審院の設置，国会開設の準備の推進などを主な内容としていた。
4　自由民権運動家の植木枝盛は，五日市憲法草案を起草し，民衆らに民権思想を広めた。
5　ルソーの社会契約論などを抄訳し，紹介した中江兆民は衆議院議員に当選したものの，急進的な思想をとがめられ，政府によって議員の職を解任された。

[9]　第二次世界大戦後の日本の歴史に関する記述として，妥当なものはどれか。

1　ポツダム宣言によって無条件降伏した日本は，サンフランシスコ平和条約によって独立を回復した。この条約の意義として，第二次世界大戦において日本と戦ったすべての国を含む全面講和であった点が挙げられる。

2　日本は，日米安全保障条約の締結と同時に国際連合への加盟を果たした。これ以降，日本に関連する国際平和の秩序は，日米安全保障条約を含む防衛体制と国際連合による集団安全保障に基づく体制によって守られている。

3　1960年代半ばに佐藤栄作首相と韓国の朴正煕大統領の下，日韓基本条約が結ばれた。その際，日本から韓国に対し，3億ドルの無償資金援助，2億ドルの低利融資が実行されるとともに，民間による3億ドルの信用供与が行われた。

4　1950年代から1970年代にかけて，日本は世界でも類を見ない高度経済成長を果たした。1974年の第一次石油危機の影響は軽微であったものの，1979年の第二次石油危機では戦後初のマイナス成長をもたらし，成長は終焉を迎えた。

5　1985年に先進諸国と結ばれたプラザ合意は，当時進んでいたドル安を是正することを目的としていた。その合意に，外国為替市場が敏感に反応し，日本経済は大きな影響を受けた。

[10]　イギリス産業革命に関連する記述として，妥当なものはどれか。

1　イギリスの産業革命は綿織物工業から始まったが，その発祥の地はランカシャー地方のマンチェスターである。この土地で生産された綿織物がリバプールへと運ばれ，全世界へと輸出された。

2　イギリスの産業革命は，安価で大量の労働者が国内に存在していたことが一つの条件であるといわれている。その労働者が創出された原因は，第一次エンクロージャーで農民が土地を失ったこと，そして彼らが都市へと流出したことである。

3　イギリスの産業革命によって，近代的な資本主義が成立したと考えられている。結果的に同国の経済力は飛躍的に上昇し，「世界の工場」と呼ばれるようになるとともに，国民の経済的な格差は小さいものになった。

4　イギリスの産業革命により，都市部の人口が急激に増加した。その結

果，穀物をはじめとした食料の需要が急増し，その要求に応えるために農村地帯において三圃制が導入され，農業生産力が劇的に向上した。

5　イギリスの産業革命の特色として，その安価な商品の大量生産，海外への市場の拡大が挙げられる。それを可能としたのは，工場制手工業の実現であり，分業と協業が効率的に行われるようになった。

[11]　宗教改革に関する記述として，妥当なものはどれか。

1　カトリックの総本山であるサン＝ピエトロ大聖堂の改築資金を集めるために，教皇のレオ10世が大量の贖宥状を販売したことにより，ドイツの宗教改革の勢いに拍車がかかることとなった。

2　大学の教授であったルターは，贖宥状販売を批判し，1517年にヴィッテンベルク大学の教会扉に「九十五ヵ条の論題」を掲げ，教皇権や教会制度を批判するなどヴィッテンベルク，聖書中心主義に基づく主張を展開した。

3　スイス出身のツヴィングリが，「万人祭司説」を主張しつつチューリッヒで改革を行ったのを受けて，弾圧を受けていたイタリア人のカルヴァンが改革を引き継ぐ形で，イタリアでの宗教改革が始まった。

4　各地での宗教改革の動きに対して，旧教側が対抗宗教改革と称し，イエズス会の海外伝道やヨーロッパでの再布教を禁止した。

5　宗教改革に伴う新旧両派の対立を背景として，16〜17世紀前半にかけて各地で宗教戦争が勃発し，国際的な利益とは大きく隔たる要因による争いが繰り広げられた。

[12]　フランス革命に関する記述として，妥当なものはどれか。

1　フランス革命の中心となったのは，第三身分であった。彼らは，テニスコートの誓いにより，三部会の閉鎖を画策する国王と対決することを決意し，団結を深めた。

2　バスティーユ牢獄の襲撃の主たる目的は，フランス人権宣言を起草したことによって拘束されていたラ・ファイエットを解放することであった。この襲撃は失敗し，革命はいったん挫折した。

3　当初，国民議会を指導したのは，王制の廃止をはじめとした急激な改革を進めようとするミラボーであった。ミラボーの死後，国民議会は立憲君主派の人々によって支配されることになった。

4　国民議会は，憲法制定後に解散される予定であった。しかし，その後に存続を求める動きが急速に強まり，長期にわたって存続したことが革命後のフランスに大きな混乱をもたらした。

5　ルイ16世を処刑したのは，ジャコバン派であった。彼らは，その後穏健なジロンド派を追放し，ロベスピエールらを中心として恐怖政治を行った。

13　**絶対王政に関する記述として，妥当なものはどれか。**

1　ヨーロッパ諸国における絶対王政を支えたのは常備軍と官僚制であり，特に官僚については，身分にとらわれずに優秀な人材を登用するしくみが早くから整備された。

2　絶対王政をイデオロギーの面から支持させたのが王権神授説であり，それによれば，国王は支配権を神から直接的に授けられているものとされた。

3　重商主義は，絶対王政の下で採用された経済政策であり，商人らの自由な経済活動を保障しながら，王権による経済への介入を最小限に抑制することを特徴としていた。

4　16世紀にスペインの王となったカルロス1世は，ヨーロッパからアメリカに至るまで広範囲の領域を支配し，ハプスブルク家と激しく対立した。

5　フランスにおける絶対王政は，ヴァロワ朝のときに最盛期を迎えたものの，ブルボン朝のアンリ4世が即位した頃から急速に衰退した。

14　**ドイツ帝国の成立に関する記述として，妥当なものはどれか。**

1　保護貿易主義を主張したベンサムの影響を受けて，1818年にプロイセンを中心にドイツ関税同盟が結成された。

2　ヴィルヘルム1世は軍備拡張を図るとともに，シュタインを起用して外交政策を充実させていった。

3　ビスマルクは農奴制改革を目的とした鉄血政策を推し進め，これにより農奴解放が進んだ。

4　普墺戦争ではモルトケの作戦などによりプロイセンが勝利，オーストリアがドイツ連邦から排除された。

5　1867年に成立したオーストリア＝ハンガリー帝国は第二次世界大戦に敗北し，オーストリアとハンガリーに分解された。

15 **20世紀前半の世界の動きに関する記述として，妥当なものはどれか。**

1　第一次世界大戦中，イギリスはフサイン・マクマホン協定をアラブ側と
　結び，戦争協力を条件にアラブの独立を認めると通告した。

2　第一次世界大戦の末期，アメリカ大統領のウィルソンは，「平和に関す
　る布告」を発表し，全交戦国に和平を呼びかけた。

3　世界恐慌の原因は，第一次世界大戦の戦渦によって打撃をうけたヨー
　ロッパの生産力が回復せず，さらにアメリカの生産力も減退したことによ
　る経済的な混乱であった。

4　世界恐慌により経済危機に陥ったイギリスでは，労働党党首のチャーチ
　ルが挙国一致内閣を組織し，金本位制の停止などの対策を断行した。

5　世界恐慌の影響を大きく受けたソビエト連邦における経済的な混乱が，
　第二次世界大戦勃発につながった。

16 **1940年代の情勢に関する記述として，妥当なものはどれか。**

1　アメリカ・イギリスと日本の対立の構図が固まったのは，日独伊三国同
　盟への調印であった。これは，1940年代初頭，ドイツの軍事的な成功を
　背景として，その直後にベルリンにおいて調印されたものであった。

2　第二次世界大戦が本格化したのは，ドイツとイタリアによるアメリカへ
　の宣戦であった。それに先立ち，日本とソビエト連邦は，両国の利害対立
　を背景にいち早く戦争状態に突入していた。

3　ヤルタ協定の内容は，第二次世界大戦後の秩序に大きな影響を与えた。
　これをまとめたヤルタ会談では，開かれた外交を求め，秘密外交は避ける
　べきであるとの国際世論の大きな高まりを背景に，秘密協定の締結は行わ
　れなかった。

4　ポツダム宣言は，フランス，アメリカ，イギリスの3国の首脳が，日本
　に対して体制維持を含む数多くの条件を示した上で降伏を勧告する内容で
　あった。日本がこの宣言を受諾することによって，第二次世界大戦は事実
　上終結に向かった。

5　戦後処理の一環として，ナチスの指導者を裁くためにニュルンベルク裁
　判が行われた。人道主義を重視する立場から死刑判決は下されず，有罪と
　された者には終身刑や禁固刑が科された。

[17] 世界各国・地域において，歴史上重要な役割を果たした人物に関する
の記述として，妥当なものはどれか。

1　ジェームズ1世は，ローマ・カトリック教会の権威の強化に貢献した。
彼によれば，国王の権利はローマ教皇を通じて神から与えられたもので
あった。

2　14世紀の末，グスタフ1世は，デンマーク，スウェーデン，ノルウェー
を統合して，カルマル同盟を成立させた。ただし，同盟内における主導権
はデンマークによって握られていた。

3　オラニエ公ウィレムは，ネーデルラントの独立運動を始めた中心的な人
物である。この運動により，ネーデルラント連邦共和国は独立を宣言し，
ウィレムは初代総督となった。

4　リヴィングストンとスタンリーは，19世紀に開かれたベルリン会議を主
導した。この会議において，アフリカの先占権についての決定がなされた。

5　サン・マルティンは，南アメリカにおける独立運動を指導した者の一人
である。彼の指導により，ベネズエラ，コロンビア，エクアドルにおいて
大コロンビア共和国が建国された。

[18] 唐王朝に関連する記述として，妥当なものはどれか。

1　唐王朝の創始者は，高祖と称される李淵である。彼は前王朝である隋の
失政をきっかけとした反乱の中で王朝を創建し，約300年にわたる唐の基
礎を築き，その治世は貞観の治と称えられた。

2　実質的に唐王朝の国家機構を整備したのは，二代目の李世民である。
彼は律令制や中央官制として三省六部を整えるなど，中央集権体制を整
備し，日本もこの制度を模倣して当時の体制を築いた。

3　唐王朝の最初の危機は，則天武后による専制政治である。中国最初の
女帝でもある則天武后は，科挙を開始して自身の支持勢力を増加させるな
ど，唐王朝を断絶させ，一時は国号を周と改めた。

4　8世紀半ばには玄宗が出て，開元の治と呼ばれる安定期を迎えた。この
時期は文化的にも円熟した時代となり李白や杜甫が活躍したが，治世の後
半には黄巣の乱が発生して国が乱れた。

5　9世紀の末には，国内全体に軍事力を持った節度使が分立し，唐王朝の
権威は一気に衰えた。その節度使の中から安禄山が反乱を起こし，その反
乱の中から朱全忠が現れ，唐王朝は滅亡した。

《 解 答 ・ 解 説 》

1 5

解説 1. 誤り。異国船打払令は，寛政年間以降，日本近海に出没する外国船が増えたことから文政8年に発令された。天保8年のモリソン号事件は，日本人漂流民を送り届けてきたモリソン号を異国船打払令により砲撃し，追い返した事件である。その後，アヘン戦争で清国が敗れるのを目の当たりにした幕府は，天保13年に異国船打払令を廃止した。 2. 誤り。嘉永7年に日米和親条約を締結したのは，老中首座阿部正弘である。 3. 誤り。日米修好通商条約は，大老井伊直弼が天皇の勅許を受けないまま，初代アメリカ総領事ハリスの求めに応じて締結した。 4. 誤り。安政7年に井伊直弼が水戸脱藩浪士らにより暗殺されたのは，桜田門外においてである。文久2年に坂下門外で水戸脱藩浪士らにより襲撃され，負傷したのは公武合体を進めた老中安藤信正である。 5. 正しい。蛤御門の変ともいう。禁門の変に敗れた長州藩は朝敵（朝廷の敵）とみなされ，幕府は第一次長州征伐のため兵を送った。

2 4

解説 1. 誤り。第1文については，班田収授法に関する記述として正しい。しかし，口分田の売買は厳しく禁じられていた。 2. 誤り。最初の全国的戸籍は，庚午年籍である。他の記述については正しい。 3. 誤り。養老律令と大宝律令の記述が逆である。 4. 正しい。律令体制における中央の政府の官制は，神祇官と太政官を主要な官職とする体制であった。 5. 誤り。墾田永年私財法は，開墾した土地を永久に所有することを認めるものであり，口分田として利用させるものではない。なお，この法により公地公民制が崩壊したとする点は正しい。

3 5

解説 1. 選択肢の文章は大伴弟麻呂についてのものである。大伴弟麻呂の副使だった坂上田村麻呂が征夷大将軍に昇格したのは797年である。なお，この時点における征夷大将軍は史上初のものではない。 2. アテルイは，奈良時代末から平安時代初頭の蝦夷の族長であり，朝廷の征夷軍の侵攻に抗して

101

強力な抵抗をはかり，一定の成果を上げたものの，征夷大将軍坂上田村麻呂による胆沢攻略戦の成功に伴い，802年4月に仲間とともに降伏した。　3．選択肢の前半は正しい。しかし，源義経を匿ったことから，源頼朝に滅ぼされた。　4．12世紀頃に米・麦の生産が始まり，按司とよばれる首長がグスク（城）を築いた。小国家が成立し，三山時代と呼ばれるのは14世紀である。5．正しい。なお，17世紀はじめには薩摩の島津氏の侵攻を受け，薩摩藩による支配を受けていたが，琉球王国は大きな自治権を有していた。

4　3

解説 1．足利尊氏（当初は高氏）が六波羅探題を攻略した点は正しい。しかし，後醍醐天皇によって征夷大将軍に任命されてはおらず，その後，後醍醐天皇に反旗を翻し自ら幕府を開いた。このときに制定された建武式目は御成敗式目を廃止したものではなく，新たな内容を付け加えたものである。2．足利義満は南北朝の合一を達成し，有力守護大名の打倒を図るなど将軍権力の確立に努めた。この財源となったのが，彼が将軍引退後に開始した日明貿易であるが，この貿易は対等の関係ではなく，上下関係を前提とする朝貢貿易だった。　3．正しい。足利義教は，父義満と同じく守護大名の討伐や勘合貿易の再開を行った。前者については，成功した例が鎌倉公方を滅ぼした永享の乱であり，失敗した例が嘉吉の乱である。　4．足利義政は応仁の乱の原因をつくってしまい，結果的には室町幕府滅亡の遠因をつくってしまったともいえる。文化面でも著名でもあるが，彼が文化的な生活を送ったのは，北山ではなく，東山である。つまり，彼が主導した文化は東山文化であって，北山文化ではない。北山文化は，祖父である足利義満により発展した。5．足利義昭は，室町幕府最後の将軍だが，将軍となるまでに様々な戦国大名の保護を受けている。保護を与えて，将軍に就任する援助を行ったのは織田信長であり，豊臣秀吉ではない。豊臣秀吉は，追放された足利義昭を保護した大名である。

5　1

解説 鎌倉中期以降，皇室では皇位継承問題をめぐり，持明院統と大覚寺統に分かれて対立していた。幕府はこの紛争の調停にのりだし，両統が交代で皇位に就く両統迭立を定め，朝廷の政治に介入した。鎌倉時代後半には，

元が日本に襲来し，その一度目の文永の役では，元に北九州上陸を許し苦戦を強いられたため，元の再襲来に備えて幕府は異国警固番役を強化した。よって正解は1である。

6 5

解説 1．誤り。享保の改革では，都市部の商人に対する経済統制が強化された。　2．誤り。質流し（質流れ）による田畑の売買は，質流し禁令によって禁止された。これは後に撤回され，田畑の売買が黙認されたものの，「積極的に奨励」という内容は誤りである。　3．誤り。寛政の改革は，田沼意次による政治を粛正することを図るものであった。　4．誤り。寛政の改革において，諸藩に対し1万石につき50石の割合で囲い米を実施することが命じられた。　5．正しい。上知令（上知例）は，江戸や大坂に近隣する大名や旗本の領地を幕府の直轄地とし，代地を与えようとしたものであった。

7 5

解説 1．版籍奉還についての記述。藩主がそのまま知藩事として藩政を行ったため，中央集権の実効はあまり上がらなかった。そこで，新政府は1971（明治4）年，廃藩置県を断行，政府の任命した府知事・県令を派遣して府県を治めさせた。　2．解放令は「えた」「ひにん」とされた人々を対象に出されたもので，彼らを平民とした。新政府は公家を華族，武士を士族，農工商民を平民とし，身分間の結婚や職業選択の自由，平民の苗字などを認め，四民平等政策をとり，そのうえで解放令を出した。ただし，実際の差別は残った。　3．6歳以上の男子ではなく，男女すべての国民が対象。　4．2.5％ではなく3％が正しい。負担が重かったため，各地で地租改正反対の一揆が起こり，2.5％に引き下げた。　5．正しい。

8 3

解説 1．誤り。愛国公党が民撰議院設立の建白書を左院に提出したのは1874年，国会期成同盟が設立されたのは1880年のことである。　2．誤り。新聞紙条例は，政府を批判する言論を弾圧する目的で1875年に公布された。3．正しい。漸次立憲政体樹立の詔は1875年に出された詔である。　4．誤り。植木枝盛が起草したのは，東洋大日本国国憲按である。五日市憲法草案は，

現在のあきる野市で編集された「討論題集」をもとに千葉卓三郎が起草した私擬憲法である。　5．誤り。中江兆民は，衆議院議員となった後，自由党土佐派に反発して自ら辞職した。

9 3

解説 1．誤り。サンフランシスコ平和条約の内容は，ソビエト連邦などとの講和を含まない「片面講和」であった。　2．誤り。日本は，サンフランシスコ講和条約と同時に，日米安全保障条約を締結した。一方，ソビエト連邦は，サンフランシスコ講和条約の署名を拒否し，日本の国際連合加盟を受け入れなかった。その後，日ソ共同宣言により日本の加盟を支持する方針が表明され，日本の国際連合への加盟手続が進められた。　3．正しい。軍事クーデターで政権を握った朴政権は，日韓関係正常化に向けて動いた。　4．誤り。第二次石油危機の影響は諸外国に比べると軽微であったものの，第一次石油危機は日本経済に戦後初のマイナス成長をもたらした。　5．誤り。プラザ合意の目的は，ドル高是正であった。その後，外国為替市場において円高・ドル安が急激に進行し，日本に円高不況をもたらした。

10 1

解説 1．正しい。産業革命は綿織物工業から始まったが，豊富な水力と石炭，鉄鉱石が発展の要因だった。マンチェスターは水力に恵まれており，革命成立の条件としては十分だった。そのマンチェスターがリバプールと鉄道（蒸気機関車）で連結したことも重要な要因となった。　2．イギリス産業革命を支えた安価で大量の労働者は，エンクロージャーにより生み出されたが，それは第一次ではなく第二次である。前者が羊毛増産を目的としていたのに対して，後者は穀物増産を目的としていた。　3．近代的な資本主義が国全体の経済力を確実に上昇させたことが，資本家と労働者に国民を分化した。これにより貧富の格差は広がった。　4．人口の増加は，穀物の需要を増大させた。その需要を満たすために，農業分野の技術革新が進められたが，この時代は三圃制の導入ではなく，四輪作である。三圃制は10世紀から始まる中世の技術革新の一つであった。　5．工場制手工業（マニュファクチュア）は経済力の向上を促したものだが，産業革命以前の16世紀後半に始まる。産業革命の大量生産は機械の使用を特色としており，これは工場制機械工業と呼ばれている。

11 2

解説 1. 教皇レオ10世が大量の贖宥状を販売したことが宗教改革の直接の引き金になった。 2. 正しい。ルターは，ヴィッテンベルク大学の教授となったのち，宗教改革の指導や聖書のドイツ語訳により，近代ドイツ語の確立にも力を入れた。 3. カルヴァンはフランス出身の宗教改革者であり，フランス国境近くのスイスのジュネーヴで聖書に基づく宗教改革を指導した。 4. 旧教側は，対抗宗教改革の一環として，イエズス会の海外伝道やヨーロッパでの再布教を盛んに行った。 5. 宗教戦争における対立は，宗教的抗争に加え，国際的利害も内包していた。

12 5

解説 1. 誤り。テニスコートの誓いは，第三身分の代表が組織した国民議会を憲法制定まで解散しないことを誓ったものである。 2. 誤り。ラ・ファイエットがバスティーユ牢獄に拘束されていたという事実はない。また，この襲撃により，牢獄は民衆によって占拠された。フランス人権宣言は，その後，国民議会によって採択された。 3. 誤り。ミラボーは比較的穏健な立憲君主派であった。ミラボーの死後，ルイ16世らが逃亡を企てて失敗し，国民の信頼は失墜した。 4. 誤り。国民議会は，1791年，憲法の制定後に解散された。 5. 正しい。この恐怖政治は長続きせず，ロベスピエールは捕らえられて処刑された。

13 2

解説 1. 誤り。官僚制は，当初その多くが貴族出身者から登用されたため，身分制と深く結びついていた。そのため，近代から現代に続く官僚制とは区別される。 2. 正しい。王権神授説は，フィルマーやボシュエらによって主張された。 3. 誤り。重商主義は，財政資金を得るため，王権が経済に積極的に介入していくことを特徴としていた。 4. 誤り。カルロス1世の勢力についての記述は正しいが，彼はハプスブルク家出身である。 5. 誤り。フランスにおける絶対王政の最盛期は，ブルボン朝のルイ14世の時代である。なお，ヴェルサイユ宮殿もこのとき建てられた。

14　4

解説 1．ベンサムではなくリストである。保護貿易とは国家が国内産業の保護・育成のため外国との貿易に介入すること。ドイツ関税同盟以後ドイツ経済の統一が進展した。　2．シュタインではなくビスマルクである。彼はオーストリアやフランスを破ってドイツ統一を完成させた。　3．鉄血政策とは農奴制改革ではなく軍備拡張政策のことで，ドイツ統一を達成するためにはオーストリアなどを打破しうる軍備を持たなければならないとしたもの。「鉄」は武器，「血」は兵士を指す。　4．正しい。これによりプロイセンはシュレスヴィヒ・ホルシュタインを得て，翌1867年北ドイツ連邦を組織し，盟主となった。　5．オーストリア＝ハンガリー帝国は別々の政府や議会をもつ二重帝国であったが，第一次世界大戦に敗北しハンガリーが分離独立し，帝国内のスラブ諸民族も独立していった。

15　1

解説 1．正しい。イギリスがアラブ側に独立を約束したフサイン・マクマホン協定は，アラブ地域の分割を決めたサイクス・ピコ協定，イスラエルの建国を確約したバルフォア宣言と矛盾するものであり，「三枚舌外交」と呼ばれた。　2．"平和に関する布告"を発表したのはレーニンであり，ウィルソンは"十四カ条の平和原則"を発表し，国際連盟発足のきっかけを作った。ただし，アメリカは，上院の反対により，国際連盟に加盟することができなかった。　3．世界恐慌は，「過剰生産恐慌」であるとされる。つまり，ヨーロッパの生産力の回復やアメリカの生産力の向上により，需要に比べて供給が極端に大きくなったことが大きな要因であった。　4．チャーチルではなく，マクドナルドについての記述である。マクドナルドは，政策の不一致により労働党から除名された後，保守・自由両党の支持を得て挙国一致内閣を組織し，恐慌対策を実施した。　5．資本主義諸国が世界恐慌の影響による打撃を受ける中，経済において独自の路線を歩んでいたソビエト連邦は，その影響をほとんど受けなかった。

16　1

解説 1．正しい。日独伊三国同盟は，1940年9月，ベルリンにおいて調印された。　2．誤り。ドイツとイタリアは1941年12月にアメリカへの宣戦

を布告したが，1941年4月に日ソ中立条約が成立していたため，日本とソ連は開戦には至らなかった。　3．誤り。ヤルタ協定には，ソ連の対日参戦を含む秘密協定が含まれていた。　4．誤り。1945年7月のポツダム宣言は，アメリカ，イギリス，中国による共同宣言であり，日本に無条件降伏を勧告することが柱となっていた。なお，同年8月にはソ連も参加した。　5．誤り。ニュルンベルク裁判では，22名の被告中12名が絞首刑となった。

17　3

解説　1．誤り。ジェームズ1世は，統治権がローマ教皇を通さずに直接神から与えられるとする王権神授説に基づき，自らの絶対君主としての立場を正当化した。　2．誤り。選択肢の文章に当てはまる人物名は，マルグレーテ女王である。グスタフ1世は，16世紀におけるスウェーデンの台頭に貢献した。　3．正しい。ハプスブルク家の支配からの独立をはかるオランダ独立戦争の推移についての正しい記述である。なお，ネーデルラントは，現在のオランダ，ベルギーを指す。また，オランダの正式な独立は，1648年のウェストファリア条約による。　4．誤り。アフリカの先占権を決定したベルリン会議を主導したのは，ビスマルクである。宣教師のリヴィングストンとジャーナリストのスタンリーは，アフリカを探検した人物である。　5．誤り。選択肢の記述は，シモン・ボリバルについてのものである。サン・マルティンは，アルゼンチン，チリ，ペルーを解放した。

18　2

解説　1．唐王朝の創始者は高祖の李淵であるが，実質的な建国者は二代目の太宗・李世民である。その李世民の治世が貞観の治である。　2．正しい。選択肢1の解説にもあるように，李世民の治世が貞観の治であり，その治世で律令や税制，官僚組織が形成されていったと考えられている。日本は遣唐使を利用して唐の組織を模倣していったが，三省六部が二官八省に変化するなど細部に違いはある。　3．8世紀の半ばに則天武后の専制政治によって唐が一時断絶した。しかし，科挙が始まったのは，唐ではなく隋の楊堅（隋の文帝）の時代であった。　4．則天武后らによる専制政治を収拾したのが玄宗である。彼の治世の前半は，開元の治と呼ばれる善政と評価されているが，後半は，政治が弛緩してしまった時代であるといわれている。その後半に発

生したのが安禄山の乱であり，その後，節度使が全国的に拡大していった。
5. 唐を滅亡に追いやった反乱は安禄山の乱ではなく，黄巣の乱である。二つ
の反乱は一世紀以上の開きがある。安禄山は，8世紀の半ばに反乱を起こし，
唐を弱体化させた。黄巣による9世紀の末の反乱は，唐を滅亡させる直接の
きっかけとなった。

社会科学　　地　理

IIIIIIIIIIIIIIIIIIIIIIIIIIII **P O I N T** IIIIIIIIIIIIIIIIIIIIIIIIIIIII

地図と地形図：地理において地図と地形図は，頻出事項の分野である。まず地図の図法は，用途と特徴を確実に把握し，地形図は，土地利用や距離などを読み取ることができるようになる必要がある。

世界の地形：地形に関する問題は，かなり多く取り上げられる。地形の特色・土地利用・その代表例は押さえておきたい。また，大地形・沈水海岸・海岸地形なども，よく理解しておくこと。試験対策としては，地形図と関連させながら，農業・工業とのかかわりを整理しておくとよい。

世界の気候：気候に関しては，ケッペンの気候区分が最頻出問題となる。次いで農業とのかかわりで，土壌や植生の問題も出題される。気候区の特徴とその位置は明確に把握しておこう。気候区とあわせて土壌・植生なども確認しておくことも大切である。

世界の地域：アメリカ合衆国は，最大の工業国・農業国であり，南米やカナダとのかかわりを問う問題も多い。また東南アジア，特にASEAN諸国での工業・鉱物資源などは広範に出題される。EU主要国に関しては，できるだけ広く深く学習しておく必要がある。資源・農業・工業・交通・貿易など総合的に見ておこう。

日本の自然：地形・気候を中心とした自然環境は頻出である。地形や山地・平野などの特徴は理解しておきたい。

日本の現状：農業・工業などに関する問題は，今日本が抱えている問題を中心に整理するとよい。農産物の自由化が進み，労働生産性の低い日本の農業は，苦しい状況に追い込まれている。工業においては，競争力を維持していく手段を選んでいかざるを得ない状況に陥っている。環境問題も大きな課題である。このような時事的な繋がりのある問題を取り上げた出題にも対処する必要がある。

☞ 狙われやすい! 重要事項

☑ 地図・地形
☑ 土壌・環境・気候
☑ 人種・民族
☑ 人口・交通
☑ アジア・オセアニア
☑ ヨーロッパ
☑ 南北アメリカ
☑ アフリカ

《 演 習 問 題 》

1　風系・気圧配置図のA～Dに該当する組み合わせとして，正しいものはどれか。

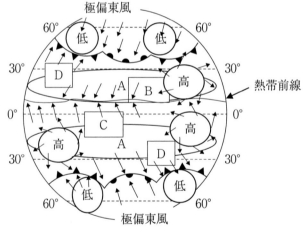

	A	B	C	D
1	亜熱帯高圧帯	北東貿易風	偏西風	南東貿易風
2	亜熱帯高圧帯	北東貿易風	南東貿易風	偏西風
3	北東貿易風	局地風	南東貿易風	偏西風
4	北東貿易風	亜熱帯高圧帯	偏西風	南東貿易風
5	北東貿易風	亜熱帯高圧帯	南東貿易風	偏西風

2 世界の農牧業に関する記述として，妥当なものはどれか。

1　比較的温暖な地域では，同一の耕地において同じ作物を1年に2回栽培する二毛作が行われているが，この場合，地力の消耗が進みやすいリスクを生む。

2　モノカルチャーは，同一の耕地に1種類の農作物だけを広い範囲に栽培することであり，その例として，熱帯におけるプランテーションなどが挙げられる。

3　混合農業は，穀物や飼料作物を栽培するとともに，肉用の家畜や家禽を飼育し販売することを目的とする農業であり，ヨーロッパではほとんどみられないものの，東南アジア諸国では盛んである。

4　中国では，個別の農家に生産を請け負わせ，割り当て量を超過した分は個人のものとすることができる生産責任制が導入されたが，生産性の減退が顕著であったことから，人民公社を活用する方式に転換され現在に至っている。

5　アメリカの一部では，ミシシッピ州やジョージア州に広がるコーンベルト，中西部に広がるコットンベルトなど，地域ごとに特徴的な農業が集約されている。

3 世界の都市に関する記述として，妥当なものはどれか。

1　リオデジャネイロは，ブラジル南東部に位置する商工業都市である。現在は首都ではないものの，同国最大の都市であり，環境に関する国際会議やオリンピックが開催された。

2　シドニーは，オーストラリア南東部に位置する同国の首都である。同国の中で最大の人口を抱え，経済や文化の中心として重要な役割を果たしている。

3　モントリオールは，カナダ南東部に位置する商工業都市である。大きな港を抱えており，各種工業が発展し商業の中心地として栄えてきたが，それを担ったのはこの地域に多く住むイギリスからの移民である。

4　クアラルンプールは，マレー半島の南西部に位置するマレーシアの首都である。スズの生産や，ゴム，油ヤシのプランテーションが盛んであり，人口の過半数はマレー人である。

5　北京は，中国の中東部に位置する同国の首都であり，現在は，機械や食品，紡績，印刷などの工業が総合的に栄えている。中華民国の成立以降，首都となった。

4　ラテンアメリカ諸国に関する記述として，妥当なものはどれか。

1　メキシコは，マヤ文明やアステカ文明の地として知られ，銀や原油の産出が多い。イギリスから独立して以降急速な経済発展を遂げ，OECDに加盟している。

2　キューバは，社会主義を標榜する国である。輸出の中では，砂糖に依存する割合が高く，また観光収入も多い。

3　ハイチは，フランスから独立した国であり，主要産業はカカオ，コーヒー豆，砂糖などである。黒人による独立国としては，最も新しい国である。

4　ベネズエラは，世界第1位の石油埋蔵量に示されるように，石油生産が経済の中心となっている。国際的には独自路線を採用しており，OPECやMERCOSURには加盟しなかった。

5　ブラジルは，南アメリカ大陸において最大の面積を持つ国である。ファゼンダと呼ばれる大農園において，世界最大の生産量，輸出量となっている米が生産されている。

5　世界の気候に関する記述として，正しいものはどれか。

1　サバナ気候は，雨季と乾季の区別が明瞭な熱帯気候であり，疎林と草丈の短い草原が多くみられる。一般的に午後にはスコールといわれる対流性の降雨に見舞われ，気温の上昇を防ぐ役割を果たすことがある。

2　ステップ気候は，砂漠周辺に分布する乾燥気候であり，樹木は生育できないが，草丈の長い草原が多くみられる。草原が腐食して肥沃な土壌を形成することがあることから，商業的な混合農業や酪農が行われることがある。

3　地中海性気候は，中緯度の大陸の西岸に分布することが多い温帯気候であり，耐乾作物が多くみられる。冬は非常に乾燥するが，夏には一定の降雨があり，その降水を利用して小麦などの穀物を栽培することがある。

4　冷帯気候は，極めて気温の年較差が大きい気候である。また，一年を通して降水があり，冬は気温が低いため降雪になる。針葉樹の純林や広葉樹との混合林が多くみられる。こうした針葉樹林はタイガと呼ばれユーラシア大陸や北アメリカ大陸の北部でみられる。

5　ツンドラ気候は，一年中氷や雪に覆われ植生が見られない寒帯気候である。グリーンランドや南極大陸などの極めて限られた土地にしかみられず，人類の居住する地域はほとんどみられない。

6 次の表は，2018年における各種金属鉱の主要生産国と全体に占める割合を示したものである。A〜Cに入る金属鉱の組み合わせとして，妥当なものはどれか。

(単位：%)

	A		B		C	
	国名	割合	国名	割合	国名	割合
1位	オーストラリア	36.7	チリ	27.5	中国	28.3
2位	ブラジル	19.3	ペルー	12.2	インドネシア	26.7
3位	中国	13.8	中国	8.6	ミャンマー	17.2

(世界国勢図会2021/22より作成)

1　銅鉱　　　　鉄鉱石　　　すず鉱
2　鉄鉱石　　　銅鉱　　　　すず鉱
3　鉄鉱石　　　すず鉱　　　銅鉱
4　すず鉱　　　銅鉱　　　　鉄鉱石
5　すず鉱　　　鉄鉱石　　　銅鉱

7 世界の地形に関する記述として，妥当なものはどれか。
1　古期造山帯には，古生代に形成された高く険しい山脈がみられる一方で，新期造山帯には，中生代から新生代に形成された低くなだらかな山脈が続く。
2　フィヨルドがV字谷に海水が侵入することによって生じるのに対して，U字谷に同様の現象が起きると，リアス海岸となる。
3　さんご礁は，珊瑚虫の死骸や分泌物の堆積などにより生じる石灰質の岩礁であるが，環境ストレスにより，インド洋，紅海などにおいて白化現象が進んでいる。
4　扇状地は，河川が山地から平地に流出する地域において形成される地形であり，地表に水を得やすいため水田に利用されている。
5　蛇行するように流れていた河川がその流れを変え，三日月の形状に取り残されて形成されるのがカルデラ湖である。

8　次のヨーロッパの地図について述べたア～エの組合せのうち，妥当なものはどれか。

ア　Aの海流は，北大西洋海流という暖流である。暖流の上を吹く貿易風により，高緯度地域の割に温暖な欧州の気候がもたらされている。

イ　Bの川は，シュヴァルツヴァルトに源を発し，黒海に注ぐ国際河川である。運河を通じて西ヨーロッパ諸国と結ばれ，水上交通において重要な役割を果たしている。

ウ　Cの国は，毛織物や鉄鋼の生産が盛んな北部の工業地域や機械工業が盛んなロレーヌ工業地域を抱える。なお，ヨーロッパ諸国の中で，農業の生産の比重は低い。

エ　Dの国は，国土の大半がデルタであり，12世紀から干拓が進められた。ヨーロッパの中では，園芸農業が盛んな国である。

　　1　ア，イ　　2　ア，ウ　　3　イ，エ　　4　イ，ウ　　5　ウ，エ

[9] 日本の自然に関する記述として，妥当なものはどれか。

1　日本は，熱帯の沖縄から寒帯の北海道まで南北に長い国土を有している。

2　日本列島は，環太平洋造山帯の一部にあたり，多くの活火山を有している。

3　日本には，夏には台風を運び，冬には日本海側に雪を降らせる西風が大陸から吹いている。

4　日本の国土の約3分の1は山地であり，本州の中央部には「日本の屋根」と呼ばれる高い山脈が連なっている。

5　東北地方には，白神山地などの常緑広葉樹林帯が広がっている。

[10] 各国の工業地域に関する記述として，正しいものはどれか。

1　アメリカ合衆国は，資源にめぐまれた大国である。中でも五大湖の近辺にはメサビ山やアパラチア炭田が存在して，現在でも同国最大の鉄鋼業が発展した工業地帯となっている。

2　シンガポールは，資源に恵まれない島国である。それゆえ，政府が主導して工業地帯がつくられ，それが東南アジア最大規模といわれているジュロン工業地帯である。

3　南アフリカは，アフリカ有数の資源を誇る地域大国である。石炭や石油が豊富に産出するため，石炭を利用した鉄鋼業や石油化学工業が発展している。

4　アルゼンチンは，南米でも豊富な資源を持ち，経済発展が見込める国である。水力発電が盛んなことから豊富な電力を生かした航空機産業が著名である。

5　フランスは，鉄鉱石に恵まれたアルザス・ロレーヌ地方を抱える国である。現在では隣国ドイツのザールやルールの炭田と結合して一大鉄鋼コンビナートを形成している。

[11] 中国の産業に関する記述として，妥当なものはどれか。

1　中国東部の青島は，港湾・工業都市であり，海洋リゾート地として，また，車両，機械，紡績，食品の生産などで知られる。

2　澳門は，イギリス直轄の植民地の時代から中継ぎ貿易港として発展し，中華人民共和国の特別行政区となった現在でも加工貿易が盛んである。

3　中国の首都である北京は，鉄鋼業，機械，食品，紡績，印刷，出版などでも知られ，特に鉄鋼については，日本の出資による宝山製鉄所に隣接している立地が生かされている。

4　華北には，肥沃な平原地帯が広がっていることから，米の二毛作や二期作がおこなわれるなど，他の地域に比べ，米の生産が盛んである。

5　タリム盆地の大部分はタクラマカン砂漠が占めており，盆地の周縁部のオアシスも含めて農業に適さない地であるため，交易に関する産業が経済を支えている。

《 解 答 ・ 解 説 》

1 2

解説　A. 亜熱帯高圧帯：亜熱帯高圧帯とは，南北両半球の回帰線付近から緯度30度付近に形成され，年間を通じて存在する高気圧帯のことである。赤道付近で生じた上昇気流により，大気がコリオリの力の影響で高緯度地方に移動，集積して溜まり下降気流となって形成される。下降気流は高温で乾燥しているため，亜熱帯高気圧付近では砂漠のような，降水量が極端に少なく乾燥した地域が形成される。　B. 北東貿易風：貿易風は亜熱帯高圧帯から，赤道付近の低圧帯に向けて南北から吹き込む気流である。北半球では北東貿易風という。　C. 南東貿易風：南半球で吹く貿易風のことである。D. 偏西風：偏西風は南北それぞれ緯度30度から60度付近の上空を高緯度に向かって吹く恒常風のことである。中緯度の大陸西岸は偏西風の影響を受け，穏和な海洋性気候になる。

2 2

解説　1. 誤り。二毛作は，同一の耕地に異なる作物を栽培することである。選択肢の説明は，二期作に関するものである。　2. 正しい。一部の地域における米作もモノカルチャーの例である。　3. 誤り。混合農業の説明に関する部分は正しいが，この農業はヨーロッパにおける代表的な農牧業である。　4. 誤り。人民公社による農業経営において生産性の減退などの問題点が生じたことから，生産責任制に転換された。　5. 誤り。コーンベルトとコットンベルトが逆に記述されている。

3 1

解説 1. 正しい。リオデジャネイロは旧首都であり，地球サミットやオリンピックが開催された。 2. 誤り。シドニーは，ニューサウスウェールズ州の州都であるが，オーストラリアの首都ではない。オーストラリアの首都はキャンベラである。 3. 誤り。モントリオールは，フランス系の住民が多い。それ以外の記述については正しい。 4. 誤り。クアラルンプールの人口の過半数は華人・華僑である。それ以外の記述については正しい。 5. 誤り。北京は，10世紀以降，5つの王朝の首都となった。他の記述については正しい。

4 2

解説 1. 誤り。メキシコは，スペインから独立した。他の記述は正しい。 2. 正しい。キューバは，フィデル・カストロが長い間君臨した国である。長い間，アメリカとの国交が断絶していた。 3. 誤り。第1文については正しいが，ハイチは世界最初の黒人による独立国である。 4. 誤り。ベネズエラは，OPEC（石油輸出国機構），MERCOSUR（南米南部共同市場）の加盟国である。 5. 誤り。「米」を「コーヒー」にすると正しい記述になる。

5 4

解説 1. サバナ気候は，赤道直下に存在する熱帯雨林気候の周辺に存在する。赤道低圧帯の永享により明確な雨季があり，長草の草原がみられる。スコールが見られるのは，サバナ気候ではなく熱帯雨林気候である。 2. ステップ気候は，サバナ気候と砂漠気候の間などに位置する。非常に短い雨季があり，短草の草原がみられる。草原が腐葉土となり土壌は肥沃になるが，この地域で行われる農業は商業的農業や酪農ではなく，企業的穀物農業や企業的牧畜である。 3. 地中海性気候は，大陸の西岸に位置することが多く偏西風の影響を受けやすい気候になる。夏は非常に高温となり乾燥するが，冬は比較的降水量が多くなる。 4. 正しい。冷帯気候は，東西に大きいユーラシア大陸や北アメリカ大陸にしかみられず，南半球には存在しない。大陸性の気候であって，気温の年較差が非常に大きい特徴がある。例えば，最寒月と最暖月の差が13度以上ある。植生としては，針葉樹林帯であるタイガがみられる。 5. ツンドラ気候は，夏の間に氷や雪が融けて，樹木は存在できないが蘚苔類や地衣類がみられる。植生が全くみられないのはツンドラ気候

ではなく，氷雪気候である。ツンドラはグリーンランドの沿岸部や北極海に
みられる。

6 2

解説 鉄鉱石については，オーストラリアとブラジルで全体の半分の生産
量を超える。銅鉱は，チリの生産割合が高い。すず鉱は，アジアにおける生
産高が上位を占める。なお，金属鉱の一部について，中国が高まる国内にお
ける需要に対応するために生産高を増やす傾向があるので，注意を要する。
以上より，正解は2。

7 3

解説 1．誤り。「高く険しい山脈」と「低くなだらかな山脈」を入れ替える
と正しい記述になる。なお，環太平洋造山帯とアルプス・ヒマラヤ造山帯は，
新期造山帯である。　2．誤り。「U字谷」と「V字谷」が逆になっている。
3．正しい。さんご礁の白化は，選択肢に示された地域以外でも，カリブ海，
日本の沖縄や鹿児島などを含む広い地域で進んでいる。　4．誤り。砂礫が堆
積しているため地表で水を得ることは難しく，果樹園や林地などとしても用
いられている。　5．誤り。選択肢の説明は，カルデラ湖ではなく河跡湖につ
いてのものである。カルデラ湖は，火山活動によって生じた凹地に水が溜まっ
て形成される。

8 3

解説 アは誤り。貿易風を偏西風とすると正しい記述になる。貿易風は亜
熱帯高圧帯から赤道低圧帯に向かって吹く風である。イは正しい。ドナウ川
についての正しい記述である。ウは誤り。工業についての記述は正しいが，
フランスはヨーロッパでも最大の農業国である。エは正しい。オランダにつ
いての正しい記述である。以上より，正解は3である。

9 2

解説 1．誤り。沖縄は亜熱帯に属し，北海道は冷帯（亜寒帯）に属する。
2．正しい。日本にある活火山は111山にのぼり，世界の活火山の約1割を占
めている。　3．誤り。日本には，冬には大陸から北西の風が吹いて日本海側

に雪を降らせ，夏には太平洋から南東の風が吹いて太平洋側に雨を降らせる季節風が吹いている。　4．誤り。日本の国土の約4分の3が丘陵地を含む山地であり，傾斜が急で，海岸まで迫っていることが多い。本州の中央部には，「日本の屋根」と呼ばれる高い山脈，いわゆる「日本アルプス」が連なっている。　5．誤り。白神山地のブナ林は，落葉広葉樹林である。クスやシイ，カシなどの常緑広葉樹林は，主に西日本などの温暖な地域に広がっている。

10　2

**解説　** 1．かつてアメリカ合衆国の工業の中心は五大湖地域であり，クリーブランドやピッツバーグ，デトロイトなどが代表的な工業都市だった。しかし，メサビ鉄山の枯渇，新興国の発展，サンベルトへの工業の移転などから，現在工業的には衰退している。　2．正しい。シンガポール最大の工業地域はジュロン工業地域である。資源に恵まれないゆえに，資源を輸入して加工輸出するという，加工貿易が発展した工業地域である。現在では工業はもとより，アジアの金融センターとしての役割も果たしている。　3．南アフリカは近年，BRICSの一因として経済発展が著しい。他のBRICS諸国と同じく資源に恵まれているが，石油の産出は少なく石油化学産業が発展しているとはいえない。　4．アルゼンチンは南米でも高い経済力をもってはいるが，航空機産業が発展しているとはいえない。航空機はアルミニウムを多用し，アルミニウムの精錬には大きな電力を必要とするので，南米では水力発電が盛んなブラジルで発展した。しかし，ブラジルでは，発電コストの上昇などから，産業構造が変化しつつある。なお，アルゼンチンは，豊富な農産物を利用した食品加工業が著名である。　5．フランスのアルザス・ロレーヌ地方は確かに鉄鉱石で有名であった。しかしながら，現在ではほぼ枯渇しており，フランスの鉄鋼業は鉄鉱石の輸入に有利な沿岸地方に移っている。

11　1

**解説　** 1．正しい。山東半島南部に位置する青島に関する記述である。黄海に面した戦略的な位置によって港湾インフラが発展し，国内外の貿易や経済活動において様々な役割を果たしている。　2．誤り。澳門ではなく，香港に関する記述である。澳門は，歴史的建造物やカジノなどで知られる中国の特別行政区である。澳門は，ポルトガルの植民地時代から同国の深い文化的

な影響がみられた。なお，1999年に中国に返還された。　3．誤り。北京の産業に関する記述は正しいが，宝山製鉄所があるのは上海である。なお，北京には多くのサービス業などが集中しており，国内外の企業や機関が拠点を置くなどし，様々なビジネス活動も盛んに行われている。　4．誤り。華北で盛んなのは，肥沃な平原地帯と四季の気候の変化を利用した畑作であり，華中では米の二毛作が，華南では米の二期作が行われている。　5．誤り。タリム盆地は中国の新疆ウイグル自治区の南部に位置し，その大部分はタクラマカン砂漠が占めている旨の記述は正しいが，盆地周辺部のオアシスでは，綿花，小麦，トウモロコシ，果実などが栽培されている。なお，鉱物資源にも富んでおり，特に石油や天然ガス，石炭，塩などが産出され，中国のエネルギーや化学産業の重要な資源地域として注目されている。

第3部

教養試験
自然科学

- 数　学
- 物　理
- 化　学
- 生　物
- 地　学

| 自然科学 | 数　学 |

POINT

　数学の分野では，高校までの学習内容が出題される。教科書に出てくる公式を覚えるだけではなく，応用問題への対応が必要となる。以下に示す単元ごとの最重要事項を確実に押さえ，本書でその利用法を習得しよう。

　「数と式」の内容では，一見何をしたらよいか分かりづらい問題が出てくるが，「因数分解」，「因数定理」，「剰余の定理」，「相加平均・相乗平均の関係」などを用いることが多い。その他にも，「分母の有理化」や根号，絶対値の扱い方などをしっかり確認しておこう。

　「方程式と不等式」の内容では，特に二次方程式や二次不等式を扱う問題が頻出である。「二次方程式の解と係数の関係」，「解の公式」，「判別式」を用いた実数解や虚数解の数を求める問題は確実にできるようにしたい。また，「二次不等式の解」，「連立不等式の解の範囲」については，不等号の向きを間違えないように注意しよう。余裕があれば，「三次方程式の解と係数の関係」や「円の方程式」なども知っておきたい。

　「関数」の内容でも，中心となるのは二次関数である。「二次関数のグラフの頂点」，「最大値と最小値」，「x軸との共有点」は確実に求められるようにしよう。また，グラフを「対称移動」や「平行移動」させたときの式の変形もできるようにしたい。その他にも，「点と直線の距離」，「三角関数」の基本的な公式なども知っておきたい。

　「数の性質」の内容では，「倍数と約数」，「剰余系」，「n進法」などの問題が出題される。これらについては，とにかく多くの問題を解いてパターンを覚えることが重要である。

　「微分・積分」の内容では，グラフのある点における「接線の方程式」，グラフに囲まれた「面積」が求められるようになっておきたい。

　「場合の数と確率」の内容では，まずは順列・組合せと確率計算が正しくできなければならない。その際，場合の数が多かったり抽象的であったりして考えにくいようであれば，樹形図の活用や問題の具体的な内容を書き出すことで，一般的な規則性が見つかり解法が分かることがある。余事象を利用することで，容易に解ける問題もある。「同じものを含む順列」，「円順列」など

もできるようにしたい。

「数列」の内容では，等差数列，等比数列，階差数列の一般項や和の公式を覚えよう。余裕があれば，群数列にも慣れておこう。

「図形」の内容では，三角形の合同条件・相似条件，平行線と角に関する性質，三角形・四角形・円などの基本的性質や，面積の計算方法などは必ずと言ってよいほど必要となるので，しっかりと整理しておくこと。

数学の知識は「判断推理」や「数的推理」の問題を解く際にも必要となるため，これらと並行して取り組むようにしたい。

👉 **狙われやすい！ 重要事項** ....

☑ **二次方程式・不等式**
☑ **二次関数の最大値・最小値**
☑ **平面図形の面積**

《 演 習 問 題 》

1 $x = \dfrac{2}{\sqrt{7}+\sqrt{3}}$，$y = \dfrac{2}{\sqrt{7}-\sqrt{3}}$ のとき，$x^2 + y^2$ の値として正しいものはどれか。

　1　5　　　　2　9　　　3　$\sqrt{21}$　　　4　$-\sqrt{21}$　　　5　7

2 横が縦より4m長い長方形の土地がある。この土地に図のように幅が2mの道をつくった。残った4つの長方形の土地の面積の合計が60m²のとき，この土地の縦の長さは次のうちどれか。

　1　10m
　2　11m
　3　12m
　4　13m
　5　15m

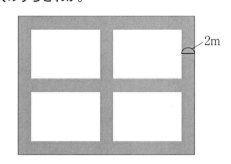

2m

$\boxed{3}$　連立不等式$2x-12<10-2x$, $10x+2\leqq12x+2a$を満たすxの整数値が1つになる場合のaの範囲として, 正しいものはどれか。

　　1　$2<a\leqq3$　　　　2　$-3<a\leqq-2$　　　3　$-3\leqq a<-2$
　　4　$-4<a\leqq-3$　　　5　$-4\leqq a<-3$

$\boxed{4}$　8%の食塩水と12%の食塩水を3：1で混ぜた食塩水400gがある。ここに, 14%の食塩水100gを混ぜたときにできる食塩水の濃度として, 正しいものはどれか。

　　1　5%　　2　10%　　3　15%　　4　20%　　5　25%

$\boxed{5}$　座標上の点$(2, -1)$と直線$3x-4y-20=0$の距離として, 正しいものはどれか。

　　1　$\dfrac{1}{2}$　　　2　1　　　3　$\dfrac{3}{2}$　　　4　2　　　5　$\dfrac{5}{2}$

$\boxed{6}$　すべての実数xに対して二次不等式$ax^2+6x+a<0$が成り立つようなaの範囲は, 次のうちどれか。

　　1　$a<-3$　　　　　2　$3<a$　　　3　$a<-3$, $3<a$　　　4　$0<a<3$
　　5　$-3<a<3$

$\boxed{7}$　次図において, V地点から塔の頂点Yを見上げたところ, 仰角θは45°であったが, W地点まで移動すると, 仰角θは60°になった。VW間の距離を100mとすると, 塔の高さXYとして正しいものはどれか。

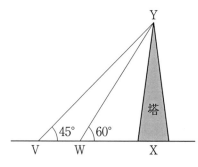

　　1　$(110+20\sqrt{3})$m
　　2　$(120+30\sqrt{3})$m
　　3　$(150+50\sqrt{3})$m
　　4　$(170+30\sqrt{3})$m
　　5　$(170+50\sqrt{3})$m

次図のように放物線 $y = 9 - x^2$ と x 軸に内接する長方形 ABCD がある。この長方形の周の長さの最大値として，正しいものはどれか。

1　18cm

2　18.5cm

3　19.5cm

4　20cm

5　21cm

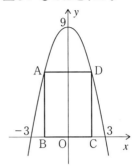

9 分子と分母との和が 50 である既約分数がある。これを小数で表して小数第 1 位未満を四捨五入すれば 0.4 になるという。この分数として，正しいものはどれか。ただし，この分数は正の数とする。

1　$\dfrac{13}{37}$　　2　$\dfrac{19}{31}$　　3　$\dfrac{15}{35}$　　4　$\dfrac{9}{41}$　　5　$\dfrac{7}{43}$

10 「GOUKAKU」の 7 文字をすべて 1 列に並べるとき，両端に K がくる確率はいくらか。

1　$\dfrac{1}{15}$　　2　$\dfrac{1}{18}$　　3　$\dfrac{1}{21}$　　4　$\dfrac{1}{24}$　　5　$\dfrac{1}{27}$

11 次図は，1 辺の長さが 3cm の正方形を底面とする高さ 2cm の正四角錐である。これに内接する球の半径として，正しいものはどれか。

1　$\dfrac{3}{4}$cm

2　$\dfrac{3}{2}$cm

3　$\dfrac{1}{4}$cm

4　$\dfrac{1}{2}$cm

5　1cm

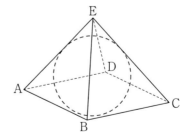

12 次図において，平行四辺形ABCDの対角線AC，BDの交点をOとする。また辺BC上にBP：PC＝1：2となる点Pをとり，線分AC，DPの交点をQとする。平行四辺形ABCDの面積をS_1，四角形OBPQの面積をS_2とするとき，$\dfrac{S_2}{S_1}$の値として正しいものはどれか。

1　$\dfrac{1}{9}$　　2　$\dfrac{7}{60}$　　3　$\dfrac{1}{8}$

4　$\dfrac{2}{15}$　　5　$\dfrac{3}{20}$

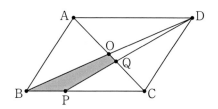

《　解　答　・　解　説　》

1　1

解説　$x + y = \dfrac{2}{\sqrt{7}+\sqrt{3}} + \dfrac{2}{\sqrt{7}-\sqrt{3}} = \dfrac{\sqrt{7}-\sqrt{3}}{2} + \dfrac{\sqrt{7}+\sqrt{3}}{2} = \sqrt{7}$

$xy = \dfrac{2}{\sqrt{7}+\sqrt{3}} \cdot \dfrac{2}{\sqrt{7}-\sqrt{3}} = 1$

したがって，$x^2 + y^2 = (x+y)^2 - 2xy = (\sqrt{7})^2 - 2 \cdot 1 = 5$

以上より，正解は1。

2　3

解説　縦の長さをx〔m〕とおくと，横の長さは$(x + 4)$〔m〕と表せる。また，右図のように道を左と下に寄せると，残った長方形の縦の長さは$(x - 2)$〔m〕，横の長さは$(x - 6)$〔m〕となる。よって，

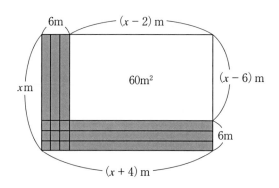

$(x - 6)(x - 2) = 60$

$x^2 - 8x + 12 = 60$

$x^2 - 8x - 48 = 0$

$(x - 12)(x + 4) = 0$

$x > 0$ より $x = 12$ 〔m〕

したがって，この土地の縦の長さは12mとなる。

以上より，正解は3。

3 5

解説 $2x - 12 < 10 - 2x$ より，$x < \dfrac{11}{2}$

また，$10x + 2 \leqq 12x + 2a$ より，$x \geqq 1 - a$

よって，$1 - a \leqq x < \dfrac{11}{2}$

ここで，$x < \dfrac{11}{2}$ を満たす最大の整数は5より，$4 < 1 - a \leqq 5$

∴ $-4 \leqq a < -3$

以上より，正解は5。

4 2

解説 食塩水400gを（8％の食塩水の量）：（12％の食塩水の量）＝ 3：1に分けると，（8％の食塩水の量）＝ $400 \times \dfrac{3}{3 + 1} = 300$〔g〕，（12％の食塩水の量）＝ $400 \times \dfrac{1}{3 + 1} = 100$〔g〕となる。ここで，それぞれの食塩水に含まれる食塩の量に注目すると，食塩水の濃度 ＝ $\dfrac{食塩の量}{食塩水の量} \times 100$ より，

8％の食塩水300gに含まれる食塩の量は，$300 \times 0.08 = 24$〔g〕

12％の食塩水100gに含まれる食塩の量は，$100 \times 0.12 = 12$〔g〕

よって，これらを混ぜた食塩水に含まれる食塩の量は，$24 + 12 = 36$〔g〕

この食塩水の濃度は，$\dfrac{36}{400} \times 100 = 9$〔％〕

次に，上記の9％の食塩水に混ぜる14％の食塩水100gに含まれる食塩の量は，$100 \times 0.14 = 14$〔g〕より，最終的にできる食塩水の濃度は，$\dfrac{36 + 14}{400 + 100} \times 100 = 10$〔％〕

以上より，正解は2。

5 4

解説　座標上の点 $(x_1,\ y_1)$ と直線 $ax + by + c = 0$ について，

点と直線の距離 $= \dfrac{|ax_1 + by_1 + c|}{\sqrt{a^2 + b^2}}$ において，$x_1 = 2$，$y_1 = -1$，$a = 3$，

$b = -4$，$c = -20$ だから，

求める距離 $= \dfrac{|3 \times 2 - 4 \times (-1) - 20|}{\sqrt{3^2 + (-4)^2}} = \dfrac{|6 + 4 - 20|}{\sqrt{9 + 16}} = \dfrac{|-10|}{5} = 2$

以上より，正解は4。

6 1

解説　二次方程式 $ax^2 + 6x + a = 0$ の判別式を D とすると

$D = 6^2 - 4 \times a \times a$

　　$= 36 - 4a^2$

題意を満たすためには，右図より二
次関数 $y = ax^2 + 6x + a$ がすべての
実数 x で x 軸より下側にあればよい
から

$a < 0 \cdots ①$

$D < 0$ より　　$36 - 4a^2 < 0$

　　　　　　　　$a^2 - 9 > 0$

　　　$(a + 3)(a - 3) > 0$

　　　$\therefore\ a < -3,\ 3 < a \cdots ②$

①，②より $a < -3$

以上より，正解は1。

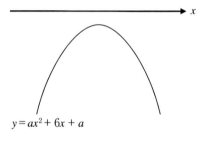

$y = ax^2 + 6x + a$

$\boxed{7}$ 3

解説 塔の高さ XY を a〔m〕とおくと，$\angle YWX = 60°$ より，$\triangle WXY$ は次図の直角三角形より，$WX : a = 1 : \sqrt{3}$ だから，$WX = \dfrac{a}{\sqrt{3}}$

一方，$\angle YVX = 45°$ より，$\triangle YVX$ は右図の直角二等辺三角形より，

$VX = XY$ だから $100 + \dfrac{a}{\sqrt{3}} = a$

$\therefore \quad a = 150 + 50\sqrt{3}$〔m〕

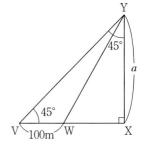

以上より，正解は3。

$\boxed{8}$ 4

解説 C の x 座標を a（$0 < a < 3$）とおくと，D の座標は，$(a, 9 - a^2)$ である。
長方形の周の長さは，$2\{a + (9 - a^2) + a\}$ と表せるから，
$f(a) = 2\{a + (9 - a^2) + a\}$ の最大値を求めればよい。
$f(a) = -2(a^2 - 2a - 9) = -2\{(a - 1)^2 - 10\}$
より，$a = 1$ のとき，長方形の周の長さの最大値は20
以上より，正解は4。

$\boxed{9}$ 1

解説 この分数の分子を x，分母を y とすれば，x, y は互いに素な自然数である。
問題文より，$x + y = 50 \cdots$①

$0.35 \leqq \dfrac{x}{y} < 0.45 \qquad \therefore \quad 1.35 \leqq \dfrac{x + y}{y} < 1.45$

①を代入して，$1.35 \leqq \dfrac{50}{y} < 1.45$

$\therefore \quad \dfrac{50}{1.35} \geqq y > \dfrac{50}{1.45} \qquad$ よって，$37.03\cdots \geqq y > 34.4\cdots$

これを満たす y の整数値は，$y = 35, 36, 37$
これらを①に代入して対応する x を求めると $x = 15, 14, 13$ となり，これらのうち互いに素である x, y は $x = 13, y = 37$ の1組だけである。

したがって，この分数は$\dfrac{13}{37}$となる。

以上より，正解は1。

10 3

解説 「GOUKAKU」の7文字を1列に並べるとき，この中にはKが2個，Uが2個含まれているので，同じものを含む順列の公式より，並べ方は$\dfrac{7!}{2!2!}$

$=\dfrac{7 \times 6 \times 5 \times 4 \times 3 \times 2 \times 1}{2 \times 1 \times 2 \times 1}=1260$〔通り〕となる。

また，両端にKがくるとき，残り5文字の中にはUが2個含まれているので，これらを1列に並べる並べ方は，$\dfrac{5!}{2!}=5 \times 4 \times 3=60$〔通り〕となる。

したがって，求める確率は$\dfrac{60}{1260}=\dfrac{1}{21}$

以上より，正解は3。

11 1

解説 以下に，断面図を示す。ただし，辺AB，CDの中点をそれぞれM，Nとし，球の中心をO，球面が△ABEと接する点をX，底面の正方形ABCDと接する点をYとする。

求める半径は，OXであり，OX＝OYである。

△EMYは直角三角形であるので，三平方の定理より，

$EM^2=\left(\dfrac{3}{2}\right)^2+2^2=\dfrac{25}{4}$　　∴　$EM=\dfrac{5}{2}$〔cm〕

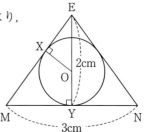

ここで，△EOX∽△EMYより，

辺の比は，MY：YE：EM＝OX：XE：EO

＝3：4：5となる。

さらに，EO＝YE－OY＝2－OYであり，

OX＝OYなので，EO＝2－OXとなる。

よって，

OX：EO＝OX：（2－OX）＝3：5　　∴　$OX=\dfrac{3}{4}$〔cm〕

以上より，正解は1。

2

解説 $\triangle AQD \backsim \triangle CQP$ より，

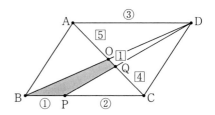

$$AQ : CQ = AD : CP$$
$$= 3 : 2 \quad \text{なので}$$

$$CQ = \frac{2}{5} AC$$

ここで，$OQ = OC - QC$

$$= \frac{1}{2} AC - \frac{2}{5} AC$$

$$= \frac{1}{10} AC$$

よって，$OQ : QC = \frac{1}{10} AC : \frac{2}{5} AC = 1 : 4$

さらに，$BP : PC = 1 : 2$ より，

$$\triangle DBP = \frac{1}{3} \triangle DBC = \frac{1}{3} \cdot \frac{1}{2} S_1 = \frac{1}{6} S_1$$

また，$OQ : QC = 1 : 4$ より，

$$\triangle DOQ = \frac{1}{5} \triangle DOC = \frac{1}{5} \cdot \frac{1}{4} S_1 = \frac{1}{20} S_1$$

$$S_2 = \triangle DBP - \triangle DOQ = \frac{1}{6} S_1 - \frac{1}{20} S_1 = \frac{7}{60} S_1$$

したがって，$\dfrac{S_2}{S_1} = \dfrac{7}{60}$

以上より，正解は2。

自然科学　　物　理

############ **P O I N T** ############

　物理の分野では，ほとんどが高校物理の内容を中心とした問題で，下記の
いずれの単元からも出題される可能性がある。しかし，出題パターンは限ら
れており，優先的に取り組むべきなのは「力学」で，「電磁気」，「波動」がこ
れに続く。ほとんどが計算問題であるが，正誤問題や穴埋め問題が出る場合
もある。

　「力学」では，「等速直線運動」や「等加速度直線運動」が基本となり，「落
体の運動」，「斜面をすべる物体の運動」などはこれらの知識を用いて解いてい
くことになる。また，覚えた公式をどの問題で，どういう形で利用するのか，
自身で判断できるようにならなければいけない。例えば，「落体の運動」では
自由落下，鉛直投げ下ろし，鉛直投げ上げ，水平投射，斜方投射といった
様々な運動形態が出てくる。その他にも，「糸の張力」，「ばねの弾性力」，「浮
力」といった力の種類や，「仕事とエネルギー」，「運動量」などを題材にした
問題も多い。

　「熱と気体」では，「熱量の保存」に関する計算問題や，「物質の三態と状態
変化」に関する正誤問題または穴埋め問題が頻出である。覚えることが少な
い単元なので，しっかりと練習しておけば得点源になりやすい。

　「波動」では，まず波の基本公式を覚え，波長，振動数，速さ，周期といっ
た物理量を用いて，式変形ができるようになっておくべきである。そして，
最も重要なのが「ドップラー効果」を題材にした計算問題であり，基本公式は
確実に覚えておかなければならない。そのうえで，音源と観測者が静止して
いる場合，近づく場合，遠ざかる場合によって，基本公式の速度の符号が変
わることに気を付けてほしい。実際の試験問題では，問題文からいずれの場
合であるか読み取り，自身の判断で公式を立てられるようにならなければい
けない。なお，この単元では波の性質（反射，屈折，回折，干渉など）やそ
の具体例，温度と音速の関係など，基本的性質を問う正誤問題が出題される
ことが多いので注意しよう。

　「電磁気」では，コンデンサーや電気抵抗のある電気回路を題材にした計算

問題が非常に多い。公式としては，「オームの法則」，「合成抵抗」，「合成容量」，「抵抗率」に関するものは確実に使えるようになっておきたい。余力があれば，「キルヒホッフの法則」も覚えておこう。計算パターンは限られているが，コンデンサーや抵抗の数，および接続方法を変えた多様な問題が出題されるので注意が必要である。接続方法には「直列接続」と「並列接続」があり，実際の試験問題では与えられた電気回路のどこが直列（または並列）接続なのか自身で判断できなければならない。

　「原子」では，まずはα線，β線，γ線の基本的な性質や違いを理解しよう。そのうえで，「核分裂」や「核融合」の反応式が作れること，「放射性原子核の半減期」に関する計算問題ができるようになっておこう。この単元も，是非とも得点源にしたい。

　学習方法としては，本書の例題に限らずできるだけ多くの問題を解くことである。公式を丸暗記するより，具体的な問題を解きながら考える力を養っていこう。難問が出題されることはほとんどないので，教科書の練習問題や章末問題レベルに集中して取り組むようにしたい。

狙われやすい！ 重要事項

☑ 力のつりあい
☑ 等加速度運動
☑ 音波の性質
☑ 電気回路

《　演 習 問 題　》

1 図のように，天井から，長さ1mのロープに重さ100Nのおもりをつけてつるした後，水平方向に x〔N〕の力を加えて水平方向に80cmずらし，静止させたとき，x の値の概数として最も妥当なものはどれか。ただし，ロープ自体の重さは無視できるものとし，概数は小数第2位を四捨五入して求めるものとする。

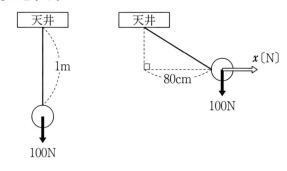

1　113.3　　2　123.3　　3　133.3　　4　146.7　　5　156.7

2 波動と音に関する記述として，妥当なものはどれか。

1　静止している状態の観測者に音源が近づく場合，音の速さが変化することによって音が高く聞こえる。

2　ビルなどの障害物によって振動が伝わらないような場合でも，障害物の裏側に波がまわり込んで伝わる現象を回折といい，波長が長いほどよく回折する特徴がある。

3　ドップラー効果とは，2つの音源から出た音波が重なり合うことで，振動が消える現象のことである。

4　夜になると遠くの音がよく聞こえるのは，夜間は昼に比べ地表付近の空気の温度が下がり，音が上向きに屈折するからである。

5　光も音波と同様に波の性質を持っており，どちらも真空中で最も速く伝わる。

3 　10Ωの抵抗3つを図のようにつないだ後，直流電源に接続したところ，点Cでは，2Aの電流が流れていた。このとき，直流電源の電圧とAB間の電圧の組み合わせとして正しいものはどれか。

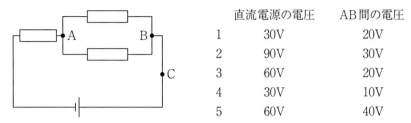

	直流電源の電圧	AB間の電圧
1	30V	20V
2	90V	30V
3	60V	20V
4	30V	10V
5	60V	40V

4 　長さ ℓ の軽い糸に質量 m のおもりをつけた振り子がある。図のように，糸が鉛直線と60°の角をなす位置Aからおもりを静かにはなすと，おもりはAC間を往復する。重力加速度の大きさを g とする。このとき，おもりが，鉛直線上の点Bを通過してから点Cに達するまでの間に，重力がおもりにする仕事 W_C の値として正しいものはどれか。

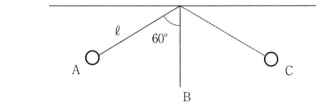

$1 \quad -\dfrac{mg\ell}{2} \qquad 2 \quad -\dfrac{mg\ell}{3} \qquad 3 \quad -\dfrac{mg\ell}{4} \qquad 4 \quad -\dfrac{mg\ell}{5} \qquad 5 \quad -\dfrac{mg\ell}{6}$

5 　なめらかな水平面上に質量5.0kgの物体が静止している。その物体を一定の力 F で引いたところ5.0秒後に4m/sになった。物体を引いている力 F はいくらか。

$1 \quad 1.0N \qquad 2 \quad 2.0N \qquad 3 \quad 3.0N \qquad 4 \quad 4.0N \qquad 5 \quad 5.0N$

6　図のように同じ6本のばねを，それぞれ違うつなぎ方をして，50gの
おもりをつりさげた。ばねの質量を無視するとき，Aのばねと同じ長さだ
け伸びるものをすべて選んでいるのはどれか。

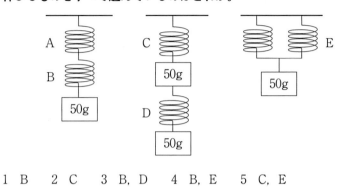

1　B　　2　C　　3　B, D　　4　B, E　　5　C, E

7　下の図の回路において，電流I_2の大きさはいくらか。ただし，図中の
→は電流の流れる方向を示し，電池の内部抵抗は無視できるものとする。

1　0.30A
2　0.80A
3　1.1A
4　7.3A
5　14A

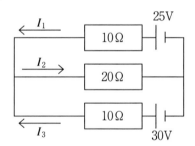

《 解 答 ・ 解 説 》

1 3

解説 おもりに対して水平方向に力 x〔N〕を加えて静止させたとき，次のような力のつりあいが成り立つ。

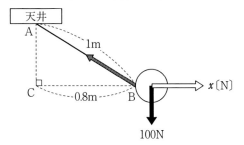

ここで，天井とロープの接点をA，ロープとおもりの接点をB，Aから鉛直に降ろした線とBから水平に引いた線の交点をCとすると，△ABCは∠Cを直角とする直角三角形である。

また，三平方の定理より，

$AC = \sqrt{1^2 - (0.8)^2} = \sqrt{0.36} = 0.6$〔m〕

よって，AB：BC：CA = 5：4：3が成り立つ。これらの比は，それぞれ糸の張力の大きさ，おもりに対して水平に加えた力の大きさ，おもりにはたらく重力の大きさに対応しているので，

$x：100 = 4：3$ より，$x = \dfrac{100 \times 4}{3} \fallingdotseq 133.3$〔N〕

以上より，正解は3。

2 2

解説 1. 誤り。音が高く聞こえるのは，音の速さが変化するためではなく，振動数が大きくなることによるためである。また，音の速さは温度によって決まる。　2. 正しい。高い音は回折しにくく，低い音は回折しやすい。3. 誤り。ドップラー効果とは，観測者と音源が互いに近づいたり遠ざかったりすることで音の高さが変わる現象である。選択肢の内容は，干渉に関する記述である。　4. 誤り。夜になると遠くの音がよく聞こえるのは，音が下向きに屈折するためである。　5. 誤り。光は真空中を伝わるが，音は真空中を伝わらない。

3 4

解説 問題文の電気回路の3つの抵抗をそれぞれa，b，cとする。
抵抗a，bは並列に接続されているので，抵抗a，bの合成抵抗をR_{ab}とすると，

$$\frac{1}{R_{ab}} = \frac{1}{10} + \frac{1}{10} = \frac{1}{5}, \quad R_{ab} = 5 \ [\Omega]$$

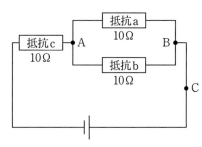

ここで，回路に流れる電流の大きさは2Aであり，a，bの合成抵抗と抵抗cは直列に接続されているので，オームの法則より，

（AB間の電圧）$= 2 \times 5 = 10 \ [V]$

一方，この回路全体の抵抗をR_{abc}とすると，

$$R_{abc} = 10 + 5 = 15 \ [\Omega]$$

したがって，（直流電源の電圧）$= 2 \times 15 = 30 \ [V]$
以上より，正解は4。

4 1

解説 次の図のように，軽い糸の先端の点をD，点AとCを結んだ線とDBの交点をEとする。

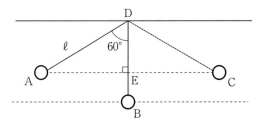

点Bにおけるおもりの高さを基準にとると，このおもりが点Cに達したとき，高さBEだけおもりが持ち上げられることになる。
ここで，△ADEは直角三角形なので，

$$DE = \ell \cos 60° = \frac{\ell}{2}$$

よって，$BE = BD - DE = \ell - \dfrac{\ell}{2} = \dfrac{\ell}{2}$

おもりにはたらく重力の大きさはmgであり，おもりは重力と逆向きに$\dfrac{\ell}{2}$だけ変位するので，

$$W_C = -mg \times \dfrac{\ell}{2} = -\dfrac{mg\ell}{2}$$

以上より，正解は1。

---

5 4

解説 物体には一定の力が加わっているので，この物体は等加速度直線運動をしている。物体の初速度をv_0〔m/s〕，速度をv〔m/s〕，加速度をa〔m/s²〕，時刻をt〔s〕とすると，

$$v = v_0 + at$$

$$a = \dfrac{v - v_0}{t} = \dfrac{4 - 0}{5.0} = 0.8 \ \text{〔m/s}^2\text{〕}$$

したがって，物体を引く力Fは，運動方程式より，

$$F = 5.0 \times 0.8 = 4.0 \ \text{〔N〕}$$

以上より，正解は4。

---

6 3

解説 同じばねが伸びる長さは，ばねにつりさげた物体の重さに比例する。よって，それぞれのばねにかかる物体の重さを考える。

ばねA：50gのおもりを1個つりさげるので，50g

ばねB：50gのおもりを1個つりさげるので，50g

ばねC：50gのおもりを2個つりさげるので，50g × 2 = 100〔g〕

ばねD：50gのおもりを1個つりさげるので，50g

ばねE：2本のばねで50gのおもりを1個つりさげるので，50g × $\dfrac{1}{2}$ = 25〔g〕

したがって，ばねAと同じ長さだけ伸びるのは，同じ重さのおもりをつるしているばねB，Dとなる。

以上より，正解は3。

7 3

解説　キルヒホッフの第1法則では，回路中の任意の分岐点に流れ込む電流の総和と，流れ出る電流の総和は等しいので，

$$I_1 + I_3 = I_2 \quad \cdots ①$$

第2法則では，回路中の任意の閉じた経路に沿って1周するとき，電池の起電力の総和は抵抗による電圧降下の総和に等しいので，

$$25 = 10I_1 + 20I_2 \quad \cdots ②$$
$$30 = 10I_3 + 20I_2 \quad \cdots ③$$

②より，$I_1 = 2.5 - 2I_2$

③より，$I_3 = 3 - 2I_2$

これらを①に代入すると，

$$(2.5 - 2I_2) + (3 - 2I_2) = I_2$$
$$5.5 = 5I_2$$

よって，$I_2 = 1.1 〔A〕$

自然科学　　　化学

化学

||||||||||||||||||||||||||||||||||||||||| P O I N T |||||||||||||||||||||||||||||||||||||||||

　化学の分野では，ほとんどが高校化学の内容から出題される。「理論化学」，「無機化学」，「有機化学」に大別されるが，主に「理論化学」からの出題が多い。また，「無機化学」や「有機化学」の内容は，「理論化学」の内容が分かれば理解・暗記がしやすいので，まずは「理論化学」に優先的に取り組むとよい。

　「理論化学」では，計算問題とそれ以外の問題が同じぐらいの割合で出題される。計算問題としては，化学反応式をもとにした物質の質量，体積，物質量などの計算や，与えられた原子量から化合物の式量や分子量を求めることが必須である。そのうえで，気体の状態方程式（圧力，体積，絶対温度など），混合気体の分圧や全圧，溶解度を用いた物質の析出量，熱化学方程式を用いた反応熱，中和滴定に必要な酸や塩基の体積や濃度，酸や塩基のpH，電気分解で析出する物質の質量などが求められるようになっておきたい。その他には，化学理論（分圧の法則など），物質の分離法，化学結合，物質の状態変化，化学平衡，コロイド溶液，化学電池などについてしっかり整理しておこう。

　「無機化学」では，計算問題はほとんど出題されず，大部分が物質の性質を問う正誤問題である。まずは，元素周期表の特徴をしっかりと理解し，性質の似た物質のグループがあることを把握すること。また，イオン化エネルギーや電気陰性度など，周期表と大きく関わる用語を覚えよう。無機物質は金属と非金属に大別される。金属では，1族の金属，2族の金属の他に，鉄，銅，銀，アルミニウム，チタンなどの代表的な金属の性質，化学反応，製法を覚えておくこと。非金属では，ハロゲン，希ガス，炭素やケイ素の性質，化学反応を覚えておくこと。そのうえで，代表的な気体（酸素，窒素，二酸化炭素，アンモニアなど），溶液（塩酸，硫酸，硝酸など）などについて，教科書レベルの知識を身に付けておきたい。

　「有機化学」では，計算問題としては有機化合物の元素分析の結果から分子量が求められるようになろう。その他には，教科書レベルの代表的な有機化合物の性質や反応性を覚えること，高分子化合物については，樹脂，繊維，ゴムなどに利用される物質について整理しておこう。

　本書に限らず，できるだけ多くの公務員試験の問題に触れ，解いた問題を

中心に知識を増やしていこう。出題傾向がつかめたら，大学入試センター試験や大学入学共通テストから類題を探すのもよい。

☞ 狙われやすい！ **重要事項** ⋯⋯⋯⋯⋯⋯⋯⋯⋯⋯⋯⋯⋯⋯⋯⋯

☑ **基礎的な化学理論**
☑ **物質の状態変化**
☑ **酸と塩基**
☑ **化学平衡**
☑ **無機物質の性質**

《 **演 習 問 題** 》

1 0.10mol/Lのシュウ酸20mLを硫酸酸性とした溶液に過マンガン酸カリウム溶液を加え，過不足なく反応するのに40mL要した。このとき，過マンガン酸カリウムの濃度として正しいものはどれか。

　1　0.010mol/L　　2　0.020mol/L　　3　0.030mol/L
　4　0.10mol/L　　5　0.20mol/L

2 物質に関する記述について，次のA～Dに入る語句の組み合わせとして，最も妥当なものはどれか。

　（　A　）とは，海水，空気，泥水のように，物理的な方法により2種類以上の（　B　）に分離できる物質のことをいう。また，アルミニウムなどのように，蒸留，ろ過などの物理的な方法によっても分離することができないような物質を（　B　）という。

　また多くの元素には何種類かの（　C　）が存在しているが，質量数の大きい（　C　）の中には放射線を出す（　C　）があり，これを（　D　）という。

	A	B	C	D
1	純物質	混合物	同素体	中性子
2	混合物	純物質	同素体	中性子
3	純物質	混合物	同素体	電子
4	混合物	純物質	同位体	放射性同位体
5	純物質	混合物	同位体	放射性同位体

3 金属のイオン化傾向に関する記述として，妥当なものはどれか。

1 一般に，イオン化傾向が大きい金属は，水溶液中で酸化しやすい性質を合わせ持っている。

2 金属の中で白金は最もイオン化傾向が小さく，安定的であるため，貴金属として用いられる。

3 金は，他の物質と化合しにくく，液体に溶かすことは不可能である。

4 マグネシウムは，比較的イオン化傾向が大きいため，常温で水と激しく反応して水素を発生させる。

5 銅イオン水溶液に亜鉛を入れたときに銅が亜鉛の表面に付着するのは，銅の方が亜鉛よりもイオン化傾向が大きいからである。

4 金属に関する記述として，妥当なのはどれか。

1 スラグは，溶鉱炉で鉄鉱石から得られる鉄のことであり，これを転炉などで精練し，不純物の含有量を少なくすると，粘りのある銑鉄となる。

2 ナトリウムは，空気中で反応しやすいことから石油中に保存され，炎色反応では黄色を示す。

3 亜鉛は，青味を帯びた銀白色の金属であり，希酸などの酸とは反応するが塩基とは反応しない。

4 アルミナと氷晶石の混合物の溶融塩電解によって生成されるアルミニウムは，銀白色の金属で濃硝酸，濃硫酸によく溶ける。

5 常温で固体の金属である水銀は，イオン化傾向が非常に大きく，色は銀白色である。

5 物質の状態とその変化に関する記述として，正しいものはどれか。

1 物質は，温度によって固体，液体，気体に変化する。液体が気体になることを昇華といい，気体が液体になることを凝縮という。

2 共有結合は，2個以上の原子が価電子を出し合い，共有することによって生じる。この結合の下で結びついている物質は，一般に電気伝導性を持たないが，黒鉛は例外的に電気を通す。

3 ファンデルワールス力による結合は，展性や延性に富む性質を持つ結晶を形成する。また，結晶を構成する原子が価電子を放出して陽イオンとなり，その間を放出された自由電子が自由に移動するため，電気を通す性質を持つ。

4　不純物を含まない固体を熱すると，融点に達した時点で液体になる。このとき，固体のうち概ね半分が液体となった時点から，急激に温度が上昇する。

5　固体から液体に変化するために必要な熱量は融解熱，液体から気体に変化するために必要な熱量は気化熱と呼ばれる。一般に，融解熱は気化熱に比べて大きい。

---

[6]　**化学変化に関する記述として，妥当なものはどれか。**

1　気体が関係する化学反応において，同温かつ同圧の下で反応する気体の体積間には簡単な整数比が成り立つ。

2　化学反応において，正触媒を加えると，活性化エネルギーが増大することを通じて反応速度が大きくなる。

3　可逆反応において，実際に反応が停止した状態を化学平衡といい，この状態に達した後に濃度や圧力など条件を変えても，新たな化学変化は起こらず不変の状態が続く。

4　中和反応とは，酸の水素イオンと塩基の水酸化物イオンが反応し，水が生成することによってそれぞれのイオンの性質が打ち消される反応であり，物質によって吸熱反応と発熱反応のいずれかを示す。

5　ケン化と呼ばれる反応を利用して作られるのがセッケンであり，具体的には，油脂に酸を加えることによって製造される。

---

[7]　**5.0×10^5〔Pa〕，27℃，10Lの気体を，温度を変えずに25Lになるまで膨脹させると，圧力はいくらになるか。**

1　1.0×10^5〔Pa〕　　2　1.5×10^5〔Pa〕

3　2.0×10^5〔Pa〕　　4　5.0×10^5〔Pa〕

5　12.5×10^5〔Pa〕

---

[8]　**物質の変化に関する記述として，妥当なものはどれか。**

1　塩基は青色リトマス紙を赤色に変え，酸はBTB溶液を黄色に変える。

2　ショ糖は水に溶かすことができるが，これは化学変化の一つである。この場合の水を溶質，ショ糖を溶媒，できた液体を溶液という。

3　酸とは水素イオンを受け取る物質である，とする定義はブレンステッド・ローリーの定義である。

4 酢酸を水酸化ナトリウム水溶液で中和滴定する場合，メチルオレンジは指示薬として不適切である。
5 物質の化学変化や状態変化が起こる場合は，かならず熱が発生し，熱を吸収するような反応は起こらない。

⑨ 水素とヨウ素が反応してヨウ化水素ができる反応が平衡状態に達すると，次の化学反応式で示される。

$$H_2 + I_2 \rightleftarrows 2HI$$

ある温度において，容積10Lの密閉容器に水素，ヨウ素を0.90molずつ入れてしばらく放置すると，やがてヨウ化水素が1.4mol生じて平衡状態に達した。この温度における平衡定数はいくらか。ただし，この反応においてすべての物質は気体である。

1　2.0　　2　20　　3　35　　4　49　　5　98

《 解 答 ・ 解 説 》

①　2

解説 過マンガン酸カリウムは酸化剤，シュウ酸は還元剤であり，それぞれの反応は次のように表せる。

$$MnO_4^- + 8H^+ + 5e^- \rightarrow Mn^{2+} + 4H_2O \quad \cdots ①$$
$$H_2C_2O_4 \rightarrow 2H^+ + 2CO_2 + 2e^- \quad \cdots ②$$

電子e^-の係数を合わせるため，①を2倍，②を5倍する。

$$2MnO_4^- + 16H^+ + 10e^- \rightarrow 2Mn^{2+} + 8H_2O \quad \cdots ①'$$
$$5H_2C_2O_4 \rightarrow 10H^+ + 10CO_2 + 10e^- \quad \cdots ②'$$

①'と②'を足すと，以下のようになる。

$$2MnO_4^- + 5H_2C_2O_4 + 6H^+ \rightarrow 2Mn^{2+} + 8H_2O + 10CO_2 \quad \cdots ③$$

ここで，シュウ酸および過マンガン酸カリウムの物質量は，過マンガン酸カリウムの濃度をx〔mol/L〕とすると，

シュウ酸…0.10×0.020〔mol〕
過マンガン酸カリウム…$0.040 \times x$〔mol〕

③より，シュウ酸：過マンガン酸カリウム＝5：2の比率で反応するので，

$$0.10 \times 0.020 : 0.040 \times x = 5 : 2$$

これを解いて，$x = 0.020$〔mol/L〕
以上より，正解は2。

2 4

解説　A，B　純物質とは他の物質が混じっていない単一の物質のこと，混合物とは複数の物質が混じった状態の物質のことである。　C　同位体とは陽子数が等しく中性子数が異なるため質量数の異なる原子同士のこと，同素体とは同じ元素からできているが化学的性質の異なる単体同士のことで，例えば酸素O_2とオゾンO_3の関係である。　D　同位体の中でも，原子核が不安定なため放射線を出して崩壊するものを放射性同位体という。

　以上より，Aには「混合物」，Bには「純物質」，Cには「同位体」，Dには「放射性同位体」が入るので，正解は4。

3 1

解説　1．正しい。金属のイオン化傾向とは，水溶液中において電子を放出して陽イオンになろうとする性質である。酸化とは，電子を失うことを意味するので，イオン化傾向が大きいということは，酸化しやすい性質を持つという意味である。　2．誤り。白金が貴金属として用いられている点は正しいが，白金よりも金の方がイオン化傾向は小さい。　3．誤り。金と白金は，濃硝酸と濃塩酸を体積比1：3の割合で混合した王水に溶ける。　4．誤り。常温の水と反応して水素を発生するのは，リチウム，カリウム，カルシウム，ナトリウムである。マグネシウムは熱水と反応し，水素を発生させる。　5．誤り。「大きい」を「小さい」に変えると，正しい記述になる。

4 2

解説　1．誤り。溶鉱炉で鉄鉱石から得られる鉄を銑鉄とよび，その際生じる不純物がスラグである。銑鉄を転炉などで精錬し不純物の含有量を少なくすると，粘りのある鋼になる。　2．正しい。ナトリウムは，空気中の水蒸気と反応し水素を発生するので，石油中に保存する。　3．誤り。亜鉛は，酸とも塩基とも反応する両性金属である。　4．誤り。アルミニウムは，濃硝酸，熱濃硫酸に対して酸化被膜（不動態）をつくるため溶けない。　5．誤り。水銀は，常温で唯一液体の金属であり，イオン化傾向は小さい。

5 2

解説 1. 誤り。固体が気体になることを昇華という。液体が気体になるのは，蒸発である。 2. 正しい。共有結合は，非常に強い結合であり，ダイヤモンドや水晶などは，非常に硬いという性質を持つ。 3. 誤り。「ファンデルワールス力による結合」を「金属結合」とすると正しい記述になる。ファンデルワールス力は分子間力のことであり，これに基づく分子結晶は，ドライアイスやナフタレンのように，やわらかく，もろい性質を持つ。 4. 誤り。固体がすべて液体になるまで，温度は変化しない。 5. 誤り。一般に，融解熱は気化熱に比べて小さい。

6 1

解説 1. 正しい。気体反応の法則についての記述である。 2. 誤り。正触媒を加えた場合，活性化エネルギーが減少することを通じて反応速度が大きくなる。 3. 誤り。化学平衡の状態では，反応は止まっているように見えるものの，実際に止まっているわけではなく，右向きの反応と左向きの反応の速度が等しくなっている。また，化学平衡に達した後も，濃度，圧力，温度の影響により反応が進み，新たな平衡状態に達する。 4. 誤り。中和反応は発熱反応であり，そこで生じる熱を中和熱という。 5. 誤り。セッケンは，油脂に塩基である水酸化ナトリウムを加えて加熱することによって作られる。

7 3

解説 膨張後の気体の圧力を P〔Pa〕とすると，ボイルの法則より，

$$(5.0 \times 10^5) \times 10 = P \times 25$$

$$P = \frac{(5.0 \times 10^5) \times 10}{25} = 2.0 \times 10^5 〔Pa〕$$

以上より，正解は3。

8 4

解説 1. 誤り。塩基の水溶液は赤色リトマス紙を青色に変える。青色リトマス紙を赤色に変えるのは酸である。BTB溶液は酸性で黄色，中性で緑色，塩基性で青色になる。 2. 誤り。ショ糖が水に溶ける場合，ショ糖を溶質，水を溶媒という。溶解は化学変化ではなく，物理変化である。 3. 誤り。

「水素イオンを受け取る物質は塩基であり，水素イオンを他に与える物質が酸」とするものを，ブレンステッド・ローリーの定義という。　4．正しい。酢酸は弱酸であり，水酸化ナトリウム水溶液は強塩基である。弱酸と強塩基の中和では中和点のpHが7より大きい方にずれる。ところが，メチルオレンジの変色域はpHが3〜4のところなので，適正な中和滴定ができないことになる。酢酸と水酸化ナトリウム水溶液の中和滴定の指示薬としては，変色域が8〜10のフェノールフタレイン溶液が用いられる。　5．誤り。融解や蒸発のような状態変化では熱の吸収が起こる。また，化学反応でも熱の吸収を伴うものがある。

9 　4

解説　この反応における各気体の物質量の変化を表すと，

	H_2	$+$	I_2	$\rightleftarrows$	$2HI$	
はじめ	0.90		0.90		0	〔mol〕
変化量	-0.70		-0.70		$+1.4$	〔mol〕
反応後	0.20		0.20		1.4	〔mol〕

この反応における平衡定数Kは，

$$K = \frac{[HI]^2}{[H_2][I_2]}$$

各気体をモル濃度にしてこの式に代入すると，

$$K = \frac{\left(\dfrac{1.4}{10}\right)^2}{\left(\dfrac{0.20}{10}\right)\left(\dfrac{0.20}{10}\right)} = 49$$

となる。

なお，この反応における平衡定数の単位は，分子分母で〔mol/L〕²どうしで打ち消されるので，単位はなしとなる。

平衡定数は，温度のみで決まる値であり，物質の濃度が変化しても温度が変わらなければ一定の値を取る。気体の反応では，モル濃度の代わりに各気体の分圧〔Pa〕で表した圧平衡定数を用いることも多い。

自然科学 　　生 物

　生物の分野では，高校までの内容が出題される。出題形式としては，ほとんどの問題が基本的な知識を問う正誤問題や穴埋め問題で，計算問題はごく一部である。また，教科書と同じような図表が与えられる問題が多いので，図表から必要な情報を的確に読み取れるように，教科書などをしっかり読み込んでおこう。暗記事項が多いものの，中学生物の知識だけで解ける問題もあるため，効果的な学習ができれば十分得点源となる。以下に，それぞれの単元の最重要事項をまとめるので，優先的に取り組んでほしい。

　「細胞」に関する内容として，まずは「細胞小器官」の構造やはたらきを覚え，「動物細胞と植物細胞の違い」を整理しよう。次に，「細胞分裂」について「体細胞分裂の一連の流れ」を覚え，その後「減数分裂」との違いを整理しよう。さらに，「動物細胞と植物細胞の分裂の仕組みの違い」についても理解しよう。図が与えられる問題の対策としては，「どの細胞のどの分裂のどの時期か」が判断できるようになっておきたい。なお，細胞周期や分裂細胞数の計算方法にも慣れておこう。

　「遺伝子」に関する問題として，まずは「DNAとRNA」の構造やはたらきを覚え，これらの違いを整理しよう。次に，「遺伝現象」について，「メンデルの法則に従う遺伝現象」の一連の流れや3つの法則，生まれてくる子の遺伝子型や表現型の分離比の計算方法を完璧に押さえること。そのうえで，「メンデルの法則に従わない遺伝現象」について，具体例とともに覚えよう。特に，「ABO式血液型」で生まれてくる子の血液型のパターンを問う問題は頻出である。余裕があれば，伴性遺伝の仕組みや組み換え価の計算などに挑戦しよう。

　「代謝」に関する問題としては，まずは「酵素」について基本的な性質を覚え，「消化酵素のはたらきと分泌腺」の組合せを覚えよう。次に，「呼吸」については3つの過程を覚え，それぞれの反応に関与する物質や生成するATPの数を覚えよう。また，「光合成」からは様々な論点や図表からの出題実績があるので，一連の流れを覚えるだけでなく，できるだけ多くの問題に触れること。

　「体内環境と恒常性」に関する内容としては，「免疫反応」の体液性免疫と細胞性免疫の流れと違い，「血液凝固」の仕組み，「ホルモン」のはたらきと分泌腺，「交感神経と副交感神経」のはたらきの違い，「腎臓と肝臓」のはたらき，「ヒトの脳」の部位とはたらきの違いなどがよく出題される。ほとんどがヒトに関わる内容なので取り組みやすいが，「ホルモン」については植物ホルモンから出題される場合も多い。

　「生態系」に関する問題としては，「食物連鎖」や「物質循環」がよく出題されるので，全体の流れをしっかりと把握し，図の読み取りや穴埋め形式の問題への対応をしよう。

　本書に限らず，できるだけ多くの公務員試験の問題に触れ，解いた問題を中心に知識を増やしていこう。出題傾向がつかめたら，大学入試センター試験や大学入学共通テストから類題を探すのもよい。

狙われやすい！重要事項

- ☑ 細胞
- ☑ 代謝
- ☑ 体内環境と恒常性
- ☑ 生態系

《 演習問題 》

1 　**細胞に関する次の記述のうち，誤りはどれか。**

1　中心体は，ほとんどの動物細胞や一部の植物細胞に見られ，動物細胞の分裂などに関わっている。

2　リボソームは，膜結合リボソームと細胞質中に存在する遊離リボソームから成り，タンパク質合成の場である。

3　白色体は，植物の貯蔵組織の細胞の中にある色素体であり，デンプンを貯蔵している。

4　ミトコンドリアは，ほとんどの細胞に見られ，物質の分泌作用を行う。

5　細胞壁は，植物や菌類の細胞に見られる全透性の膜であり，細胞膜の外側に位置する細胞外マトリックスの1つである。

2 遺伝の種類と具体的な例として，正しい組み合わせはどれか。

1　複対立遺伝子 —— ヒトのABO式血液型

2　致死遺伝子 ——— スイートピーの紫と白の花色

3　伴性遺伝 ———— マルバアサガオやオシロイバナの花色

4　不完全優性 ——— ヒトの赤緑色覚異常

5　補足遺伝子 ——— キイロハツカネズミの毛色

3 光合成に関する記述として，最も妥当なものはどれか。

1　すべての植物は，酸素と二酸化炭素を使い光合成を行う。

2　すべての植物は，水と二酸化炭素を使い光合成を行う。

3　緑色植物は，水と二酸化炭素を使い光合成を行うことで，有機物，酸素，水を生成する。

4　緑色植物は，水と二酸化炭素を使い光合成を行うことで，酸素，水を生成するが有機物は合成されない。

5　緑色植物は，窒素と二酸化炭素を使い光合成を行うことで，有機物，水を生成する。

4 動物体内の免疫に関する記述として，最も妥当なものはどれか。

1　細胞性免疫は，動物体内に侵入した抗原に対して特異的に反応する物質を生成し，抗原を溶解・凝縮・無毒化させる反応である。

2　抗体とは，免疫グロブリンというY字型の分子構造の血清タンパク質であり，抗原に結合する特異的な構造を持っている。

3　皮膚などに傷がつき血管が破れ出血すると，その部分に血小板が集まりフィブリンの合成が促進され，血清をつくり傷口を塞ぐ。

4　臓器移植などによる拒絶反応は体液性免疫によるもので，移植した臓器が異物として認識されてしまうことにより，キラーT細胞によって直接攻撃されることにより起こる。

5　アレルギーとは，赤血球の表面に存在する凝集原と血清中に存在する凝集素によって起こる抗原抗体反応のことである。

5 ヒトの脳に関する記述として，最も妥当なのはどれか。

1 大脳基底核は，大脳と脳幹を結び付けている神経の総称であり，その役割は多彩で，運動の調整，学習など様々な機能を持っている。

2 中脳は，筋肉の緊張を保持し，体の平衡を保つ中枢機能のほか，眼球の運動や瞳孔を調節する中枢がある。

3 小脳は，内耳で受容した体の傾きや回転の刺激を受け取り，姿勢を保つための中枢や，せき，くしゃみなどの反射の中枢機能がある。

4 間脳は，視床と視床下部に分かれ，視床は心臓の拍動や呼吸運動を調節する中枢，視床下部は自律神経系の最高位の中枢である。

5 頭頂葉は，人間の思考や理性を制御し，言葉を話したり体を動かしたりする機能も担っている。

6 遺伝と生殖に関する記述として，最も妥当なものはどれか。。

1 生物の色，大きさ，形などの特徴は，主として，生存中の環境の影響によって得られた獲得形質が遺伝することによってもたらされる。

2 対立形質は，同時に同じ個体に出現することはなく，特に雑種第一代に現れる形質を劣性形質，現れない形質を優性形質という。

3 対立遺伝子には，優性遺伝子と劣性遺伝子があり，同種のものが対になっている個体をホモ，異種のものが対になっている個体をヘテロという。

4 配偶子を作らずに新個体を形成する方法が無性生殖であり，分裂による新個体の形成は，単細胞生物固有の現象である。

5 有性生殖のうち，雌性配偶子と雄性配偶子の合体によって新個体を作るのが受精であり，植物ではみられず，動物において行われる。

7 植物体の生理に関する記述として，最も妥当なものはどれか。

1 緑色植物の炭酸同化作用には，光のエネルギーのほかに，体内の糖分を分解することによって得られるエネルギーも利用される。

2 ふつうの緑色植物では，大気中の遊離窒素を体内に吸収し，これを炭水化物と結合させてアミノ酸を生成する。そして，最終的にはいろいろなタンパク質を合成する。

3 水分の蒸散は，主として葉の裏面にある気孔を通じて行われる。また蒸散は，昼間より夜間のほうが盛んで，早朝に葉に水滴が残っていることがある。

4 気孔の開閉は，気孔の内側と外側の細胞の熱膨張率の違いによるもので

ある。気孔が開くのは，外側の細胞がより膨張したときである。

5　ある種の植物は，微生物と共生することにより，栄養分に乏しい土地で
　も生育することができる。

$\boxed{8}$　**植物の発芽と成長に関する記述として，最も妥当なものはどれか。**

1　ジベレリンは，種子の発芽，子房の発育，茎の伸長などを促進する植物
　ホルモンである。

2　茎の先端部で作られ，成長を促進する植物ホルモンはオーキシンであり，
　一方から光を当てると，当てた側の濃度が高まることが知られている。

3　暗期の長さは，花芽の形成などに影響を与えるが，特にワタやタンポポ
　は，暗期が限界暗期より短くなると開花する。

4　エチレンは，果実の成熟を促進する植物ホルモンであり，常温では液体
　となる。

5　アブシシン酸には，発芽を促進する強い作用がある。

$\boxed{9}$　次のグラフは，横軸に時間，縦軸に細胞分裂における細胞1個あたり
のDNAの量の相対値を取り，その変化を表したものである。このグラフに
関する記述として，最も妥当なものはどれか。

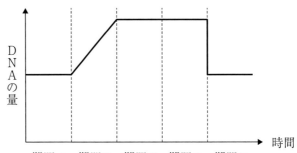

1　間期を示すのは，期間A，期間B，期間Eである。

2　グラフは，減数分裂によるDNA量を表している。

3　グラフに示された期間のうち，細胞分裂が行われるのは，期間Bである。

4　グラフに示された期間のうち，細胞分裂が行われるのは，期間Dである。

5　グラフ全体を通じて，生殖細胞の形成時に行われる分裂の過程が示され
　ている。

10 生態系に関する記述として，妥当なものはどれか。

1 自浄できる分量を大幅に超えた汚水が海などに流入すると，ほとんどの
  プランクトンが瞬時に死滅する。その結果，多くの魚類が捕食する対象
  を失うため，死滅に至る。

2 アンモニアは，窒素の循環において重要な役割を果たす。アンモニアは，
  植物の根によって吸収され，アミノ酸やタンパク質などに変えられる。

3 生態系ピラミッドは，生産者，第一次消費者，第二次消費者などによっ
  て構成される。いわゆる高次の消費者は，低次の者に比べると，個体
  数，エネルギー量において，大規模になる。

4 無機物から有機物を生み出す働きを持つのが生産者である。プランクト
  ンや細菌はこれに含まれず，緑色植物が主な例として挙げられる。

5 湖沼における生態系に大きな脅威を与えているのは硫黄酸化物や窒素酸
  化物である。被害の最大の原因は，雨が少ない地域の湖沼において，自
  然界に古くから存在する化合物の濃度が上昇したことにある。

《 解 答 ・ 解 説 》

1 4

解説 ミトコンドリアの主たる機能は，物質の分泌ではなく，エネルギー
（ATP）の合成である。また，物質の分泌を行うのはゴルジ体である。

2 1

解説 1. 正しい。複対立遺伝子は3つ以上の対立遺伝子による遺伝現象
で，ヒトのABO式血液型などに見られる。　2. 誤り。致死遺伝子はキイロ
ハツカネズミの毛色の決定などに関わっている。　3. 誤り。伴性遺伝は性染
色体上に存在する遺伝子による遺伝現象で，ヒトの赤緑色覚異常などで見ら
れる。　4. 誤り。不完全優性はマルバアサガオやオシロイバナの花色などで
見られる。　5. 誤り。補足遺伝子はスイートピーの花の色の決定などに関
わっている。

3 3

解説 1. 誤り。光合成を行う際には，二酸化炭素と水を利用する。　2. 誤り。葉緑体を持たない一部の寄生植物などは，光合成を行わない。　3. 正しい。　4. 誤り。光合成では有機物が合成される。　5. 誤り。窒素ではなく二酸化炭素を利用する。

4 2

解説 1. 誤り。体液性免疫に関する記述である。また，抗原を溶解・凝縮・無毒化させる反応のことを抗原抗体反応という。　2. 正しい。抗体は，抗体産生細胞（形質細胞）によって生成される。　3. 誤り。血液凝固によりできるのは，血清ではなく血ぺいである。　4. 誤り。臓器移植による拒絶反応は，細胞性免疫によるものである。　5. 誤り。選択肢は血球の凝集反応に関する記述である。アレルギーとは，花粉症などにみられる免疫の過敏な反応のことである。

5 1

解説 1. 正しい。大脳基底核は大脳皮質に存在し，多様な機能を担っている。　2. 誤り。筋肉の緊張を保持し，体の平衡を保つ中枢は小脳である。　3. 誤り。姿勢を保つ中枢は中脳，せき，くしゃみなどの反射の中枢は延髄に存在する。　4. 誤り。視床は嗅覚以外のすべての感覚を中継する。心臓の拍動や呼吸運動を調節する中枢は延髄にある。　5. 誤り。前頭葉に関する記述である。頭頂葉は，空間的な認識に関わっている。

6 3

解説 1. 誤り。一般に，獲得形質は遺伝しない。　2. 誤り。劣性形質と優性形質の記述が逆になっている。　3. 正しい。例えば，Aを優性遺伝子，aを劣性遺伝子とすると，AAとaaがホモ，Aaがヘテロである。　4. 誤り。分裂による無性生殖は，イソギンチャクなどの多細胞生物でも行われる。　5. 誤り。ワラビ，スギゴケ，マツなどにおいても，受精は行われる。

7 5

解説 \ 1．誤り。緑色植物の炭酸同化作用とは光合成のことであり，吸収
した光エネルギーを用いて合成した化学エネルギー（ATP）が利用される。
2．誤り。一般的な植物は，空気中の窒素を直接利用することはできず，根を
通して地中に含まれている硝酸イオンやアンモニウムイオンの形で吸収してい
る。　3．誤り。気孔は日中に開き，夜間閉じているため，水の蒸散は日中に
多く，夜間は少ない。　4．誤り。気孔の開閉は，孔辺細胞の膨圧の変化に
よるもので，孔辺細胞が吸水による膨圧でふくれると，気孔は開く。　5．正
しい。これはマメ科植物と根粒菌の相利共生の例である。

8 1

解説 \ 1．正しい。ジベレリンは，植物の異常成長をもたらすイネばか苗
病菌から分離され，種無しブドウの生産などに利用されている。　2．誤り。
オーキシンは，光を当てた方と反対側で濃度が高まる。これにより，光と反
対側で成長が促進されるため，茎は光が当たる側に屈折する。　3．誤り。ワ
タやタンポポは，暗期の長さと無関係に花芽を形成する中性植物である。暗
期が限界暗期より短いときに花芽が形成される長日植物の例としては，ホウ
レンソウやアブラナなどが挙げられる。　4．誤り。エチレンは，常温では気
体の植物ホルモンである。　5．誤り。アブシシン酸には，種子の発芽を抑制
して休眠させる作用がある。

9 4

解説 \ 1．誤り。期間Cは分裂準備期（G_2期）にあたるので，間期に含まれ
る。なお，期間AはDNA合成準備期（G_1期），期間BはDNA合成期（S期），
期間Dは分裂期（M期）である。　2．誤り。このグラフは体細胞分裂による
DNA量の変化を表している。減数分裂であれば，分裂期には第一分裂と第二
分裂の2回の分裂が行われ，分裂後の細胞のDNA量は分裂前の半分になって
いるはずである。　3．誤り。1．の解説を参照。　4．正しい。1．の解説を参
照。　5．誤り。生殖細胞の形成は減数分裂により行われるので，このグラフ
には示されていない。

[10] 2

解説 1. 誤り。汚水の流入は，特定のプランクトンの異常な発生や増加をもたらす。その結果，酸素が不足することにより，魚類などの大量死に至る。 2. 正しい。植物の根から吸収されたアンモニアは，その植物の中で，アミノ酸，タンパク質などの有機窒素化合物の合成に利用される。 3. 誤り。低次の消費者は，高次の者に比べると，個体数，エネルギー量，生体量のいずれも大きくなる。 4. 誤り。植物プランクトンや光合成細菌は，生産者に含まれる。 5. 誤り。酸性雨と富栄養化の説明が混同されている。酸性雨が湖沼にもたらす影響は，硫黄酸化物や窒素酸化物が溶け込んだ雨により湖沼が酸性化し，魚などが減少することである。一方，富栄養化が湖沼にもたらす影響は，生活排水が大量に流入することで，湖沼に元から存在する栄養塩類の濃度が増加し，プランクトンなどが異常発生することである。

自然科学　　地学

　地学の分野では，高校までの内容が出題される。出題形式としては，ほとんどの問題が基本的な知識を問う正誤問題や穴埋め問題で，計算問題はごく一部である。中学の学習内容が最も役に立つ分野といえるので，高校地学の勉強が困難な場合は，中学地学から取り組むのもよい。以下に，それぞれの単元で最重要事項をまとめるので，優先的に取り組んでほしい。

　「地球の外観と活動」に関する内容として，まずは地殻や境界面の種類や特徴をしっかり覚えること。そのうえで，プレートやマントルなど，「地震」や「火山活動」につながる仕組みについて理解しよう。その他にも，ジオイドや重力の定義の理解，扁平率の計算などが出題されやすい。「地震」では，P波とS波の違いや震度とマグニチュードの違いについて理解するとともに，地震波の速度・震源からの距離・地震発生時刻の計算をできるようにしておきたい。「火山活動」を理解するためには，まずは「火成岩の分類」を完璧に覚える必要がある。鉱物組成の違いがマグマの粘度の差となって現れ，火山の形や活動様式の違いにつながっていく。

　「地球の歴史」に関する問題としては，地質年代を代表する生物の名称，大量絶滅などの出来事について，時系列で整理しておこう。また，示相化石や示準化石についても狙われやすい。

　「大気と海洋」については，「大気」に関する内容に優先的に取り組もう。日本の季節，前線の種類と特徴，台風の定義などは頻出である。また，フェーン現象を題材とした乾燥断熱減率・湿潤断熱減率を使った温度計算や，相対湿度の計算をできるようにしよう。その他にも，風の種類や大気圏の層構造について問われることがある。「海洋」については，エルニーニョ現象が起こる仕組みが頻出である。

　「宇宙」に関する問題としては，まずは地球から見て恒星・惑星・月・星座などがどのように見えるかを完璧に覚えよう。また，南中高度の計算もできるようにしておくこと。次に，「太陽や太陽系の惑星」について，それぞれの特徴を押さえよう。特に，地球型惑星と木星型惑星の違い，金星の見え方な

どが頻出である。会合周期の計算もできるようにしておきたい。さらに，「太陽系外の宇宙の構造」として，HR図を使った恒星の性質の理解，恒星までの距離と明るさの関係などを知っておこう。

　本書に限らず，できるだけ多くの公務員試験の問題に触れ，解いた問題を中心に知識を増やしていこう。出題傾向がつかめたら，大学入試センター試験や大学入学共通テストから類題を探すのもよい。

狙われやすい！ 重要事項

☑ **太陽系**
☑ **地球の運動**
☑ **大気と海洋**
☑ **地球の内部構造**
☑ **地震**

《 演 習 問 題 》

1 岩石に関する記述として，最も妥当なものはどれか。

1　堆積岩の一種である生物岩は，生物の遺骸が堆積してできたものであり，そのうち，炭酸カルシウムを主成分とするものは，チャートと呼ばれる。

2　変成作用によってできた岩石が変成岩であり，石膏がその典型である。

3　マグマが冷却されて固まった岩石が火成岩であり，斑状組織から成る火山岩と，等粒状組織から成る深成岩に大別される。

4　火成岩のうち，二酸化ケイ素の含有割合が少ないものが酸性岩であり，逆に，多いものが塩基性岩である。

5　玄武岩は，石英，カリ長石，斜長石が多く含まれているので，他の岩石に比べて白色に近い色を持つ。

2 惑星に関する記述として，最も妥当なものを選べ。

1　惑星は太陽を一つの焦点とする楕円軌道を持ち，地球から太陽までの距離は一年を通して変わらない。

2　太陽の移動する経路を天の赤道といい，地球の赤道面に対して23.4°傾いている。

3　木星は，二酸化炭素を主成分とする厚い大気に覆われ，強い温室効果
により，表面温度は400℃以上に達する。

4　火星は極冠や凍土として水が存在する。また，かつては温暖で水が表面
を流れていたことが河床地形から伺える。

5　金星の大気は水素とヘリウムを主成分とし，大赤斑と呼ばれる巨大な大
気の渦をつくり出している。惑星探査機により環の存在が確認される。

3　ある観測点での初期微動継続時間は2秒であった。地中を伝わるP波
の速度が5km/s，S波の速度が3km/sであるとき，震源から観測点までの
距離は何kmであるか。

1　12　　　　2　13　　　　3　14　　　　4　15　　　　5　16

4　寒冷前線が気温に与える影響として，最も妥当な記述はどれか。

1　寒冷前線が近づくと気温は下がり，通過後，また元の気温にもどる。

2　寒冷前線は，温暖前線のような変化はなく，気温の変化はほとんどない。

3　寒冷前線が近づくと気温は下がり，通過後もその気温は変わらない。

4　寒冷前線が近づくと気温は上がり，通過後気温は下がる。

5　寒冷前線が通過すると，気温が激しく変化し，上昇するとも下降すると
も一概には言えない。

5　太陽系に属する天体に関する記述として，最も妥当なものはどれか。

1　太陽は，水素の核融合反応によって莫大なエネルギーを発生させている
天体であり，地球と比較すると，質量は約33万倍，密度は約4倍である。

2　太陽系の中で最も大きく，また，密度が最小の惑星は土星である。

3　海王星は，かつては惑星に分類されていたが，現在ではその分類から外
されている。

4　水星は，太陽から最も近い惑星であり，太陽系の中で最も層の厚い大気
を持ち，自転周期は最も短い。

5　火星は，自転周期や赤道面の傾斜が地球に最も似た惑星であり，大規
模な火山活動があったことも確認されている。

6 大気の対流と水蒸気に関する記述として，最も妥当なのはどれか。

1 湿度は空気中に含まれている水蒸気量の度合いを示し，一般には空気1m³中に含まれる水蒸気の質量（g）で示した絶対湿度のことを指す。

2 空気に含まれる窒素と酸素の容積比はおよそ4：1であり，空気塊が上昇する時，分子量の小さい窒素は分子量の大きい酸素より上昇する速度が大きい。

3 空気塊が上昇する際，その周囲の空気塊を押しのけることにより，上昇する空気塊を圧縮する力が外部からはたらく。

4 上昇する空気塊が水蒸気で飽和している場合，水蒸気が凝結するとき熱を放出して空気塊を暖めることにより，上昇する空気塊が水蒸気で飽和されていない場合と比較すると断熱変化による温度変化の割合が大きくなる。

5 水蒸気を含んだ空気塊が海面から雲を発生することなく山の斜面に沿って上昇し，山を越え，山の反対側の斜面を降り海面に達した時，山頂を越え海面に達した空気塊の温度と，山頂を越える前の空気塊の温度は同じである。

7 次の天気図に関する記述として，最も妥当なものはどれか。

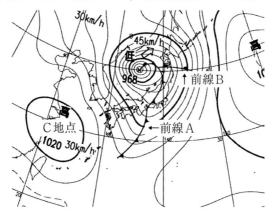

1 前線Aの付近では，積乱雲の発生を促す気流がみられる。

2 前線Bは，他の前線に比べて移動の速度が速い。

3 C地点は，他の地点に比べると，上昇気流が発生しやすい。

4 この天気図は，典型的な冬型の気圧配置となっている。

5 天気図中において，等圧線の間隔が広い地域では，他の地域に比べて風が強くなる。

8　**火山活動に関する記述として，最も妥当なものはどれか。**

1　火山は，全て地下の粘性の小さいマグマが地表に噴出したものである。

2　火山噴火によって，火山地域には必ず陥没地形（カルデラ）が生ずる。

3　火山の噴火は，大陸地域には起こらない。

4　盾状火山をつくるマグマは，玄武岩質である。

5　火砕流は，流紋岩質マグマより玄武岩質マグマの活動に多い。

9　**地球と月の運動に関する記述として，最も妥当なものはどれか。**

1　日周運動とは地球の自転により，見かけの上で太陽や星が東から昇って西に沈む運動のことであり，地球の日周運動の周期は24時間ちょうどである。

2　北天に見える恒星は，北極星を中心にして時計回りに約1日で1回転しており，恒星の日周運動の向きは地球の自転の方向と同じである。

3　地球の自転軸は，公転軌道面の垂線に対して23.4°ほど傾いているため，太陽の日周運動の経路は年間を通して変わらない。

4　地球は，太陽を一つの焦点とする楕円軌道を公転しているとされており，これは年周光行差や年周視差によって証明されている。

5　月は，地球の周りを自転しながら公転しているため，地球から月の裏側を見ることができるのは太陽，地球，月が直線上に並ぶ満月の時のみである。

《 解 答・解 説 》

1 3

解説 1. 誤り。生物岩のうち，炭酸カルシウムの殻骨格を持つ生物の遺骸からできるのは，石灰岩である。チャートは，二酸化ケイ素が主成分の生物岩である。 2. 誤り。石膏は，$CaSO_4・H_2O$から成る化学岩である。 3. 正しい。 4. 誤り。「酸性岩」と「塩基性岩」の記述が逆である。 5. 誤り。玄武岩は，輝石やかんらん石などの有色鉱物を多く含むので，黒色に近い色を持つ。

2 4

解説 1. 誤り。1年の間に太陽と地球の距離は変化する。最も太陽に近づくところを近日点，最も遠ざかるところを遠日点という。 2. 誤り。天球上で太陽の移動する経路を黄道といい，黄道は天の赤道に対して23.4°傾いている。 3. 誤り。これは金星に関する記述である。金星の大気の主成分は二酸化炭素であり，温室効果により表面の温度は約460℃である。 4. 正しい。 5. 誤り。これは木星に関する記述である。木星の表面に見られる大赤斑が移動していることから，木星が自転していることがわかる。

3 4

解説 震源距離をD〔m〕，初期微動継続時間をT〔s〕，P波の速度をV_P〔m/s〕，S波の速度をV_S〔m/s〕とおくと，

$$T = \frac{D}{V_S} - \frac{D}{V_P} = \left(\frac{1}{V_S} - \frac{1}{V_P}\right) \times D = \frac{V_P - V_S}{V_P V_S} \times D$$

$$D = \frac{V_P V_S}{V_P - V_S} \times T = \frac{5 \times 3}{5 - 3} \times 2 = 15 \text{〔m〕}$$

以上より，正解は4。

4 4

解説 ある地点を温帯低気圧が通過する際には，先に温暖前線が近づき，これが通過することで気温は上がる。このとき，その地点には後からくる寒冷前線が近づいており，寒冷前線が通過するとその地点の気温は下がる。
以上より，正解は4。

⑤ 5

解説 1．誤り。太陽の密度は地球の約4分の1である。　2．誤り。太陽系の中で，密度が最小の惑星は土星であるが，大きさが最大の惑星は木星である。　3．誤り。冥王星についての記述である。海王星は，太陽から最も遠い軌道を回る惑星であり，木星型惑星に分類される。　4．誤り。水星に大気はない。また，自転周期は地球型惑星なので，比較的長い。　5．正しい。火星は，地球と似た性質を持っているので，昼夜や四季の変化など，地球に近い現象も見られる。

⑥ 5

解説 1．誤り。湿度とは，一般にある気温での飽和水蒸気量〔g/m^3〕に対する，$1m^3$の空気に含まれる水蒸気の質量〔g/m^3〕を百分率で示した相対湿度を指す。　2．誤り。空気に含まれる窒素と酸素の比率は，空気塊が上昇してもほぼ同じである。　3．誤り。空気塊が上昇すると，大気圧は高度とともに小さくなるので，空気塊は上昇するにつれて膨張する。　4．誤り。空気塊が水蒸気で飽和されている場合，飽和されていない場合よりも断熱変化による温度変化の割合は小さくなる。これは，空気塊が上昇すると断熱的に膨張することで温度は下がるものの，上昇する空気塊が水蒸気で飽和している場合は，水蒸気の一部が凝結して水滴となり潜熱を放出するので空気塊が暖められるからである。　5．正しい。空気塊が雲を発生することなく山の斜面に沿って上昇したので，水蒸気が水滴になる際の潜熱の放出がない。この場合，空気塊は山の斜面に沿って上昇するときも，下降するときも同じ割合で温度が変化する。なお，空気塊が雲を発生する場合は，フェーン現象により山頂を超えた空気塊の温度は，山頂を超える前より上昇する。

⑦ 1

解説 1．正しい。前線Aは寒冷前線であり，その付近では積乱雲が発生しやすい。　2．誤り。前線Bは温暖前線であり，移動の速度は寒冷前線よりも遅い。　3．誤り。C地点は高気圧の中心付近なので，下降気流が発生しやすい。なお，上昇気流が発生しやすいのは低気圧の中心付近である。　4．誤り。冬型の気圧配置であれば，ユーラシア大陸では高気圧，オホーツク海付近では低気圧が発達し（西高東低），日本列島には等圧線が縦に並ぶはずであ

る。　5. 誤り。一般に，等圧線の間隔が狭い地域において風が強くなる。

8 4

解説 1. 誤り。粘性の大きなマグマが地表に噴出してできた火山もある。2. 誤り。カルデラが生ずるのは，粘性の大きなマグマが噴出する火山地域である。　3. 誤り。火山の噴火は，大陸でも海底でも起こっている。　4. 正しい。玄武岩質マグマは粘性が小さく，盾状火山をつくる。　5. 誤り。火砕流は，粘性が非常に大きな流紋岩質マグマの活動により多く発生する。

9 4

解説 1. 誤り。地球の日周運動の周期は，ちょうど24時間というわけではない。　2. 誤り。恒星は北極星を中心に反時計回りに回転しており，地球の自転の向きとは逆である。　3. 誤り。太陽の日周運動の経路は年間を通して変化している。このため，地表への受光量に差が生じ，季節ごとに気温差が生み出される。　4. 正しい。ケプラーの第一法則（楕円軌道の法則）による。年周光行差や年周視差の定義も覚えておきたい。　5. 誤り。月の自転周期は公転周期と同じなので，地球から月の裏側を見ることはできない。

第4部

文章理解

- 現代文
- 英　文

文章理解　現代文

　長文・短文にかかわらず大意や要旨を問う問題は，公務員試験においても毎年出題される。短い時間のなかで正解を得るためには，次のような点に注意するのがコツである。

① 全文を，引用などに惑わされず，まず構成を考えながら通読してみること。

② 何が文章の中心テーマになっているかを確実に把握すること。

③ 引続き選択肢も通読してしまうこと。

④ 選択肢には，正解と似通った紛らわしいものが混ざっているので，注意すること。

⑤ 一般に本文中にも，選択肢と対応した紛らわしい要素が混ざっているので，これを消去すること。

　こうすると，5肢選択といっても，実際には二者択一程度になるので，後は慌てさえしなければ，それほど難しいものではない。

《 演 習 問 題 》

1 次の文章の内容と一致するものとして，妥当なものはどれか。

　〈正常〉と〈異常〉という区別ほど，ほんとは多くの難しい問題を含んだ問題であるのに，通常簡単に考えられている区別も少ない。簡単に考えられているというより，すすんで簡単に考えようとしているとさえ言えるほどだ。簡単に考えようとするのは，自分の身を正常の側に置いて，異常との間にはっきりした一線を画そうとするからである。異常なものとの区別において自己の正常なことをうち立てるためだとも言える。そこにあるのは，異常なものに対する怖れと不安，およびそれらにもとづく排除であろう。

　そのわかりやすい例は，〈魔女狩り〉——狭い意味での魔女狩りだけでなく，〈赤狩り〉などをも含めた広い意味での——である。そこでは，人々は自分が魔女（あるいは妖術師）であるとしるしづけられ，見なされることを怖れて，

魔女をさがす。あるいは誰か怪しいところのある他人を魔女に仕立てる。〈魔女狩り〉に協力すれば，それも熱心に協力すれば，自分が魔女ではないという証しになるかのように。そういう仕組みあるいは関係のなかでは，魔女の実在性はどうでもよい第二義的なものになってしまい，ただ区別するための記号——いわば内容なき空白の記号——があればそれでいいということにさえなるのである。

1　正常と異常の区別は，通常は難解なものととらえられているが，実際には，シンプルな論点に集約することができる。

2　人々が正常と異常の区別をする際，その基準となるものは，長年の歴史の中で育まれた慣習である。

3　人々は，自らが正常であるという立場を確立するために，異常とみなす他者との区別をはかる。

4　魔女狩りの本質は，異質なものと自らを同化させ，社会の中での自らの位置を再確認する人々の意識の現われである。

5　異常な他者を識別するためには，まず，その実在性の議論に決着をつけることが求められる。

2　次の文章の内容と一致するものとして，妥当なものはどれか。

　いつぞや，こんなことがあった。幼稚園の子どもで言葉がよく話せないということで，母親がその子を連れて相談に来られた。知能が別に劣っているわけでもないのに，言葉が極端におくれている。よく話を聞いてみると，その母親は，子どもを「自立」させることが大切だと思い，できる限り自分から離すようにして，子どもを育てたとのことである。夜寝るときもできるだけ添寝をしないようにして，一人で寝かせるようにすると，はじめのうちは泣いていたが，だんだん泣かなくなり，一人でさっと寝にゆくようになったので，親戚の人たちからも感心されていた，というのである。

　このようなとき，その子の「自立」は見せかけだけのものである。親の強さに押されて，辛抱して一人で行動しているだけで，それは本来的な自立ではなく，そのために言葉の障害などが生じてきている。このときは，そのことをよく説明して，母親が子どもの接近を許すと，今までの分を取り返すほどに甘えてきて，それを経過するなかで，言葉も急激に進歩して，普通の子たちに追いついてきたのである。

1　子どもの自立のために添い寝をやめた親の行動は，かえって，発達の遅れをもたらした。

2　親が一度甘えを許さない態度で接すると，後にそれを改めても，子どもは，甘えることをはばかるようになる。

3　幼児期に言葉に関する発達の遅れが現われると，追いつけるようになるためには，長い年月が必要である。

4　言葉の発達は，子どもの知能と深い相関があり，幼児期に言葉が話せない原因は，専ら知能の発達の度合いに原因がある。

5　発達の遅れの主たる原因は，家族以外とのコミュニケーションの不足であった。

3　次のA〜Fの文を並べ替えて，意味の通った文章にするとき，その並べ方として，最も妥当なものはどれか。

A　なお，これらの説そのものにも，欠点がないわけではない。

B　それに対して，反証される可能性がない仮説は，科学的仮説ではないとされる。

C　科学とは何かというテーマに正面から応えることは難しいが，このテーマに取りくみ続けているのは，科学哲学者と呼ばれる人々である。

D　彼によれば，ある仮説が，何らかの実験や観察によって反証される可能性があれば，それは科学的仮説であるとされる。

E　学説の発表は，真理を探究する営みそのものであり，はじめから，「これは覆される」ということを想定して発表されるわけではなく，反証主義は，学説を発表する側への配慮を欠いているという指摘は，そのような欠点を示唆するものの1つといえよう。

F　その中でも，特に著名なのは，カール・ポパーである。

　　1　A － C － B － D － E － F
　　2　A － F － B － C － E － D
　　3　C － D － A － B － F － E
　　4　C － D － E － A － B － F
　　5　C － F － D － B － A － E

4 次の文章の主旨として，最も妥当なものはどれか。

歴史家はことばといふ手段で科学しているつもりかも知れないが，そこにはたらく主因がかれらのモラルである以上，かれらのは仕事は科学的な性質をもちえない。また，かれらのモラルは，仕事の中で見つけるか見つけないかではなく，仕事の外から持ちこんで行き，仕事の上から押しつけていくといふことに於いて，文学者のモラルとはへだたりが遠い。いわば，歴史家は科学者のマントを着て，文学の林の外縁を逍遙しているようなものである。逍遙といったのは，かれらのモラルへの自信に対して敬意を表したつもりである。自信が頑固であればあるほど，人間は道に迷ひやすいといふやうな消息は，歴史家の方法には要がないであらう。

1　歴史家は言葉を用いずに，法則性を発見しようとする傾向にある。

2　歴史家の仕事が科学的な性質を持たないのは，彼らのモラルを主因としているからである。

3　文学者はあたかも，科学者としての外観を持っているように偽って仕事をしているようなものである。

4　歴史学と文学は，道に迷いやすい人間を導く役割を果たすという意味で共通点が多い。

5　歴史家の仕事も，文学者の営みも共通のモラルにより規定されている。

5 次の文中の空欄に当てはまるものとして，最も妥当なものはどれか。

現代は，情報過多の時代であると言われている。その反面，個々の情報が客観を装えば装うほど，情報を送り出す送り手の身振り，背後に見え隠れする手つきのようなものへの希求がかえって強まっているのではないだろうか。

たとえば新聞記事にあって「事実」を「正確」に書くことが理念とされることは言うまでもない，だが，それでは本当に客観的な記述が可能なのかといえば，むしろかぎりなく疑わしい。そもそも「今後〜となることが望まれる。」「〜が期待される。」「〜といえそうだ。」というのは一体誰の判断なのだろうか。一面記事に頻出するこれらの文末表現は客観性と記者個人の判断との□□□□の産物にほかならず，実は客観の衣を被ったこうした主観的判断ほど危ういものはないのである。

1　激しい対立　　2　解消できない矛盾

3　机上の空論　　4　ギリギリの折衷

5　砂上の楼閣

6 次の文章の内容と一致するものとして，妥当なものはどれか。

　人はすべて，何らかのかたちで，幸福を求めて生きている。たしかに，なにを幸福と考えるかについてはさまざまな見解があるであろうし，また，すべての人が自覚的に幸福を追求しているとはいえないかもしれない。しかし，人間としてこの世に生をうけた以上，われわれは，自分の存在の状態がよいものでありたいと願うであろうし，人間らしくありたいと望むであろう。この願いを充足しつつあるとき，または充足したとき，ひとは「幸せ」であると言う。この意味で幸福は，万人の希求するものであり，洋の東西を問わず，歴史を通じた人類の願いであるといえよう。そして，古代から現代まで，多くの思想家たちが，幸福とはなにか，いかにしたら生きるに値する生をおくることができるのかを，倫理学の重要な課題として考察しつづけているのである。

　古代ギリシアの思想家たちにとっても，幸福（eudaimonia）の問題は，大きな関心事の一つであった。ソクラテスは，アテナイの市民に，「幸福と思われる外観」にまどわされないように説き，かれらを「ほんとうに幸福であるようにしよう」とつとめた。ソクラテスにとって，「ほんとうの幸福」とは，魂がよいものになるように気づかうことであり，そして，「たんに生きるということではなくて，よく生きるということ」こそが幸福な生き方なのであった。この，幸福とは「よく生きること」であるというソクラテスの幸福説は，プラトンを経てアリストテレスへとうけつがれていった。アリストテレスは，先人たちの見解をさまざまな仕方で継承しながら，幸福すなわち「よく生きること」の問題を，倫理学の課題として探求したのである。

1　ソクラテスの幸福論はプラトン以降には引き継がれず，断絶したため，他の哲学者と比較して特異なものであった。

2　人々が幸福を願うとする人間観は西洋思想に固有のものであるので，普遍性に欠ける見方である。

3　アテナイの市民は，享楽を求めるあまり，幸福に関して無関心であったことを目の当たりにしたソクラテスは，市民に哲学的な思索を促した。

4　ソクラテスは，幸福と思われる外観とほんとうの幸福を峻別し，後者について，魂が良いものになるように気遣うことを強調した。

5　アリストテレスは，ソクラテスによる幸福論に懐疑的であり，その否定を自らの思索の出発点とした。

7 次の文章の要旨として，最も適当なものはどれか。

　人類学は，現在の世界が当面している重大なジレンマに対処するための，科学的な基礎を提供するものである。そのジレンマは，いったいどうしたら，違ったみかけをし，お互いにわからぬ言葉を使い，相異なる生き方をする人びとがいがみ合わずにくらしていけるかという問題である。もちろん，いかなる学問も，人類のかかえているすべての問題を，独力で解決しきることはできない。この本の中にも，そのような救世主めいたものの言い方があるかもしれない。もしそういう馬鹿げた主張があったら，熱心の余りの勇み足と見過ごしていただきたい。とは言うものの，人類学が，物理学，生物学，社会科学から人文科学にまでまたがる包括的な学問であることもまた確かである。

　人類学は，その対象も広く，方法もさまざまであり，さらに，いろいろな学問分野を結び合わせる立場にあるので，人間諸科学を統合するのに，中核的役割をはたすに違いない。だが人間に関する包括的な学問としての人類学は，独自の技術や興味そして知識を含むものでなければならない。人類学が総合科学となるためには，心理学，医学，人間の生物学，経済学，社会学，人文地理学の一部がとり入れられなければならない。そしてさらに歴史的，統計学的方法も含まれ，歴史やその他の人文諸科学からもデータを援用しなければならない。

1　現在の世界は，ジレンマに苦しんでおり，科学者達は，その立場の違いを乗り越えて団結し，科学を超えた新しい思想を構築しなければならない。

2　いかなる学問も，人類の諸問題を単独で解決することはできないが，人類学はその例外である。

3　自然科学，社会科学，人文科学の峻別は，学問のあり方を探求する際の前提となるべきものである。

4　世界的な規模でのいがみ合いをなくすためには，まず，現実を直視し，紛争解決のための物理的な強制力を重視しなければならない。

5　人類学は，諸科学の統合の中心となる学問であり，また，独自性を持つ学問でなければならない。

8 次の文章の内容と一致するものとして，妥当なものはどれか。

　江戸幕府の開祖，徳川家康は1615年に豊臣氏を滅ぼした後，駿府（静岡市）から引っ越すことを計画していた。いまの静岡県清水町，泉頭城跡のあたりに移り住む方針だったと側近，金地院崇伝は記している。現在も「柿田川湧水群」など，富士山麓からの豊富な湧き水で知られている地域だ。

　駿府では，将軍の座こそ離れたものの大御所として政治の実権を握っていた家康だ。水豊かな地でのリタイア生活を思い描いたようだが，何らかの理由で「泉頭移住」は撤回されてしまう。ほどなく，家康は病没した。

　さて，新型コロナウイルス禍とともに強まったといわれる移住人気である。希望者に自治体などの情報を提供する「ふるさと回帰支援センター」によると，昨年の相談件数は5万件を超え，過去最多を更新した。窓口相談で人気の移住希望地は3年連続で静岡県がトップだった。冬も比較的温暖で自然豊か，いまも昔も魅力の地らしい。

　もっとも「隠居」と異なり，近年の移住希望者の中心は若者・中年世代だ。同センターの相談者は30代までが5割近くを占める。「移住希望地が明確で，本気度の高い相談が増えている」という。

　コロナ下でいったん是正の兆しがみられた人口の東京集中だが，昨年はすでに回帰傾向がみられた。結局，かつての状態に戻るのではないか，との見方もある。

　移住者が地域とのあつれきに直面するケースも決して少なくあるまい。変化の芽を育てるため，地方の本気度も問われる若者の移住志向だ。

1　徳川家康は，将軍の座を離れた後，実質的な政治的な権力を手放し，そのことが病弱化を招いたと考えられている。

2　年老いた者が余生を地方で過ごそうとするのとは異なり，近年，移住を希望するのは若者や中年世代が多い。

3　静岡県が移住先として人気なのは，気候の要因より，閑静な地でありながら比較的首都圏とのアクセスの利便性が高いからである。

4　コロナ下において，人口の東京集中が急速に進んだが，それは，人々が改めて感染症の流行などの非常時でも都市に居住することのメリットを認識したことによる。

5　歴史的史跡の優美性は，都市部などに住む人々にとって，移住先を検討する際の重要な要素となる。

9 次の文章の内容と一致するものとして，妥当なものはどれか。

　旅の情報が実際に旅をしてきた人たちの体験に近づくほどリアリティを持つなら，情報ソースは，過去に旅をした人から寄せられるデータよりも，むしろ，「今，旅をしている人たち」からもたらされるものの方が信憑性が高い。だから電子ブックは「今」を取り込もうとするだろう。

　たとえば，陸路でインドに入ろうとしている旅人に，インドとパキスタンの国境の町に今いる人のつぶやきは限りなく貴重である。治安状況は刻々と変化しているからである。あるホテルに六ヵ月前に宿泊した経験を持つ読者の投稿はそのホテルを評価する上で貴重な情報源だったが，そこに「今，泊まっている」人のつぶやきのリアリティには及ばない。今は雨期で，快適なはずのホテルにも雨漏りが発生しているかもしれないからである。

　ツイッターのような不安定な情報でも，それをつまみ出して整理するしたたかな編集感覚を働かせるなら，そこにユニークな旅行ガイドが生まれる可能性がある。

1　体験に基づく情報のリアリティの度合いは，いずれも等しい価値を持つものである。

2　状況は刻々と変化するものであるから，新鮮な情報ほど，リアリティを持つものである。

3　同一地点における長期にわたる経験は，物事をとらえる上で，最大の信頼に値するものである。

4　ツイッターによる情報の欠点は，情報の不安定さにあり，編集感覚の有無に関わらず，リアリティの面において劣っている。

5　インターネットから得られる情報全般は，情報収集の省力化に伴う脆弱性がある。

10 次の文章の内容と一致するものとして，妥当なものはどれか。

　日本語は乱れているのか，いないのか。その判断は案外難しい。日常的な感覚で言えば，「コンビニ」というような名詞や，「何気に」という副詞や，「お名前さまは？」などという不気味な質問や，「私って，朝，弱いじゃないですかあ。」というような話し方を耳にすると，「日本語は乱れている，世も末だ。」という気にどうしてもなる。

　一方，客観的に考えれば，言葉は生き物である。日本語と同じように，英語も古英語と現代英語とでは大きな違いがある。おそらく人間の話す言葉は

いずれも同様であろう。どのような言語であっても，言葉は常に動いており，時代とともに変化していく。だからこそ言葉はおもしろいとも考えられる。

1　言葉遣いの乱れを指摘する人々は，自らの日常的な言葉遣いについての自省が不足している。

2　日本語の誤用は，副詞よりも名詞において顕著である。

3　他の言語がそうであるように，日本語も変動しており，言葉のおもしろさはそこにある。

4　言語意味や用法が固定し，揺るがないものこそが，価値のある言語といえる。

5　最近の若者の言葉遣いをみれば，最近の日本語が乱れていることは明らかであり，それを正すことが求められる。

11　次の文章の内容と一致するものとして，妥当なものはどれか。

　日本人が川とどう付き合ってきたのか，歴史をさかのぼってみよう。縄文時代の人は，小高い丘陵地の南斜面の，川に近いが洪水に見舞われる心配のない場所を選んで小集落をつくっていた。おもに採集経済を営んでいた縄文時代初期には，川は飲料水や炊事水のほか魚採り場として，日常の生活に利用されていた。しかしこのころは，まだ川の流れを変化させようなどということは考えなかった。

　大陸からコメをつくる技術をもった人が日本列島に渡来すると，人と川との付き合いは根本的に変わることになる。当初はそれまでの縄文人の集落とあまり違わないところに住み，谷あいの小さな湿原などを水田として利用したが，人口の増加にともない，さまざまな場所に生産と生活を展開することになる。

　彼らの偉大さは，微地形を水とのかかわりにおいて丹念に読んで水田耕作に適した土地を選定しただけでなく，水流を変え，土地の形状を変えて国土の改造に着手したことである。

1　コメづくりが日本に伝わった当初は，住む場所は縄文人の集落とあまり変わらず，小さな湿原などにおいて稲作を行った。

2　日本において，国土改造の歴史は古く，縄文時代の初期にさかのぼる。

3　弥生時代において集落をつくった場所の条件は，飲料や炊事，魚採りのための川に近く，しかも洪水のリスクがないことであった。

4　日本における水とのかかわりは，水の流れを神聖なものとみなし，人為を加えてはならないという思想が根底にある。

5　生産と生活が様々な場所において展開した要因は，人口の増加ではなく，度々訪れた大規模な自然災害であった。

12　次の文章の内容と一致するものとして，妥当なものはどれか。

　経済学者が10人いると11の異なった意見がでるといわれる。これは個々の具体的な問題についての見解が分かれるというだけでなく，経済の原理とはなにか，経済学とはいかなる学問であるべきか，といった基本的な問題についてもそうなのである。もっとも，自然科学の場合は別として，これは多かれ少なかれ，すべての人文科学，社会科学においていえることであろう。むしろ，経済学の場合は，いろいろな見解が並存するものの，そのなかで主流とよばれる支配的な，強力なものが存在するということが特徴であろう。

1　科学というものは，自然科学，人文科学，社会科学に共通する特徴がある。
2　経済学者によって意見が異なる状況は，経済学への不信を招いている。
3　科学を発展させるためには，哲学的な思考が不可欠である。
4　経済学においては，基本的な問題についても見解が分かれている。
5　経済学では，様々な見解が対等なまま並存している状況が続いており，その点が他の学問と異なる点である。

13　次の文章の空欄に入る語句として，妥当なものはどれか。

　「抽象」という言葉によって，ひとはさまざまな問題を想いうる。そのため私は，このささやかな論稿がどういう意味の「抽象」にかかわるものであるかを明示して，考察の範囲を限定することからはじめなければならない。

　ここで言う「抽象」とは，直接経験の所与の或る一つの，または幾つかの特徴に専ら留意して，同時に与えられた他の諸特徴を　　　　　　　　するという精神の作業である。この言い方が，現在の心理学的研究の水準からみて，不当にメンタリスティックであるという不満をもつ人があれば，次のように表現をあらためても構わない。或る有機体の行動乃至経験が，その有機体の直面している心理的情況の全体によって規定されず，その情況の一定の特徴のみによって選択的に規定されることを結果として可能たらしめる，そのような心理的過程が抽象である。

1　無視　　2　具体化　　3　列挙　　4　強調　　5　吹聴

14 次の文章中の（　　）内に，あとのア〜キの7つの文を並べ替えて入れると意味の通った文章になる。その並べ方として，最も適切なものはどれか。

　以上は，わたしが読む人間から書く人間へ変化していった過程である。わたしの精神が読む働きから書く働きへ移っていったコースである。もちろん，（　　　　　　　　）特別の天才は別として，わたしたちは，多量の精神的エネルギーを放出しなければ，また，精神の戦闘的な姿勢がなければ，小さな文章でも書くことはできないのである。

　ア　それに必要な精神的エネルギーの量から見ると，書く，読む，聞く……という順でしだいに減っていくようである。

　イ　すなわち，読むという働きがまだ受動的であるのに反して，書くという働きは完全に能動的である。

　ウ　しかし，書くという働きに必要なエネルギーは読むという働きに必要なエネルギーをはるかに凌駕する。

　エ　そこには，精神の姿勢の相違がある。

　オ　読むという働きは，聞くという働きなどに比べれば多量のエネルギーを必要とする。

　カ　同様に精神の働きではあるが，一方はかなりパッシブであり，他方は極めてアクチブである。

　キ　更に考えてみると，読む働きと書く働きとの間には，必要とするエネルギーの大小というだけでなく，もっと質的な相違があると言わねばならない。

　1　ア−ウ−オ−キ−エ−イ−カ
　2　オ−ウ−ア−キ−エ−イ−カ
　3　オ−イ−カ−ウ−ア−キ−エ
　4　エ−オ−ウ−イ−カ−キ−ア
　5　オ−ア−イ−カ−ウ−キ−エ

15 次の文章の内容と一致するものとして，妥当なものはどれか。

　若い世代では，自ら目指した道に進みながら，「想像した日々と違う」との理由で，その道での将来を閉ざしてしまう例が少なくないと聞く。それぞれのいきさつや事情はあるにせよ，大変残念なことである。多くの場合，「もう少しこの道で頑張ってみたら…」という周囲の助言に耳を貸すこともなくなってしまうそうだ。

　私自身，振り返ってみると，様々な道を辿るうえで，事前の予想通りだった

という経験はほとんどなかった。かといって，予想通りでないことが当然だから，進む道を変更することが誤りだというつもりはない。ただ，少なくとも私自身は，予想通りでなかったからこそ，振り返ってみると貴重な経験ができたことが多かった。そこには，苦労も挫折もあり，回り道をすることも当然あった。

　思い通りにならないことに突き当たったとき，私達は，自らの無力さを知る。恐らく，将来を閉ざしてしまう人々の多くも，そのような状態なのだろう。では，周囲はどうすべきか。まずは話を聞き，寄り添うことが前提である。その上で，想像した日々と違う状況の中で，他の人々がどう過ごしたのかを知る機会を与えることが重要だと私は考える。多様な選択肢があることを示しながら，その道をもう少し進むこともその中の一つであることがわかれば，少なくとも気は楽になるだろう。

1　壁に突き当たったからといって，進んできた道を安易に離れることは，甘えた考えに原因があると思われる。

2　私達が無力さを悟ることは，自らの弱さの現れである。

3　想像力の欠如は，私たちの選択を誤らせるもとのなるものであるから，それを涵養（かんよう）することが大切である。

4　何かにつまずいた時に，様々な選択肢があることを知ると，気が楽になると考えられる。

5　苦労や挫折を恐れることは慎むべきであり，それを引き受けることこそが輝かしい未来のために不可欠である。

16　次の文章の内容と一致するものとして，妥当なものはどれか。

　「地図にない街を探したければ，まず，既存の地図が不可欠である」という趣旨の歌詞を小学生の時に聞いた。その曲は，付き合いでよく行くカラオケで歌うほどではないが，今でも気に入っている。大人になって，その意味について，思いを巡らせることが何度かあった。

　既存の地図が必要な理由は2つあると思う。1つは，地図が無ければ，そもそも地図にあるかどうかが判断できないということである。もう1つは，地図が無ければ，はじめに向かう方向を見出せないということである。

　私は，このことは学校での学習内容につながるものがあると考える。学問の上でもそれ以外においても，新しいものを発見するのは，いつの時代でも大きな喜びである。そのための取り組みとして，学問の概要や，先人達が探求した成果を広く学ぶことは，地図を手に入れ，それに目を通して旅の準備

をすることに類似している。

　教育に携わっているためか，「なぜ勉強するのか…」という悩みを親戚の子ども達から打ち明けられることが度々ある。私は，そのようなときにはまず，「成績を上げた方が進路の選択の幅が広がる」ということを強調するが，たいていの場合，他の人から同じような助言を受けている。そこで，地図があった方が旅は有意義であり，もしかしたら，地図にない街，学問でいうところの新しい発見のきっかけになるかもしれないということを説くことにしている。

1　学問上の新発見に向けた取り組みと，地図によって旅の準備をすることには共通点がある。

2　地図にない街を探すときには，既に存在する地図に頼ってはならない。

3　教育上の観点で論ずるべきことと，地図の必要性について，混同してはならない。

4　教育の方針や方向性を見出す努力が，今日の私達に欠けていることである。

5　成績を上げることを肯定してしまうことは，進路の選択の幅を狭めてしまう可能性があるので，慎むべきである。

《《《 解 答 ・ 解 説 》》》

1 3

解説　中村雄二郎『術語集』より。1．本文の冒頭には，本当は難しい問題を含む一方，通常簡単に考えられているという趣旨のことが書かれており，シンプルな論点に集約できるわけではない。　2．慣習の役割については触れられていない。　3．正しい。第1段落の後半の内容と一致する。　4．魔女狩りの構造については，自らが魔女とみなされることを恐れ，自らが魔女ではないことの証しとして協力すると説明されている。　5．魔女狩りにおける実在性については，「どうでもよい第二義的なもの」と説明されている。

2 1

解説　河合隼雄『こころの処方箋』より。1．正しい。一人寝を強制することは，真の自立ではなく，親の強さに押された見せかけの自立に過ぎず，また，そのことが言葉の発達の遅れをもたらしたという趣旨の内容が述べられている。　2．母親が接近を許すと，子どもが，今までの分を取り返すほどに

甘えてきたと述べられている。　3.　最後の部分に，言葉の進歩や発達が他の子どもに追いついてきたことが述べられており，長い年月を要したとは書かれていない。　4.　本文中に述べられている事例は，知能が劣っていないのに，言葉がうまく話せないケースである。　5.　家族以外とのコミュニケーションについては，本文において触れられていない。

③ 5

解説　このような文章の整序問題については，接続語などによって文章の流れをつかみ，指示語の指示内容が直前に位置する場合が多いことなどをヒントにする。まず，選択肢より，ＡとＣでいずれが冒頭の一文としてふさわしいかを考えると，接続語や指示語を含むＡよりも，テーマの提示を行っているＣの方が適切である。次に，科学哲学者の例を挙げているＦが続き，また，その説を紹介しているＤがその後に位置し，その内容と対比される内容を述べているＢにつながる。さらに，「これらの説の欠点」について述べているＡが続き，最後には，欠点を具体的に説明しているＥがふさわしい。以上より，正解は5である。

④ 2

解説　石川淳『歴史と文学』より。1.「言葉といふ手段で科学しているつもり」とあり，また法則性についても触れられていない。　2.　正しい。第1文の後半の内容と一致している。　3.　科学者のマントを着ているとたとえられているのは，文学者ではなく歴史家である。　4.　本文の内容とあきらかに一致していない。　5.　この文章では，むしろ，両者のモラルの違いについて強調されている。

⑤ 4

解説　安藤宏『太宰治　弱さを演じるということ』より。「期待される」「といえそうだ」という表現について，客観性と記者の判断という異質なものを一つにまとめ上げるものであるという趣旨であるから，「ギリギリの折衷」が最も妥当である。1の「激しい対立」，2の「解消できない矛盾」については，いずれも，異なるものをまとめ上げて表現するという趣旨に合わず，誤りである。また，3の「机上の空論」，5の「砂上の楼閣」については，「客観性と記者個人の判断」という直前の内容を踏まえたものとなっておらず，適さない。以上より，正解は4である。

6 4

解説 横山れい子「アリストテレスの倫理学説～幸福すなわち『よく生きること』の問題をめぐって」より。1. 誤り。第2段階において，「ソクラテスの幸福説は，プラトンを経てアリストテレスへとうけつがれていった」と述べられているので，「断絶した」との記述は誤りである。 2. 誤り。第1段階において，「万人の希求するものであり，洋の東西を問わず，歴史を通じた人類の願いであるといえよう」と述べられているので，「西洋思想に固有のものであるので，普遍性に欠ける」との記述は誤りである。 3. 誤り。アテナイ市民が享楽を求めたという記述や，ソクラテスが哲学的な思索を促したとの記述はないので誤りである。4. 正しい。第2段階の第2文と第3文の内容から，選択肢で述べられた幸福の峻別や，魂がよいものとなるように気遣うことなどの内容を読み取ることができる。 5. 誤り。本文中において，アリストテレスがソクラテスの幸福論に懐疑的であったことを示す記述はないので，選択肢で述べられた内容は誤りである。

7 5

解説 C.クラックホーン『文化人類学の世界』より。1. 科学者の団結や，科学を超えた思想の構築については，本文中に触れられていない。 2. 各学問は，独力で人類の諸問題を解決することはできないとされているが，人類学がその例外とはされていない。むしろ，人類学は，様々な学問を包括的に含むものであることが述べられている。 3. 諸学問の峻別が学問のあり方の前提であるという記述はない。 4. 紛争解決のための物理的強制力については触れられていない。 5. 正しい。本文は，人類学のあり方について述べている。既存の様々な学問にまたがる包括的なものであり，それらを結びつけるのに中核的な役割を果たし，また，独自の技術・興味・知識を含むものでなければならないとされている。要旨を読み取るためには，全体を貫くテーマを含んでいること，筆者が強調している内容を含むことなどに留意する必要がある。

8 2

解説 毎日新聞「余録」2023年7月2日より。1. 誤り。第2段落に「将軍の座こそ離れたものの大御所として政治の実権を握っていた家康」とあるので，「将軍の座を離れた後，実質的な政治的な権力を手放し」との記述は誤りである。 2. 正しい。第4段落冒頭の「もっとも『隠居』と異なり，近年の移住希

望者の中心は若者・中年世代だ」との記述と一致している。　3．誤り。第3
段落の最後に，「冬も比較的温暖で自然豊か，いまも昔も魅力の地らしい」と
あり，また，首都圏とのアクセスについては触れられていないので，「気候の
要因より，閑静な地でありながら比較的首都圏とのアクセスの利便性が高いか
ら」との記述は誤りである。　4．誤り。第5段階において，「コロナ下でいっ
たん是正の兆しがみられた人口の東京集中」との記述があるので「コロナ下に
おいて，人口の東京集中が急速に進んだ」との記述は誤りである。　5．誤り。
歴史的史跡の優美性については本文中で触れられていないので，誤りである。

9　2

解説 原研哉『大量発話時代と本の幸せについて』より。1．誤り。第1文
において，今現在の情報の方が信憑性があるとされている。　2．正しい。第
2段落における最後の2つの文の趣旨と一致している。　3．誤り。第2段落
において，現時点における情報の価値の大きさについて述べられる一方で，
「長期にわたる経験」については触れられていない。　4．誤り。最後の1文に
おいて，ツイッターから得られる情報について，したたかな編集感覚を働か
せるなら，ユニークな旅行ガイドが生まれる可能性があると述べられている。
5．誤り。「インターネットから得られる情報全般」については，文中におい
て評価されていない。

10　3

解説 鳥飼玖美子『日本語は意欲を失っている』より。1．誤り。言葉遣い
の自省について触れた箇所はない。　2．誤り。副詞と名詞の誤用を比較した
箇所はない。　3．正しい。第2段落のはじめから文章の最後にかけて述べら
れている内容と一致する。　4．誤り。「価値のある言語」については，論じ
られていない。　5．誤り。冒頭に，日本語が乱れているかどうかの判断が難
しいとの記述がある。

11　1

解説 千賀裕太郎『よみがえれ水辺・里山・田園』より。1．正しい。「谷あい
の小さな湿原などを水田として利用した」とする第2段落の内容と一致している。
2．コメづくりが伝来し，人口が増加したことに伴って，様々な場所に生産と生

活を展開し，国土の改造に着手したことが述べられている。　3．縄文時代についての記述である。　4．思想については触れられておらず，また，水の流れを変えてきたという内容と一致しない。　5．大規模な自然災害については触れられていない。また，人口の増加に伴って様々な場所に展開したと書かれている。

12　4

解説　根岸隆『経済学史入門』より。1．誤り。「自然科学の場合は別として」という部分と一致しない。　2．誤り。「経済学への不信」については触れられていない。　3．誤り。哲学的な思考について述べた箇所はない。　4．正しい。第2文の内容と一致している。　5．誤り。最後の1文において，「主流とよばれる支配的な，強力なものが存在する」と述べられているため，選択肢の内容は誤りである。

13　1

解説　黒田亘「『抽象』について」より。1．正しい。抽象とは，一般的に，事物や具体的な概念から，共通な属性を抜き出し，これを一般的な概念としてとらえることを意味し，本文中では，このことについて，「その情況の一定の特徴のみによって選択的に規定されること」などとしている。よって，「または幾つかの特徴に専ら留意して，同時に与えられた他の諸特徴を」に続く語句として適切なのは，「一定の特徴『のみ』によって選択的に規定」という趣旨から，「無視」という語句である。　2．誤り。「具体化」は，抽象とは逆に，様々な事物や特徴などを挙げることを意味するので，適切でない。　3．誤り。「列挙」は具体的な事物や特徴などをいくつか挙げることを意味するので，「抽象」について述べた文脈にはそぐわない。　4．誤り。「強調」は，具体的な事物や特徴などの中から，1つあるいはいくつかを選択的に取り上げ，その重要性などを指摘することを意味するので，「抽象」について述べた文脈にはそぐわない。　5．誤り。「吹聴」とは，広く「言いふらす」ことを意味するので，「抽象」とは直接的な関係のない語句である。

14　2

解説　出典は清水幾太郎の『論文の書き方』である。文章を整序する問題は，指示語や接続語に注意しながら，文意が通るように並べかえていくことが大切

である。この問題の場合，選択肢をヒントととらえると「もちろん」の直後には「ア・エ・オ」のいずれかが入ることがわかる。アは「それに必要な精神的エネルギーの量から見ると……」という文になっているので，文頭の「それに」は接続詞ではなく「それ（代名詞）＋に（助詞）」の指示語ととらえられる。そうすると，「もちろん」の直後に入れた場合文意が通らなくなるので，アで始まっている1は誤りとして消去できる。同様にエも「そこ」に注目すると文意が通らないことがわかるので，4も消去できる。オは文意が通るので2・3・5について検討していけばよいことになる。したがってオの後ろには「ア・イ・ウ」のいずれかが入ることがわかる。それぞれをあてはめていくと，逆接の接続詞「しかし」で始まっているウが最も文意が通ることに気づく。そうなると2しか残らない。2の順番どおりに読み進めていき，流れがおかしくないかどうか検討し，おかしくなければ正答とみなすことができる。よって正答は2。

15 4

解説 1．誤り。「甘えた考え」については，述べられていない。　2．誤り。第3段落の冒頭に，無力さを知るのは，思い通りにならないことに突き当たったときであるという趣旨のことが述べられている。　3．誤り。想像力の欠如や，その涵養（かんよう）の大切さについて触れられた箇所はない。　4．正しい。最後の文に述べられた趣旨と一致している。　5．誤り。苦労や挫折については，筆者の経験について述べた第2段落において触れられているが，それを恐れることは慎むべきであること，それを引き受けることの意義については述べられていない。

16 1

解説 1．正しい。第3段落において述べられた内容と一致している。
2．誤り。冒頭に述べられた歌詞の趣旨は，文章全体を通じて肯定的に評価されている。　3．誤り。第3段落から第4段落にかけて，教育や学問において概要を把握することと地図を用いて旅の準備をすることの共通点が述べられているので，「混同してはならない」などとする選択肢の文は誤りである。
4．誤り。「教育の方針や方向性を見出す努力」については触れられていない。
5．誤り。本文中において，成績を上げること自体は，進路の選択の幅を広げるとされている。

文章理解　　　英文

||||||||||||||||||||||||||||||||　P O I N T　||||||||||||||||||||||||||||||||

　英文解釈は，公務員試験における英語の中心となるものである。書かれて
ある英文の内容を正しく理解するためには，主語，述語，目的語，補語とい
う英文の要素をしっかりおさえるとよい。

　「主語＋述語動詞」に注目しよう。どれほど修飾語句で飾られた文でも，ま
たどれほど難語，難句でかためられた文でも，裸にすれば，主語と述語動詞
の2つが残る。だから英文を読む時には，まずその主語をつきとめ，次にその
主語に対する述語動詞をさがし出すことである。そして自分の持つ関連知識
と常識力を総動員して全体を理解するよう努めることである。つねに「主語
＋述語動詞」を考えながら読もう。

《 演 習 問 題 》

1 次の英文と内容の一致するものとして，最も適切なものはどれか。

　One fine day I was standing in line at a station in Tokyo to renew my
three-month train pass. Ahead of me was a young man who was filling out
the required form. He must have made a mistake because he suddenly
threw the wrinkled form on the ground. I silently bent over, picked it up,
and put it in a nearby trash container. The young man saw this and was of
course very embarrassed. He apologized and then quickly walked away.
I hadn't meant to upset the young man. I only wanted him to realize his
behavior was unacceptable.

　1　若者は，書き間違えた用紙を一度は床に捨てたものの，改めて拾いなお
　　してごみ箱に捨てた。
　2　東京のある駅は，定期を購入する人の列で混雑していたため，筆者は定
　　期の購入を諦めた。
　3　筆者は，若者を当惑させるつもりはなく，ただ彼の行動は間違っている
　　と理解させたかった。

4　筆者がとった行動を受けても，若者は，筆者に謝ることはなかった。

5　筆者は，常日頃から公共での若者のマナーに目を光らせている。

2　次の英文の和文タイトルとして，最も適切なものはどれか。

Baseball fans say soccer is less exciting because there is not enough scoring. Soccer fans, on the other hand, say baseball games are too slow and tedious. Such put-downs are nothing vehement, of course, but one does not expect sports fans to be impartial when they compare their favorite sport with others.

It's actually fun to compare and contrast baseball and soccer. Peter Drucker (1909-2005), a scholar on business management, explained their differences in terms of corporate structure.

1　野球ファンの考え　　　　2　サッカーファンの不満

3　スポーツの経験　　　　　4　野球とサッカーの間には

5　優れた経営者に必要なものは

3　次の英文のア～ウに入る語句の組み合わせとして，適切なものはどれか。

A：What are those seven dolls on a toy ship over there?

B：They are seven gods of good fortune.　And the sailing boat they are （　ア　）is a kind of lucky charm called Takara-bune, meaning treasure boat.

A：Hum, I'll buy（　イ　）for the happiness of my family.（He takes his wallet out of his pocket.）

B：What is something hanging down from your wallet?

A：This is a rabbit foot.　In the western world, they believe that a rabbit foot brings（　ウ　）.

B：Then, you've already had a lucky charm!

1　ア　going　　　イ　something　　ウ　lucky

2　ア　going　　　イ　anything　　　ウ　good fortune

3　ア　aboard　　 イ　one　　　　　ウ　lucky

4　ア　aboard　　 イ　one　　　　　ウ　good fortune

5　ア　aboard　　 イ　something　　ウ　lack

4 本文の内容と一致するものとして，正しい選択肢はどれか。

When I first started focusing on the aviation sector, I quickly learned that aviation accounts for about two percent of global CO2 emissions. And while that number may seem small, it could grow to 20 percent by 2050 if no action is taken. And for those of us that do fly regularly, it can be the biggest component of our individual carbon footprint. That trip I took when I was six, if I were to make the same trip today, I would have to be vegetarian for nearly four years to make up for the carbon and other emissions from that trip. And so that's why I'm conflicted. And it's also why I'm working with the aviation sector to figure out how to decarbonize as soon as possible.

The next thing I learned is this: decarbonizing aviation, it's no easy task. Traditional jet fuel is so very good at its job. It's cheap, and it's energy-dense. And because of that engines, airplanes, airports, fuel supply chains and regulations, they are all built on flying planes from point A to point B that run on jet fuel. And those planes that run on jet fuel, they're operated for 20 to 30 years on average before they're retired. That means a plane that's ordered today will be flying until around 2050. So we can't get there on engines and airplanes alone. If we want any hope of reaching our goal of zero emissions, we need to find the mix of solutions now.

1　従来のジェット燃料は高価でエネルギー密度が低いため，機体に関しては，平均して10年ほどしか運用できない。

2　個人が排出する二酸化炭素量については，飛行機の排気量が大部分を占めており，個人が排出する二酸化炭素量を減らして脱炭素化するためには，飛行機の利用を控える必要がある。

3　航空機の脱炭素化は簡単ではないが，2050年には従来のジェット機から新しいジェット機への運用の移行が完了していることが予想されている。

4　航空業界の各社が脱炭素化に向けた様々な準備を進めており，中でも筆者の所属する航空会社がその目標達成の目前であり，その模範となるようなシステムをレクチャーしている。

5　現在，世界の二酸化炭素排出量の約2％は航空関係によるものであり，このまま策を講じない場合，2050年までにこの割合が20％に達する可能性がある。

5 次の英文の内容として，正しいものはどれか。

Our research often starts with a very simple question. So I'll give you an example. What do you carry? If you think of everything in your life that you own, when you walk out that door, what do you consider to take with you? When you're looking around, what do you consider? Of that stuff, what do you carry? And of that stuff, what do you actually use?

So this is interesting to us, because the conscious and subconscious decision process implies that the stuff that you do take with you and end up using has some kind of spiritual, emotional or functional value. And to put it really bluntly, you know, people are willing to pay for stuff that has value, right? So I've probably done about five years' research looking at what people carry. I go in people's bags. I look in people's pockets, purses. I go in their homes. And we do this worldwide, and we follow them around town with video cameras. It's kind of like stalking with permission. And we do all this -- and to go back to the original question, what do people carry?

And it turns out that people carry a lot of stuff. OK, that's fair enough. But if you ask people what the three most important things that they carry are -- across cultures and across gender and across contexts -- most people will say keys, money and, if they own one, a mobile phone. And I'm not saying this is a good thing, but this is a thing, right? I mean, I couldn't take your phones off you if I wanted to. You'd probably kick me out, or something. OK, it might seem like an obvious thing for someone who works for a mobile phone company to ask. But really, the question is, why? Right? So why are these things so important in our lives? And it turns out, from our research, that it boils down to survival -- survival for us and survival for our loved ones.

1　意識的に，あるいは，無意識的に持ち物と使う物とを選択する行為が，精神的，感情的，機能的な価値を持つ。

2　人は価値があるものだけではなく，価値がないものにもお金を払う場合がある。

3　自分が持ち歩くものの中で，特に重要な3つを挙げてもらうと，文化や性別，さまざまな環境により，内容は大きく変わる。

4　研究結果により，持ち物が少ない人たちに共通する点がいくつか発見された。

5　ここ5年のうちに，人々が外出する際の持ち物に関する内容が変化した。

6　本文の内容と一致するものとして，正しい選択肢はどれか。

New Mexico is perhaps the least typical American state. I find it a downright oddity.

It's sparsely populated and economically disadvantaged, but its history with Mexico and the early Spanish conquistadors gives this southwestern state a unique and mysterious identity.

New Mexico's population is 48% Hispanic, with most claiming Spanish ancestry. One out of every 3 residents speaks Spanish at home. There are also many in the state who speak New Mexican Spanish, an old form of Spanish brought here by colonists between the 16th and 18th centuries. In addition, Native Americans have inhabited New Mexico for about 13,000 years. A Navajo reservation spreads across 14 million acres, and 4% of the population speaks Navajo.

New Mexico is supported by federal funding for three Air Force bases, as well as the White Sands Missile Range and Fort Bliss's McGregor Range, where weapons are tested. About 1 in 4 workers is a federal employee. Federal research institutions in Los Alamos and Albuquerque invest over $3 billion (¥400 billion) annually in jobs and the economy. That helps explain why New Mexico has more PhDs per capita than any other state. And yet, the money isn't spread evenly – nearly 75% of the roads in New Mexico are unpaved. I think you can begin to see how peculiar things are here.

1　ニューメキシコ州は，人口こそ少ないものの，経済的には恵まれており，アメリカの中でも注目度が高い地域である。

2　ニューメキシコ州の人口の半数以上はヒスパニックで，住民の3人に1人が自宅で家族と会話する際はスペイン語を話す。

3　16世紀から18世紀の間に，入植者たちによって，スペイン語の古い形態であるニューメキシコ・スペイン語が持ち込まれた。

4 ニューメキシコ州では，連邦政府からの資金が十分に行き届いているため，州内の道路の75％以上が舗装されている。

5 ニューメキシコ州の軍用地で働く4人に1人は，アメリカ国外の移民によって構成されている。

7 下線部の訳として正しいものはどれか。

You may not realize that you too use a silent language even when you speak. It is called body language. When, as children, we learn to speak our language, we also learn the body languages of our culture :the gestures and facial expressions that are used along with, or instead of, speech. Body language plays an important part in everyday communication. But if the gestures are not understood, perhaps an important message is wrongly understood. For example, Arabs often say "no" by lifting their heads rather sharply and making a short sound with their tongues. People from Western cultures may think that this gesture means "yes" if they do not notice the sound. Or, if they do hear the sound, they may think it means "no".

1 子供として母国語が話せるようになると，我々は自国文化のボディ・ランゲージ，つまり言語の代りに用いる身振り手振りと顔の表情とを身に付けている。

2 子供として母国語が話せるようになっていれば，我々は自国文化のボディ・ランゲージ，つまり言語と共に用いる身振り手振りと顔の表情とを身に付けているものだ。

3 子供の時母国語が話せるようになると同時に，我々は自国文化のボディ・ランゲージも学んでいるが，すなわち言語の代りに用いる身振り手振りと顔の表情とを身に付けている。

4 子供の時母国語が話せるようになると同時に，我々は自国文化のボディ・ランゲージ，つまり言語と共に，もしくは言語の代りに用いる身振り手振りと顔の表情とを身に付ける。

5 子供の時母国語が話せるようになると同時に，我々は自国文化のボディ・ランゲージ，すなわち言語と共に用いるものだが，身振り手振りと顔の表情とを身に付ける。

8 次の文章はある俳優が闘病体験を綴った手紙である。英文の内容と一致するものはどれか。

"My beloved patient! I was once in your position for a long time. I was helpless and isolated from everything. Lying in my bed in a hospital room, I was trying to be patient, thinking always about things that were far from the hospital, things that I had left unfinished, unfulfilled dreams. There were times when I was losing my faith completely, especially when I couldn't move anymore or when I was totally dependent on the goodwill of others, while my body was unresponsive and full of pain. One night, when even sleep had abandoned me, something happened that I will never forget…

"I saw–probably through my imagination–three people coming in my room and smile at me. I could see their smiles and colourful clothes in the darkness. These people, strangers to me, started playing theatre and reciting poems, just for me. They made me laugh. I felt moved."

1 ある夜，闘病中だった筆者のもとに突如現れた3人は，筆者も見覚えのある医者であった。

2 筆者は辛い闘病生活を送りながらも，やり残した仕事を最後まで成し遂げた。

3 開放的な夢から覚めた筆者は，そのおかしな夢を思い出して笑い出してしまった。

4 真っ暗な病室で眠れずにいた筆者のもとに，カラフルな衣装を着た3人が出現した。

5 筆者は忘れることもできない経験をしたその翌朝から，身体の痛みを感じることがほとんどなくなった。

9 次の英文の内容と一致するものはどれか。

Let me ask you a question: How many of you think that AI will pass the entrance examination of a top university by 2020? Oh, so many. OK. So some of you may say, "Of course, yes!" Now singularity is the issue. And some others may say, "Maybe, because AI already won against a top Go player." And others may say, "No, never. Uh-uh." That means we do not know the answer yet, right? So that was the reason why I started Todai Robot Project, making an AI which passes the entrance examination of the

University of Tokyo, the top university in Japan.

This is our Todai Robot. And, of course, the brain of the robot is working in the remote server. It is now writing a 600-word essay on maritime trade in the 17th century. How does that sound?

Why did I take the entrance exam as its benchmark? Because I thought we had to study the performance of AI in comparison to humans, especially on the skills and expertise which are believed to be acquired only by humans and only through education. To enter Todai, the University of Tokyo, you have to pass two different types of exams. The first one is a national standardized test in multiple-choice style. You have to take seven subjects and achieve a high score -- I would say like an 84 percent or more accuracy rate -- to be allowed to take the second stage written test prepared by Todai.

1　2020年までにAIが一流大学の入試に通るようになることは不可能である。
2　AIは碁の対決において，名人に勝利したことがある。
3　AIは全国共通試験の5科目で84％以上を正答しなければならない。
4　AIが東京大学に入るためには，3種類の試験を受ける必要がある。
5　AIは17世紀の海上貿易について，600語の小論文を完成させた。

10　次の英文の内容として，適切なものはどれか。

Doctors say asthma attacks are main reason why American children miss school. Health officials have recently become alarmed by the rising rate of childhood asthma. The increase is especially high for African-American kids. Asthma is three to four times as common among them as among white children.

"We don't know why more kids are getting asthma," says Dr. William Davis, an asthma a specialist in New York City. Last week he and his fellow doctors met in Washington, D.C., to try to find some answers and discuss new treatments for asthma.

1　医師らの分析によって，子供たちの間でぜんそくが流行している理由が明確になってきた。
2　アメリカの子供が学校を休む理由は一様ではなく，原因については，様々なものが挙げられる。

3　白人の子供は，アフリカ系アメリカ人の子供に比べ3〜4倍ほどぜんそくにかかりやすい。

4　ぜんそくの新しい治療法の発見に向けて，さまざまな議論がなされている。

5　アメリカの子供がぜんそくを発症する年齢は，他国に比べて比較的若い。

11　次の英文の主旨として，適当なものはどれか。

In the study of nature, an explanation must be not only the facts but also as direct and simple as possible. Where some explanation are advanced, the rule is followed that the one which is more simple is also more nearly correct. A recent writer on the nature of science says that choosing more complex explanation would be as sensible "as travelling eastward around the world to reach your neighbour's house which is next door to the west."

1　自然の研究においては，より複雑な説明のほうが正しい場合が多い。

2　自然の研究においては，直接的で簡単すぎる説明はできるだけ避けなければならない。

3　自然の研究においては，何かを説明しようとする時，それが真実でしかもできるだけ直接的で簡単でなくてはいけない。

4　自然の研究においては，複雑な説明でも簡単な説明でも，まずそれが真実でなくてはならない。

5　自然の研究においては，複雑な説明をくり返すうちに真実が見えてくるものだ。

12　次の英文の内容と一致するものはどれか。

How will robots be used? In the artificial intelligence project of Stanford University, John McCarthy has been speculating about the possibility of an automated biological laboratory for exploring the Mars and other planets. Such a robot, he says, would be ideal for space exploration because it could perform complicated experiments and make decisions about what to investigate and where to go. MIT's Papert confidently foresees such decision-making by robot researchers. "If you can have a computer filing system that locates the exact pages you need," he says, "you are not too

---

far away from building a machine which can solve the problem for you."
He also predicts multipurpose devices which can do all kinds of tasks from
house cleaning to factory work.

1 ロボットがいかに進歩しても，問題解決にあたっては人間の意思決定が
必要となるだろう。
2 家の掃除から工場の仕事に至るまでの各種の仕事にあわせ，いろいろな
ロボットが開発されることになるだろう。
3 自分で意思決定し，研究を行っていくことのできるロボットが今後開発
されるだろう。
4 惑星探査用ロボットは，調査の必要に応じて，各惑星で製造されるよう
になると予想されている。
5 ロボットの工場への進出により，失業者の増大が予想される。

13 次の英文から読み取れる内容として，正しいものはどれか。

Gandhi was twenty-four years old when he moved to South Africa. He
worked as a lawyer for the colony's large Indian population. Although
Indians divided themselves by religion-Hindus and Muslims-Gandhi felt
that being Indian transcended both religion and caste. While in South
Africa, he also witnessed and experienced the widespread discrimination
directed at all non-white peoples. He began to stand up for his rights with
peaceful protests. For example, he refused to give up his first-class seat on
a train, and he refused to remove his turban in court. It was here that
Gandhi began to question the role of the British Empire and to build his
beliefs about civil rights and human equality.

1 ガンディーは，30代を迎えてから，南アフリカに移住した。
2 ガンディーは，南アフリカの地で，公民権と人間の平等に関する信念を
築くようになった。
3 慎ましい性格であったガンディーは，交通機関を利用する際に，1等席
に座るようなことはなかった。
4 平和的な手段を重んじたガンディーは，法廷においてターバンを外すと
いった指示には従った。
5 南アフリカにおいて，非白人への差別解消のために戦っていた人物との
出会いが，その後のガンディーの生き方を変えるきっかけとなった。

14 次の文章はダン・ギルバートの「私たちが幸せを感じる理由」に関するスピーチの一部を抜粋したものである。英文の内容と一致するものはどれか。

When you have 21 minutes to speak, two million years seems like a really long time. But evolutionarily, two million years is nothing. And yet in two million years the human brain has nearly tripled in mass, going from the one-and-a-quarter pound brain of our ancestor here, Habilis, to the almost three-pound meatloaf that everybody here has between their ears.

What is it about a big brain that nature was so eager for every one of us to have one? Well, it turns out when brains triple in size, they don't just get three times bigger; they gain new structures. And one of the main reasons our brain got so big is because it got a new part, called the "frontal lobe." And particularly, a part called the "pre-frontal cortex."

Now what does a pre-frontal cortex do for you that should justify the entire architectural overhaul of the human skull in the blink of evolutionary time? Well, it turns out the pre-frontal cortex does lots of things, but one of the most important things it does is it is an experience simulator.

Flight pilots practice in flight simulators so that they don't make real mistakes in planes.

Habilis ホモ・ハビリス　　frontal lobe 前頭葉
pre-frontal cortex 前頭葉皮質

1　進化の過程で脳の容量が増えた要因として，二足歩行による変化が挙げられる。

2　パイロットによる模擬飛行装置を使った操縦訓練は，実際の操縦とは異なるため，装置を用いた訓練は，ミスを防ぐための方法としては不適切である。

3　ホモ・ハビリスの脳に比べ，人間の脳の容量は3倍になり，新しい構造も3倍に増えた。

4　前頭葉皮質には多くの役割があるが，中でも一番重要な役目は，疑似体験をすることである。

5　進化論からみても，200万年という時間は，21分間の講演時間とは比べものにならないほど長い時間であるということは言うまでもない。

15 次の英文の要旨として，正しい選択肢はどれか。

Breaking the ice is never easy when meeting someone new, but it's even trickier when there's a language barrier.

I've got some experience in this area; when I arrived in Japan and met my wife-to-be's family for the first time, I could barely fumble my way through a few Japanese phrases and they couldn't speak much English.

And more recently, my wife and I have tried our best to help our parents overcome that same language barrier and get to know each other, a task that's become especially important now that they share a granddaughter.

Thankfully, a few things have helped everyone successfully break the ice.

First of all, our parents are pretty easy to get along with and don't take themselves too seriously. There are naturally some misunderstandings from time to time, but all four of them take those in stride – smiles and laughs are universal.

Then there's technology and other tools. When my in-laws took a trip to Canada with us a few years ago, they rented an electronic interpreter that would spit out translations in real time.

At other times, my parents have made good use of Google Translate, and when they visited this year my dad bought a Japanese phrasebook in order to pick up a few key words and expressions.

Our parents have also bonded over the Hanshin Tigers – my father-in-law is a diehard fan and it turns out you don't need to share a language to root, root, root for the home team.

All of that has helped make visits stress-free and, most importantly, fun. We also find that we're now spending less time interpreting and instead just letting our parents enjoy each other's company.

1　公用語が違うもの同士で交流する際は，お互いに一緒にいる時間をストレスのないものにするために，様々な努力をしなくてはならない。

2　国際結婚の際には，お互いの家族との交流をスムーズなものにするため，そして，様々な誤解を防ぐために，文化の違いに真面目に向き合うことが重要となる。

3　言語の壁を乗り越えるためには，笑顔と笑い声，様々なテクノロジーなどが役立ち，また，共通の趣味を持つことで，言語を共有する必要がなくなる場合がある。

4　言語が違う人同士で交流する際は，まずお互いが慣れるまでは，電子翻訳機などのテクノロジーとその他のツールを使うことを控えた方が，交友関係がスムーズになる場合がある。

5　初めての人に会うときに打ち解けることは，自国同士であれば誰であっても簡単に行くが，言語の壁があると困難になり，共通語を話す者同士での交流の何倍も難しくなると筆者は感じている。

《　解 答・解 説　》

1　3

解説　"Slob Behavior" in Focus on America and Japan by P. McLean より。
【全訳】ある晴れた日，私は3か月の定期を更新するために，東京のある駅で列に並んでいた。私の前には，必要な用紙に記入をしている若者がいた。彼は書き間違えたにちがいない。というのも突然しわくちゃにした用紙を地面に放り投げたからだ。私は黙って身をかがめ，それを拾い，近くのごみ箱に捨てた。若者はこれを見て，もちろんとても当惑した。彼は私に謝り，そそくさと立ち去った。私は若者を当惑させようというつもりはなかった。私はただ彼に，彼の行動は許されないものだということを理解させたかっただけである。

1. 本文中から，若者が捨てた用紙を拾って捨てたのは筆者であるということが読み取れる。　2. 本文中に，混雑したとは記されていない。また，第1文には，筆者は定期の更新を行うため列に並んだということが読み取れる。
3. 正しい。「I hadn't meant to upset the young man. I only wanted him to realize his behavior was unacceptable.」この部分から選択肢に述べられていることが正しいと読み取れる。　4.「He apologized and then quickly walked away.」この部分から，「彼は私に謝り，そそくさと立ち去った。」ということが読み取れる。　5. 選択肢の内容については，本文から読み取ることができない。

2 4

解説 天声人語2015春『野球とサッカーの間には』より。

【全訳】ファンとは一面，身内びいきなものだ。野球ファンは「サッカーはなかなか点が入らない」とぼやき，サッカーファンは「野球の試合は間延びしている」などと不平を言う。むろん，口角泡を飛ばして争う話ではない。

とはいえ二つの球技の違いをあれこれ思い巡らすのは楽しい。ピーター・ドラッカーは経営学者らしく，その違いを企業組織のあり方にあてはめて考察している。

本文中では，野球とサッカー，それぞれのファンによる不満を取り上げているので，野球とサッカーの両方が含まれている4がタイトルとして適切。

3 4

解説 **【全訳】**Ａ：あそこの人形が7つ乗っているおもちゃの船は何なの？
Ｂ：あれは七福神で，あの神様たちが乗った船は宝船というお守りの一種だよ。
Ａ：じゃあ，家内安全のためにひとつ買うとしよう。（財布を取り出す）
Ｂ：君の財布からぶら下がっているものは何なんだ？
Ａ：これはウサギの足。西洋では，幸運を招くとされているよ。
Ｂ：じゃあ，君はもうお守りをひとつ持っているんじゃないか！
ア　aboard は1語で「乗船して」の意味。　イ　話題になっている数えられるものを「ひとつ」指すときはoneを使う。買いたいものが決まっているので，「何か」の意味のsomethingや anythingは不適当。　ウ　「幸運」の意味の語が入るが，bringの目的語となる部分が空欄となっているので，形容詞のluckyは不適当。また，lackは「不足」の意味の名詞である。よって正答は4。

4 5

解説 ライア・ウェーレン『3 ways to make flying more climate-friendly』より。

【全訳】初めて航空業界に注目し始めた時，世界のCO_2排出量の約2%は航空業界が占めているのだとすぐに学んだ。この数字は小さく見えていても，何も対策を講じないと2050年までに20%に達する可能性がある。また，定期的に飛行機に乗る人達にとって，それは個人が排出する二酸化炭素量の最大の原因となる可能性がある。6歳の時のあの旅行を現在しようとしたら，その旅

行からの二酸化炭素排出の影響を相殺するために，ほぼ4年間，菜食主義者にならなければならない。だから私は葛藤している。また私が航空業界に携わっているのも，脱炭素化する方法をできるだけ早く見つけるためである。

　次に学んだことは，航空業界の脱炭素化は簡単ではないということである。従来のジェット燃料はとても優秀である。安くて，エネルギー密度が高い。そのため，エンジン，飛行機，空港，燃料サプライチェーンや規制は，A地点からB地点までジェット燃料で動く飛行機を前提として作られている。また，ジェット燃料で動く飛行機は，平均して20～30年間運用されてから引退している。つまり，今発注された飛行機は，2050年頃まで飛ぶことになる。だからエンジンや飛行機だけでは，ゼロエミッションの目標達成に辿り着けない。目標に到達する希望があるなら，今すぐ様々な解決策を見付けなければならない。

1．誤り。第二段落の冒頭と，その後の「And those planes that run on jet fuel, they're operated for 20 to 30 years on average before they're retired. That means a plane that's ordered today will be flying until around 2050.」の部分から，従来のジェット燃料は，安く，エネルギー密度が高いため，機体に関しては，平均して20～30年ほどの運用となることが読み取れる。

2．誤り。「And for those of us that do fly regularly, it can be the biggest component of our individual carbon footprint. 」の部分から，定期的に飛行機に乗る人達にとって，それは個人が排出する二酸化炭素量の最大の原因となる可能性があると示されているが，定期的に飛行機を利用する人以外にはあてはまらないので，誤りである。また，「個人が排出する二酸化炭素量を減らして脱炭素化するためには，飛行機の利用を控える必要がある」といった内容は，本文中では述べられていない。　3．誤り。「That means a plane that's ordered today will be flying until around 2050.」の部分より，今発注された飛行機は2050年頃まで飛ぶことになることがわかり，また，続く文においてエンジンや飛行機だけでは，ゼロエミッションの目標達成に辿り着けない旨が述べられているので，「2050年には従来のジェット機から新しいジェット機への運用の移行が完了していることが予想されている」との選択肢の記述は誤りである。　4．誤り。本文中には，選択肢のように「航空業界の各社が脱炭素化に向けた準備」についての内容は述べられていない。　5．正しい。「I quickly learned that aviation accounts for about two percent of global CO2 emissions. And while that number may seem small, it could grow to 20 percent by 2050 if no action is taken.」の部分から，選択肢の内容が読み取れる。

5 1

解説 TED Talks：Jan Chipchase「携帯電話の人類学」より。

【全訳】私たちの研究は非常に簡単な質問から始まります。例えばこんな質問です。「あなたは何を持ち歩きますか？」自分のすべての持ち物を思い浮かべてみて，ドアから出ていくとしたら，あなたなら何を持っていくでしょう？あたりを見回してみたらどうでしょう？その中で実際に持っていくのは？そして更にその中で実際に使う物は？

　興味深いのは，意識的にあるいは無意識的に持ち物と使う物とを選択する行為が，精神的，感情的，機能的な価値を持つということです。遠慮なく言えば，人は価値あるものにお金を使うでしょう。私は，およそ5年かけて人が何を持ち歩くのかを研究してきました。人々のバッグやポケット，財布の中，世界中を訪問して人々の家の中を調べました。カメラを手に街ゆく人を追いかけもしました。許可済みですが一種のストーキングです。私達はこれらを最初の質問である「人は何を持ち歩くか？」を調べる為に行いました。

　人々は物をたくさん持ち歩くことが分かります。結構なことです。彼らに自分が持ち歩くものの中で，特に重要な3つを挙げてもらうと，文化や性別，さまざまな環境にかかわらず，多くの人はこう言うでしょう。鍵，お金，そしてもしあるなら携帯電話です。これが良いことだとは言いませんが，面白い結果ではありませんか。みなさんから携帯電話を取り上げるのは難しいのです。そんなことをしたら叩き出されるのがオチでしょう。携帯電話メーカーで働く人間として当然の答だと思われるかもしれませんが，その理由は何かというのが問題です。つまり，なぜ私たちの生活で携帯電話が重要なのか？私たちの研究の結果，これはサバイバルと関係していることがわかりました。自分と愛するものの為のサバイバルです。

1．正しい。第2段落で述べられている内容と一致する。　2．誤り。第2段落の「people are willing to pay for stuff that has value」の部分から，人は価値のあるものだけにお金を払うと述べられている。　3．誤り。第3段落の冒頭から，「文化や性別，さまざまな環境にかかわらず，鍵，お金，そしてもしあるなら携帯電話」を挙げるということが述べられている。　4．誤り。本

文中では述べられておらず，むしろ本文では，人々の持ち物の多さについて記述されている。　5．誤り。筆者は5年の研究により，人々の持ち物は「鍵，お金，携帯電話」であると特定した。持ち物が変化したとの記述はない。

6 3

解説 alpha online 2022.8.19『The odd state of New Mexico』より。

【全訳】ニューメキシコ州はおそらく，最も典型的でないアメリカの州だ。私はニューメキシコ州を実に変わったものとみている。

　ニューメキシコ州は，人口が少なく，経済的に恵まれていないが，メキシコと初期のスペイン人コンキスタドール（アメリカ大陸征服者）との歴史が，この南西部の州に独特で不思議なアイデンティティーを与えている。

　ニューメキシコ州の人口は，48％がヒスパニックで，そのほとんどはスペイン系だ。住民の3人に1人が家ではスペイン語を話す。この州には，16世紀から18世紀の間に入植者たちによって持ち込まれた，スペイン語の古い形態であるニューメキシコ・スペイン語を話す人も多くいる。加えて，アメリカ先住民は，約1万3,000年前からニューメキシコ州で暮らしてきた。ナバホ族の居留地が1,400万エーカーに渡って広がり，人口の4％がナバホ語を話す。ニューメキシコ州は，3ヵ所の空軍基地と武器の実験が行なわれているホワイトサンズ・ミサイル実験場，フォートブリス・マクレガーレンジのための連邦政府の補助金によって支えられている。およそ労働者の4人に1人が連邦政府の職員だ。ロスアラモスとアルバカーキにある連邦政府の研究施設は，雇用と経済に毎年30億ドル（4,000億円）以上投資している。それは，なぜニューメキシコ州には人口当たりの博士号取得者が他のどの州よりも多いかを説明する理由の一部である。それでも，資金は均等に広がっていない──ニューメキシコ州の道路の75％近くが舗装されていない。ここがどれほど特異な場所かお分かりいただけたかと思う。

1．誤り。「It's sparsely populated and economically disadvantaged, ～」の部分から，ニューメキシコ州は，人口が少なく，経済的に恵まれていない地域であることが述べられている。　2．誤り。「New Mexico's population is 48% Hispanic, ～」の部分より，住民の3分の1は自宅でスペイン語を話すと述べられているが，ニューメキシコ州内のヒスパニックの人口は48％であることが読み取れる。　3．正しい。本文中の「There are also many in the state who speak New Mexican Spanish, an old form of Spanish brought here by colonists between the 16th and 18th centuries.」の部分から読み取ることができる。 4. 誤り。「～nearly 75% of the roads in New Mexico are unpaved.」の部分より，資金は均等に広がっておらず，ニューメキシコ州の道路の75％近くが舗装されていないことが読み取れる。 5. 誤り。「About 1 in 4 workers is a federal employee.」の部分より，労働者の4人に1人ほどが連邦政府の職員であることが述べられているが，選択肢で述べられた「4人に1人は，アメリカ国外の移民によって構成」という内容については触れられていない。

7 4

解説 【全訳】言葉を使って話をしている時でさえ身振り手振りは働いているのだ，ということには気付かないかもしれない。それは，ボディ・ランゲージと呼ばれている。子供の時母国語が話せるようになると同時に，我々は自国文化のボディ・ランゲージ，つまり言語と共に，もしくは言語の代りに用いる身振り手振りと顔の表情とを身に付ける。日常的なコミュニケーションにおいてボディ・ランゲージは，重要な役割を演じる。それにしても，身振り手振りの意味が理解されないと重要なメッセージが恐らく間違って理解されることになる。例えば，アラブ人は「ノー」と言うときによく，やや鋭く頭を持ち上げて短く舌打ちをする。舌打ちの音に気付かなければ，西洋文化の世界に属する人間はその動作が「イエス」の意味だと思ってしまうだろう。言い換えるなら，舌打ちの音を聞くからこそ「ノー」の意味がわかるかもしれないのだ。

下線部中のalong with…（…と共に）とinstead of…（…の代わりに）の両方を訳出している選択肢は4のみである。他はいずれか一方しか訳されていないので，誤り。

8 4

解説 『THE BIG ISSUE VOL.261 2015 April15』より。

【全訳】「愛する患者のみなさん！私もかつてはみなさんと同じ立場でした。身体の自由を奪われ，あらゆるものから隔絶されていました。病室のベッドに横たわり，必死で耐えていました。終えずじまいの仕事やかなわなかった

夢のことばかり考えながら。身動きもままならず，他人の情けに頼るばかり
で，身体は何の反応も示さないのに激痛にさいなまれていた時など，自暴自
棄になったことも一度ではありません。ですが，ある夜，眠ることさえでき
ずにいた時，忘れもしないできごとが起こったのです…」

「おそらく私の想像の中のできごとだったのでしょうが，3人の人が病室に
入ってきて，私に微笑みかけたのです。部屋は真っ暗でしたが，私にはその
微笑みが，カラフルな衣装が見えました。見ず知らずの他人だった3人は私の
ために芝居を始め，詩を朗読してくれたのです。私はおかしくて笑い出しま
した。」

1．本文中に，カラフルな衣装を着た3人の見覚えのない人が病室に入ってき
て，私に微笑みかけた。とあるが，その3人が医者であったかどうか本文で
は述べられていない。　2．「things that I had left unfinished, unfulfilled
dreams.」この部分から，筆者は終えずじまいとなってしまった仕事や，かな
わなかった夢について考えていることが読み取れる。　3．本文の最後の一文
から，筆者が笑い出したことが読み取れるが，夢から覚めたとは本文中に記
載されていない。　4．正しい。本文中には，部屋が真っ暗であったのにも関
わらず，カラフルな衣装や微笑みが見えたと記されている。　5．本文中から
は読み取れない。「One night, when even sleep had abandoned me,
something happened that I will never forget…」この部分から，筆者はこの
体験を忘れられないものだと述べている一方，その体験と痛みの関連性につ
いては言及していない。

9 2

解説 TED Talks：新井紀子「ロボットは大学入試に合格できるか」より。
【全訳】ひとつお聞きします。2020年までにAIが一流大学の入試に通るよう
になると思う人はどれくらいいますか？結構いることでしょう。「もちろんそ
うなる！」という人もいるでしょう。シンギュラリティ（技術的特異点）が今
や問題であり，「碁ではすでにAIが名人に勝っているのだから，入試にも通
る」と思う人もいるでしょう。そして「絶対無理」と言う人もいるでしょう。
つまり，まだ答えは分かっていないということです。私が「東ロボくん」プロ
ジェクトを始めたのは，そのためです。日本で最高峰の大学である，東京大
学の入試に通るAIを作ろうという試みです。

　この東ロボくんは，もちろん頭脳部分は遠隔のサーバーで動いています。今17世紀の海上貿易について，600語の小論文を書いているところです。そう聞いて，どう感じますか？

　私がAIのベンチマークとして入試を選んだ理由は，人間と比較したAIの能力を研究する必要があると思ったからです。人間だけが教育を通してのみ獲得できるとされているスキルや専門的能力については特にそうです。東京大学に入るためには2種類の試験を受ける必要があります。1つ目は選択式の全国共通試験です。7科目の試験を受けて，高得点を取る必要があります。そこでの正答率が84％以上でないと，東大が用意する記述式の2次試験を受けることはできません。

1. 誤り。日本で最高峰の大学である，東京大学の入試に通るAIを作る試みが行われていると筆者が述べている。　2. 正しい。"Maybe, because AI already won against a top Go player."この部分から，選択肢の内容が正しいことがわかる。　3. 誤り。5科目ではなく"seven subject"と記述がある。4. 誤り。東京大学に入るためには2種類の試験を受ける必要があると述べられている。　5. 誤り。「It is now writing a 600-word essay on maritime trade in the 17th century.」この部分から，現在小論文を執筆中であるということが読み取れる。

10　4

解説　『Time』より。

【全訳】アメリカの子供が学校を休む主な理由がぜんそくの発作だ。子供のぜんそくが増えてきている。特にアフリカ系アメリカ人の子供は白人の子供より3〜4倍もかかる率が高い。

　ニューヨークのぜんそくの専門家であるウィリアム＝デービス医師は子供たちの間でぜんそくが増えている理由はわからないと言っている。先週，彼とその仲間の医師がワシントンD.C.で会い，ぜんそくのための新しい治療法をみつけるため議論した。

1. 第2段落第1文に，医師はぜんそくが増えている理由はわからないとしていることが述べられている。　2. 第1段落第1文より，「アメリカの子供が学校を休む主な理由がぜんそくの発作だ」ということが読み取れる。　3. 「Asthma is three to four times as common among them as among white children.」

この部分から，アフリカ系アメリカ人の子供は白人の子供よりもぜんそくにかかる率が高いということが読み取れる。　4．正しい。最後の一文から読み取ることができる。　5．本文中には，アメリカの子供がぜんそくを発症する年齢が若いという事に関しては述べられていない。

11 3

解説 【全訳】自然の研究では，説明は事実であるだけでなく，できる限り直接的で簡単でなければいけない。説明がいくつか出されるところでは，より簡単な説明のほうがより正確に近い，という原則が守られている。最近のある作家は，科学の性質について，より複雑な説明を選択するのは，ちょうど西隣りにある家に行くのに東回りで世界をぐるっと回るように気のきかないことである，と言っている。

冒頭の文 In the study of nature, an explanation must be not only the facts but also as direct and simple as possible. に，主旨が示されている。正答は3。

12 3

解説 【全訳】ロボットの利用について，スタンフォード大学の人工知能計画では，火星など惑星探査用ロボットの可能性を予想している。これは複雑な実験，何を調査するかの意思決定までできるロボットだ。また，マサチューセッツ工科大学の教授の予想では，問題解決のできる機械ができる日も近いという。その他，家の掃除から工場の仕事まで，あらゆる種類の仕事ができる機械も予言されている。

ここでは，「自分で意思決定のできる機械」がテーマになっている。
……foresees such decision-making by robot researchers. というところに注目。正答は3。
〈語句〉 speculate…〈自〉推測する。

13 2

解説 ニーナ・ウェグナー『世界を変えた男たちのスピーチ』（Mohandas Karamchand Gandhi）より。
【全訳】ガンディーが南アフリカに移り住んだのは24歳のときだった。そして，

その植民地に住んでいる大勢のインド人のために弁護士として働いた。インド人は宗教によって，つまり，ヒンズー教徒とイスラム教徒とで分裂していたが，ガンディーはインド人であることは宗教も社会階級も超越すると感じていた。南アフリカにいるあいだ，あらゆる非白人に対して横行する差別も目撃し，体験した。そこで平和抗議運動をもって自らの権利のために戦い始めた。たとえば，列車で1等席を譲るのを拒んだり，法廷でターバンを外すのを断ったりした。この地でガンディーは大英帝国の役割に疑問を呈し，公民権と人間の平等に関する信念を築くようになった。

1．誤り。冒頭の1文より，ガンディーが南アフリカに移住したのは，24歳の時であることがわかる。　2．正しい。最後の1文において述べられた内容と一致する。　3．誤り。列車において，1等席を譲るのを拒んだ旨が示されている。　4．誤り。彼は，法廷においてターバンを外すことについては，断った。　5．誤り。「非白人への差別解消のために戦っていた人物との出会い」については，触れられていない。

14 4

解説 TED Talks：Dan Gilbert「私たちが幸せを感じる理由」より。

【全訳】21分間の講演時間と比べると200万年という時間は非常に長いものに感じられますね。しかし進化論という側面から見ると，200万年は0年も同様です。それでも人間の脳は，200万年の間におよそ3倍もの大きさになりました。約500グラムの脳を持つ私たちの祖先ホモ・ハビリスから現在私たちの両耳の間にある脳は約1400グラムにまでなったのです。

　進化の過程において，このような大きな脳を各人がもつ必要性はなんだったのでしょう。それは，脳が3倍の大きさになったとき，ただ単に容積が3倍になっただけではなく，脳は新たな構造を獲得したのです。新しいパーツを得たことが，脳がここまで大きくなったことの理由のひとつなのです。前頭葉，その中でも特に，前頭葉皮質と呼ばれる部分です。前頭葉皮質がどのような働きをするのかが分かれば，進化論における一瞬の時間で脳の全ての構造が変わった理由も分かるはずですね。

　さて，どうやら前頭葉皮質には多くの役目がありそうです。なかでも一番重要な役目は疑似体験をすることです。パイロットは模擬飛行装置を使って操縦訓練をします　これは，実際に飛行機を操縦するときにミスを犯さないた

めですね。

1. 本文からは読み取れない。 2. 本文の最後の文章から，模擬飛行装置が実際の操縦の際にミスを防ぐために運用されていることが分かる。 3. 本文中に「新たな構造を獲得した」とあるが，新しい構造が3倍に増えたかは本文中からは読み取れない。 4. 正しい。「one of the most important things it does is it is an experience simulator」の部分から読み取れる。 5. 進化論という側面から見ると，200万年は0年も同様であると本文中に示されている。

15 3

解説 Alpha online 2023.6.2『Bonding across languages』より。

【全訳】初めての人に会うときに打ち解けることは簡単には行かないが，言語の壁があればさらに困難になる。私はこの分野ではいくらかの経験がある。

　私が日本に到着して，婚約者の女性の家族に初めて会ったとき，かろうじてわずかな日本語のフレーズをぎこちなく発する程度しかできず，彼らもあまり英語を話せなかった。

　そして最近，妻と私は両親同士が共通の言葉を超えて打ち解け，お互いを知るのを助けるように最善を尽くしている。特に今は，彼らが孫娘を共有しているので，そのタスクが特に重要になっている。ありがたいことに，全員がうまく打ち解けるのに役立つことがいくつかある。

　まず第一に，私たちの両親はかなり気さくで，真面目過ぎない。もちろん，時々は誤解があるが，4人ともうまく対処する。笑顔と笑い声は万国共通だ。

　それから，テクノロジーとその他のツールがある。数年前に義理の両親が私たちと一緒にカナダへ旅行に行ったとき，彼らはリアルタイムで翻訳を出す電子翻訳機をレンタルした。

　また，私の両親はグーグル翻訳をうまく活用していたし，彼らが今年訪れたときには，父はいくつかのキーワードと表現を覚えるために日本語のフレーズブックを買った。

　私たちの両親は阪神タイガースについても絆を深めた。義理の父は根っからのタイガースファンで，地元チームに声援を送るのに言語を共有する必要はなかった。

　その全てが訪問をストレスのないものにし，何よりも楽しいものにするのに役立った。私たちは，通訳をする時間が短くなり，その代わりに両親たちにお

互いに一緒にいることを楽しませるだけになっていることにも気付いている。

1. 誤り。「All of that has helped make visits stress-free and, most importantly, fun. ～」の部分から，少なくとも筆者とその妻の両親たちは，訪問中ストレスを感じず，楽しく交流できたと述べられている。　2. 誤り。選択肢の内容は，本文中では述べられていない。また，「First of all, our parents are pretty easy to get along with and don't take themselves too seriously.」の部分から，お互いの両親が真面目すぎないことが良い結果を生み出したと述べられている。　3. 正しい。一般に，要旨には，文章全体のテーマと結論的な内容が含まれている必要があり，この選択肢がそれに該当する。また，「Our parents have also bonded over the Hanshin Tigers」の部分に，筆者とその妻の両親たちは，共通の趣味があったことが，言語の壁を乗り越えるきっかけになったと述べられている。　4. 誤り。「Then there's technology and other tools. ～」の部分から，電子翻訳機やGoogle翻訳を使うなどすることが，交流する際のお互いの手助けになると筆者が述べていることがわかる。　5. 誤り。「Breaking the ice is never easy when meeting someone new, but it's even trickier when there's a language barrier.」の部分から，初めての人に会うときに打ち解けることは簡単には行かないが，言語の壁があればさらに困難になる。と述べられていることが読み取れる。

第5部

数的処理

- 判断推理
- 数的推理
- 資料解釈

数的処理 判断推理

　数的処理では，小学校の算数，中学高校の数学で習得した知識・能力をもとに，問題を解いていく力が試される。また，公務員採用試験の中では最も出題数が多く，合格を勝ち取るためには避けては通れない。

　判断推理では，様々なパターンの問題が出題され，大学入試など他の試験ではほとんど見かけない問題も出てくる。すべての問題を解けるようにするのは困難なので，本書を参考にできるだけ多くの問題を解き，本番までに得意な分野を増やしていこう。

　算数や数学の学習経験が生かせる分野としては，まずは「論理と集合」が挙げられ，命題の記号化，対偶のとり方，ド・モルガンの法則，三段論法，ベン図，キャロル表を使った情報の整理法などを確実に押さえよう。また，「図形」に関する問題も多く，平面図形では正三角形，二等辺三角形，直角三角形，平行四辺形，ひし形，台形，円，扇形などの性質や面積の公式，これらを回転させたときにできる立体図形などを確実に覚えよう。立体図形では，円錐，角錐，円柱，角柱，球，正多面体などの性質や体積・表面積の公式を必ず覚えよう。

　一方，あまり見慣れない問題があれば，本書の問題を参考にして必要な知識や考え方を身に付けてほしい。例えば，「リーグ戦やトーナメント戦」といった馴染みのある題材が扱われる問題でも，試合数を計算する公式を知っておかなければ解けない場合がある。また，「カレンダー」を題材にした問題では，各月の日数やうるう年になる年などを知っておく必要がある。「順序」に関する問題では，表・樹形図・線分図・ブロック図などを使って効率よく情報を整理していく必要がある。その他にも，「暗号」，「うその発言」，「油分け算」などでは，実際に問題を解いてみなければわからない独自のルールが存在する。「図形」を題材にしたものの中には，計算を必要とせず予備知識がなくとも正解が出せる場合があるので，落ち着いて問題文を読むようにしよう。

　問題の解き方のコツとしては，設問の条件を図表にして可視化していき，行き詰まったら推論や場合分けなどをしてみることである。問題によっては

図表が完成しなくとも正解が出せる場合や，いくつかの場合が考えられてもすべてで成り立つ事柄が存在するので，選択肢も定期的に見ておくとよいだろう。公務員採用試験では，限られた時間内で多くの問題を解くことになるが，ほとんどの問題では解法パターンが決まっているので，設問を読んだだけで何をすればよいか見通しが立てられるぐらいまで習熟してほしい。

《 演 習 問 題 》

1 甲，乙，丙，丁の4つのチームがサッカーの総当たり戦を行ったところ，次のア〜エのことがわかった。

ア　甲チームは，乙チームに勝った。

イ　4チームの勝ち数と負け数はすべて異なっており，引き分けの試合はなかった。

ウ　丙の負け数は2敗であった。

エ　乙チームは，丙チームと丁チームに勝つことができなかった。

これらから，確実にいえることとして，最も妥当なものはどれか。

1　全勝したチームはなかった。

2　全敗したチームはなかった。

3　4チーム中1位となったのは，甲チームか丁チームのいずれかであった。

4　丁チームは，甲チームに勝つことができたものの，丙チームには勝つことができなかった。

5　甲チームは，丁チームに勝つことができた。

2 Aがある方向に向かって歩いている。最初の曲がり角を90°右に曲がり，次の曲がり角を左前方45°に曲がった。しばらく歩いて次の曲がり角を左に90°曲がったところ，Aは真南の方向に歩いていた。このとき，Aが最初に歩いていたのはどの方向か。

1　北　　2　北東　　3　南東　　4　北西　　5　南西

③ 西暦2000年1月1日は土曜日だった。この日から30000日後にあたるのは，西暦何年何月何日の何曜日であるか。なお，1年間は365日とし，うるう年はないものとする。

   1 2082年2月12日   日曜日   2 2082年3月12日   月曜日
   3 2082年2月12日   火曜日   4 2082年3月12日   水曜日
   5 2082年3月12日   木曜日

④ 右の展開図を組み立てたときにできる
図形として，最も妥当なものはどれか。

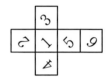

⑤ 男女1人ずつのカップルが4組いる。この4組8人の男女を一度離したあと，4人ずつ2つのグループA組，B組に分ける。このとき，次の推論ア，イ，ウのうち必ず正しいといえるものをすべて選んでいるのはどれか。

  ア：A組に1組カップルがいれば，B組に少なくとも1組カップルがいる。
  イ：A組に男が3人，女が1人いれば1組カップルがいる。
  ウ：A組の1人をB組に入れ，3人と5人に分ければB組には少なくとも
     1組カップルがいる。

   1 アだけ   2 イだけ   3 ウだけ
   4 アとイの両方   5 アとウの両方

⑥ 「野球をしたことがある人は，サッカー観戦をしたことがない」という命題が成立するために必要な命題の組み合わせとして妥当なものはどれか。

  ア：野球をしたことがある人は，ラグビー観戦をしたことがない。
  イ：野球をしたことがない人は，ラグビー観戦をしたことがある。
  ウ：野球をしたことがない人は，ラグビー観戦をしたことがない。

エ：サッカー観戦をしたことがある人は，ラグビー観戦をしたことがある。
オ：サッカー観戦をしたことがない人は，ラグビー観戦をしたことがない。
　1　アとイ　　2　アとエ　　3　イとウ　　4　イとオ　　5　ウとエ

[7]　図は公園内の道を示している。ABCDは，AB＝8m，BC＝6mの長方形で，E，F，G，Hは長方形ABCDのそれぞれの辺の中点である。
　いま，散水車がA地点から入り，すべての道に水をまき，再びA地点に戻ってくる。このときの最短距離は何mか。

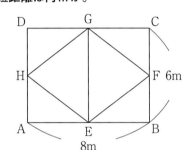

　1　54m
　2　60m
　3　62m
　4　64m
　5　70m

[8]　図のような四角形を直線上ですべることなく回転させたとき，点Pの軌跡を表したものとして，最も妥当なものはどれか。

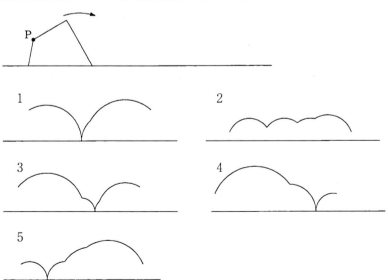

9 図のように，大きな円と小さな円が接しており，半径の比率は2：1である。小さな円が大きな円の周りを滑らないように1周するとき，小さな円の回転数として妥当なものはどれか。

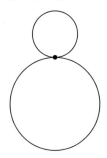

1　1.5回転　　2　2回転　　3　2.5回転　　4　3回転　　5　3.5回転

10 ある春の日に，A，B，C，D，Eの5つの地点において，それぞれの気温について，ア～クのことがわかっている。これらから，確実にいえるものとして，妥当なものはどれか。

ア　気温はどの地点においても，整数で表された。

イ　気温が3番目に高い地点は，平均気温に最も近い気温であった。

ウ　最も高い地点の気温と最も低い地点の気温差は5℃であった。

エ　気温が最も低い地点と，気温が3番目に低い地点との差は3℃以下であった。

オ　5つの地点の平均気温は17.4℃でであった。

カ　気温が最も低い地点と2番目に低い地点，2番目に低い地点と3番目に低い地点との差は，それぞれ1℃であった。

キ　B地点の気温は17℃であった。

ク　A地点の気温は，B地点より低く，C地点より高かった。

　1　最も気温が高い地点はD地点である。

　2　気温が2番目に高い地点の気温は19℃である。

　3　A地点の気温は16℃である。

　4　気温が2番目に低い地点はC地点である。

　5　ア～クの条件から，すべての地点の気温を特定できる。

11 ある学校の生徒について，好きな果物について調べたところ，次のA
～Dのことがわかった。このとき，確実に言えることとして，最も妥当な
ものはどれか。

A：みかんが好きな生徒は，ブドウが好きである。

B：モモが好きな生徒は，みかんが好きである。

C：メロンが好きではない生徒は，モモが好きであり，かつブドウが好き
　　である。

D：バナナが好きな生徒は，メロンが好きではない。

　1　みかんが好きではない生徒は，バナナが好きではない。

　2　ブドウが好きではない生徒は，メロンが好きではない。

　3　モモが好きな生徒は，ブドウが好きではない。

　4　メロンが好きではない生徒は，みかんが好きではない。

　5　バナナが好きな生徒は，モモが好きではない。

12 ある電車の乗客について，次のア～エのことが分かっているとき，確
実に言えることとして，最も妥当なものはどれか。

ア：ネクタイをしていない人は，カバンを持っている。

イ：サングラスをかけている人は，青いシャツを着ている。

ウ：青いシャツを着ている人は，ネクタイをしており，かつ，茶色い靴を
　　履いていない。

エ：カバンを持っている人は，茶色い靴を履いている。

　1　カバンを持っている人は，サングラスをかけていない。

　2　サングラスをかけていない人は，ネクタイをしている。

　3　ネクタイをしている人は，茶色い靴を履いていない。

　4　茶色い靴を履いていない人は，青いシャツを着ている。

　5　青いシャツを着ている人は，カバンを持っている。

13 A校，B校，C校という私立高校がある。この3校の合同説明会に参加した中学生75人について，その後，合否の状況を調べたところ，次のア〜オのことがわかった。このとき，確実にいえるものとして，最も妥当なものはどれか。

ア：A校から合格通知を受け取った学生は，B校から合格通知を受け取っていない。

イ：A校から合格通知を受け取った学生は，C校からも合格通知を受け取った。

ウ：A校から合格通知を受け取っていない学生は，45人である。

エ：B校から合格通知を受け取った学生は，20人である。

オ：B校，C校のいずれの高校からも合格通知を受け取っていない学生は，15人である。

　1　A校から合格通知を受け取っていないが，C校から合格通知を受け取った学生は，5人である。

　2　B校とC校の両校から合格通知を受け取った学生は，15人である。

　3　A校，B校，C校のいずれの高校からも合格通知を受け取っていない学生は，10人である。

　4　B校から合格通知を受け取っていないが，C校から合格通知を受け取った学生は，30人である。

　5　A校，B校のいずれの高校からも合格通知を受け取っていない学生は，25人である。

14 次のA〜Cの3チームが野球の対抗試合を行った。それぞれの対戦成績について次のア〜カのことがわかっているとき，確実にいえるものとして，最も妥当なものはどれか。

ア　引き分けた試合はない。

イ　Aは，Bとの対戦では1試合負け越している。

ウ　Aは，Cとの対戦では1勝している。

エ　BとCの対戦成績は，五分五分である。

オ　Bは，合計7敗している。

カ　Cの最終戦績は，5勝6敗である。

　1　Aは，2勝4敗である。

　2　Aは，Bに3勝している。

　3　Bは，8勝7敗である。
　4　BとCの対戦成績は，4勝4敗である。
　5　試合の合計数は，18である。

15　A〜Fの6人が総当たりで将棋のリーグ戦を行った。勝ち数が多い順に順位をつけることにし，勝ち数が同じ者の順位については，直接対局での勝者を上位としたところ，1〜6位の順位が決まった。以下の表は7対局まで終了した時点での勝敗を示しており，この時点でAは2敗である。しかし，すべての対局が終了すると，Aが1位であった。このリーグ戦の結果として，確実にいえるものはどれか。ただし，引き分けの試合はなかった。

	A	B	C	D	E	F
A			×		×	
B			○	○		○
C	○	×				×
D		×			○	
E	○			×		
F		×	○			

　1　CはDに勝った。　　　2　Cは4位であった。
　3　Dは3勝2敗であった。　4　Eは最下位であった。
　5　FはDに勝った。

16　A〜Dの4人は，それぞれ1児の母親である。子供の性別は男女2人ずつであるが，誰の子供が男の子で誰の子供が女の子であるかは不明である。各人に子供のことを尋ねたところ，次のような回答があった。
　A：「CとDの子供は男の子です。」
　B：「Dの子供は男の子です。」
　C：「Bの子供は女の子です。」
　D：「Aの子供は女の子です。」
男の子の母親だけ本当のことを言っているものとすると，女の子の母親の組み合わせとして，正しいものはどれか。
　1　AとC　　2　BとC　　3　BとD
　4　CとD　　5　AとD

17 A〜Eの5人が一緒に買い物をすることになり，ある駅で待ち合わせた。駅に到着した順序についてア〜エの発言があったが，発言のうち1つは誤りであることが分かっている。このとき，確実にいえるものはどれか。ただし，同時に駅に到着した者はいなかった。

ア：「Aは，Dより先でEより後に到着した。」

イ：「Cは，Aより先でDより後に到着した。」

ウ：「Dは，Eより先でBより後に到着した。」

エ：「Eは，Aより先でCより後に到着した。」

1　最初に到着したのは，Eである。

2　2番目に到着したのは，Dである。

3　3番目に到着したのは，Aである。

4　4番目に到着したのは，Cである。

5　最後に到着したのは，Bである。

18 A〜Cの3人姉妹がいる。姉妹に関する次の記述のア〜オのうち，1つだけ本当であるとき，確実にいえるものはどれか。

ア　長女はAである。

イ　長女はBではない。

ウ　次女はAである。

エ　次女はCではない。

オ　三女はCではない。

1　長女はAで，次女はBである。

2　長女はAで，次女はCである。

3　長女はBで，次女はAである。

4　長女はBで，次女はCである。

5　長女はCで，次女はAである。

19 A〜Cの3人で，カードの色を当てる推理ゲームをしている。3人に1枚ずつカードを配り，A→B→Cの順に自分のカードの色について聞いたところ，Aは「わからない」，BとCは「わかった」と答えた。次のア〜オのことがわかっているとき，A〜Cのカードの色の組み合わせとして，妥当なものはどれか。

ア：カードの色は青か白で，3枚のうち少なくとも1枚は青である。

イ：3人とも自分のカードの色は見えていないが，他の2人のカードの色は

見える。

ウ：Aは，見えるカードだけを根拠に推理する。

エ：Bは，見えるカードとAの発言を根拠に推理する。

オ：Cは，見えるカードと，AとBの発言を根拠に推理する。

	A	B	C
1	青	青	青
2	青	青	白
3	青	白	白
4	白	青	青
5	白	白	青

20 38人のクラスでクラス委員の選挙があり，5人が立候補した。得票数の順に上位3人が当選する場合，決選投票を行うことなく，第1回目の投票で確実に当選するために必要な最低得票数として，最も妥当なものはどれか。ただし，立候補者にも投票権があり，棄権や無効票はないものとする。

　1　8票　　　2　9票　　　3　10票　　　4　11票　　　5　12票

21 A〜Dの4人は，それぞれ運動不足を解消するために，テニス，草野球，マラソン，ジョギング，水泳の5種類のスポーツのうちから2種類以上を選び，継続的に運動することにした。このとき，水泳を選んだのは3人，テニス，マラソン，ジョギングを選んだのは各2人ずつ，草野球を選んだのは1人であった。ア〜エのことがわかっているとき，確実にいえるものはどれか。

ア：AとB，BとDはそれぞれ1種類だけ同じ運動を選んだが，A，B，Dの3人に共通する運動はなかった。

イ：Aは3種類の運動を選んだが，ジョギングは選んでいない。

ウ：BとCが共通して選んだのはテニスだけであった。

エ：Dは草野球を選んでいない。

　1　Aは，テニスを選んだ。

　2　Bは，草野球を選んだ。

　3　Cは，マラソンを選んだ。

　4　CとDは，同じ種類の運動を選んでいない。

　5　Dは，ジョギングを選んだ。

22 A〜Eの5人に，人参，芋，きゅうり，なす，玉ねぎの5種類の農産物のうち，好きな農産物を1種類以上5人それぞれに選んでもらったところ，次のア〜カの通りであった。このとき，確実にいえるものはどれか。

ア：Aは，人参およびきゅうりを選んだ

イ：Bは，なす及び玉ねぎを含む3種類の農産物のみを選び，Cは，芋を含む2種類の農産物のみを選んだ。

ウ：Dは，芋と玉ねぎの両方を選ばず，Eは，なすを選ばなかった。

エ：人参，芋，きゅうり，なす，玉ねぎを選んだ者は，それぞれ4人，3人，3人，2人，3人であった。

オ：人参を選ばなかった者の全員がなすを選び，玉ねぎを選んだ者の全員が人参も選んだ。

カ：きゅうりを選んだ者の全員が，なすを選ばなかった。

　1　Aは，芋を選ばなかった。

　2　Bは，きゅうりを選んだ。

　3　Cは，人参を選んだ。

　4　Dは，なすを選ばなかった。

　5　Eは，玉ねぎを選ばなかった。

23 100個の碁石をぎっしりと並べて，正方形を作った。この正方形の一番外側のひと周りにある碁石の個数として，正しいものはどれか。

　1　36個　　2　37個　　3　38個　　4　39個　　5　40個

24 図1，図2はともに，半径2cm，半径6cmの円が接している状態を示しており，大きな円の円周上を小さな円がすべらないようにもとの位置に戻るまで回転するものとする。小さな円の回転数について，図1の場合と図2の場合の差として，最も妥当なものはどれか。

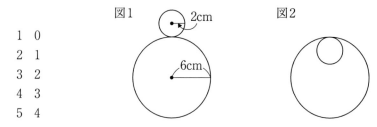

1　0
2　1
3　2
4　3
5　4

222

25 図1は，正方形の紙を2回折って作った三角形であり，図2は，図1に切り込みを入れて広げたものである。図1に切り込みを入れる位置として，妥当なものはどれか。

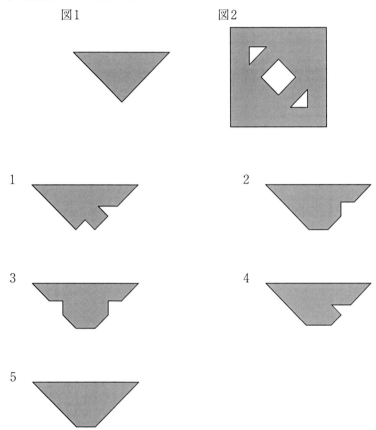

図1

図2

1

2

3

4

5

26 図は，小さな正三角形36個を組み合わせ，大きな正三角形ABCを描いた後，辺ABの中点Xを頂点とする二等辺三角形を描いたものである。頂点X，辺BC上の点，辺CA上の点を結んでできる二等辺三角形の数として，最も妥当なものを選べ。ただし，できる二等辺三角形には図示されているものと正三角形を含み，また，辺BC上の点，辺CAの上の点は，小さな正三角形の頂点であるものとする。

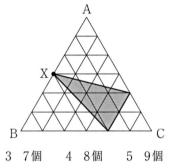

1　5個　　2　6個　　3　7個　　4　8個　　5　9個

27 次の図は，ある図形について，直線 ℓ 上をすべらないように転がしたとき，点Pが描いた軌跡である。転がした図形として，妥当なものはどれか。

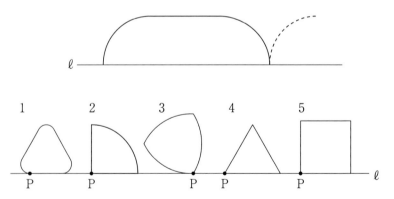

224

28 同じ大きさの立方体の積み木を何個か積み重ねたときの投影図が以下のようであるとき，使用した積み木の最大の個数と最小の個数の差として，最も妥当なのはどれか。

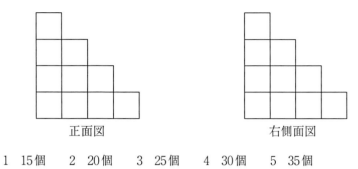

正面図　　　　　　　　　　右側面図

1　15個　　　2　20個　　　3　25個　　　4　30個　　　5　35個

29 図は，正八面体の展開図である。この展開図を組み立て，点Bから辺CFの中点に向かって線を引き，それを延長したとき，その延長線上にある点として，最も妥当なものはどれか。

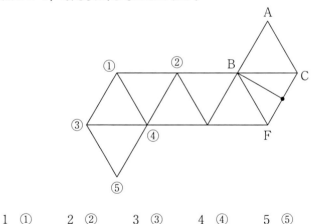

1　①　　　　2　②　　　　3　③　　　　4　④　　　　5　⑤

225

[30] 図のような立方体ABCD－EFGHがあり，点Mは辺ABの中点である。点M，F，Hを通る平面で切ったとき，切り口の形として，最も妥当なものはどれか。

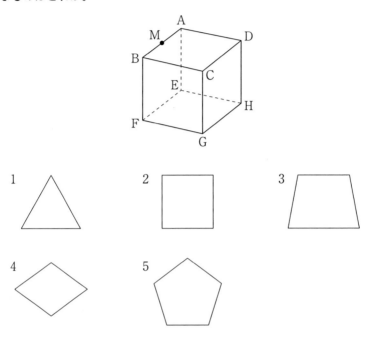

1

2

3

4

5

[31] 図のように，向かい合う面の数の和が7となるさいころが2つ接している。接している面の数の和が8となるとき，α＋βの値としてあり得るものは，次のうちどれか。

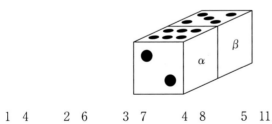

1　4　　　2　6　　　3　7　　　4　8　　　5　11

226

32 図1は，一辺が12cmの立方体であり，図2は，図1の立方体の一部を切り取り，正面と真上から見た図である。このとき，切り取った後にできる切断面の形として，最も妥当なものはどれか。

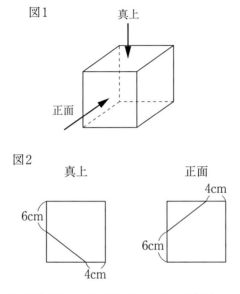

図1

図2

1 六角形　　2 五角形　　3 ひし形　　4 長方形　　5 三角形

33 遊園地のアトラクションの一貫として，着ぐるみの競争が行われる。W，X，Y，Zの着ぐるみが園内を1周する。ただしスタートは同時ではなく，次のア～エの条件で動くことがわかっている。

ア　W，X，Y，Zの順にスタートする。

イ　それぞれの着ぐるみは他の3人のうちいずれか2人を1回ずつ追い抜くが，残りの1人は追い抜かない。

ウ　Zはどの着ぐるみにも追い抜かれない。

エ　4人は同時にゴールすることはない。

このとき，下記の文のオ，カに入る語の組み合せとして正しいものはどれか。

　　パレードでの着ぐるみの追い抜き方は何通りか考えられるが，

　　到着する順番は ◯オ◯ 通りで，Xは必ず ◯カ◯ に抜かされる。

	オ	カ
1	1	W，Yの2人
2	1	Y，Zの2人
3	1	W，Y，Zの3人
4	2	Y，Zの2人
5	2	W，Y，Zの3人

《 解 答 ・ 解 説 》

1 3

解説 条件ア～エをもとに，次の対戦表を作成する。ただし，条件イより，「4チームの勝ち数と負け数はすべて異なっており，引き分けの試合はなかった」ので，1位は「3勝0敗」，2位は「2勝1敗」，3位は「1勝2敗」，4位は「0勝3敗」となるはずである。

	甲	乙	丙	丁	勝敗数	順位
甲		○	○	？	3勝0敗か2勝1敗	1位か2位
乙	×		×	×	0勝3敗	4位
丙	×	○		×	1勝2敗	3位
丁	？	○	○		3勝0敗か2勝1敗	1位か2位

1．誤り。甲チームまたは丁チームのいずれかが全勝となる。　2．誤り。乙チームは全敗となる。　3．正しい。甲チームと丁チームのうち，試合に勝った方が1位となる。　4．誤り。丁チームと甲チームの試合の結果は判断できない。また，丁チームは丙チームに勝っている。　5．誤り。甲チームと丁チームの試合の結果は判断できない。

以上より，正解は3。

228

2 5

解説 進み方を図に示すと次のようになる。

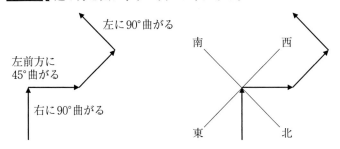

したがって，Aが最初に歩いていた方向は南西である。
以上より，正解は5。

3 5

解説 まず，求める日の曜日を考える。2000年1月1日から30000日後は，30001日目になり，1週間は7日なので，

30001 ÷ 7 = 4285 余り 6

余りが6なので，求める日の曜日は土曜日から数え始めて6日目の木曜日とわかる。（この時点で選択肢から正解が5とわかる）

次に，求める日が2000年から何年後となるかを考える。1年を365日とすると，

30001 ÷ 365 = 82 余り 71

よって，2000年から82年後の2082年とわかる。

さらに，求める日が何月何日かを考えると，求める日は2082年1月1日から数え始めて71日目になる。すると，1月は31日，2月は28日なので，71 − 31 − 28 = 12〔日〕より，求める日は3月12日となる。

したがって，2000年1月1日から30000日後は，2082年3月12日木曜日となる。

以上より，正解は5。

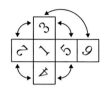

4 5

解説 隣り合う面の数字の位置関係を考える。問題文の展開図を組み立てたときに，それぞれの辺に対応する辺は，次の図のとおりである。また，ある面を隣の面に移動させるとき，もとの向きから90°回転することを利用する。

1. 誤り。上の図より，3と5の位置関係は次のようになるので，選択肢の図とは位置関係が異なる。

2. 誤り。上の図より，3と6の位置関係は次のようになるので，選択肢の図とは位置関係が異なる。

3. 誤り。上の図より，1と5の位置関係が選択肢の図とは異なる。

4. 誤り。上の図より，1と5の位置関係が選択肢の図とは異なる。

5. 正しい。上の図より，1と2と3の位置関係が選択肢の図と同じである。

5 5

解説 4組のカップルをWとw，Xとx，Yとy，Zとzとして（ただし，男は大文字，女は小文字），推論ア，イ，ウがそれぞれ必ず正しいか否かを検討する。

ア：A組にカップルWwがいるとき，残り2人をカップルXxとすると，B組にはカップルYyとZzがいる。また，残りの2人がカップルではないX，Yとすると，B組にはカップルではないxとy，およびカップルZzがいる。よって，この推論は必ず正しい。

イ：A組にいるのがW，X，Y，zのとき，この中にはカップルがいないので，この推論は必ず正しいわけではない。

ウ：A組の3人の中にカップルWwがいるとき，残りの1人は3組のカップル
　　の中の1人なので，B組には2組のカップルがいることになる。一方，A
　　組の3人の中にカップルがおらずW，X，Yで全員男であったとしても，
　　B組の5人の中にはカップルZzがいる。よって，この推論は必ず正しい。
したがって，必ず正しいのはアとウである。
以上より，正解は5。

6　2

解説　「野球をしたことがある人は，サッカー観戦をしたことがない」とい
う命題を，「野球をしたことがある人」を「野」，「サッカー観戦をしたことが
ない」を「$\overline{サ}$」とし，「野$\Rightarrow\overline{サ}$」と表すことにする。2つの命題を組み合わせる
ことでこれが成り立つということは，「野$\Rightarrow\square$」，「$\square\Rightarrow\overline{サ}$」を組み合わせ，
「野$\Rightarrow\square\Rightarrow\overline{サ}$」が成り立つということである。

　よって，ア〜オの命題について「ラグビー観戦をしたことがある人」を「ラ」
とし，「$\Rightarrow$」を使って表すと，以下の通りとなる。

ア：野$\Rightarrow\overline{ラ}$

イ：$\overline{野}\Rightarrow$ラ

ウ：野$\Rightarrow\overline{ラ}$

エ：サ$\Rightarrow$ラ

オ：$\overline{サ}\Rightarrow\overline{ラ}$

　すると，「野$\Rightarrow\square$」となるのは，アのみである。また，「$\square\Rightarrow\overline{サ}$」について，
「ラ$\Rightarrow\overline{サ}$」は存在しない。このような場合は，この命題の対偶をとると，「サ
$\Rightarrow$ラ」になり，エと一致する。
したがって，必要な命題はアとエである。
以上より，正解は2。

7　2

解説　筆記用具を離すことなく，同じ線を二度引かずに図形を描くことを
一筆書きという。問題文の図形が一筆書きできれば，散水車は問題文の図中
のすべての辺を一度通るだけですみ，移動距離を最短にすることができるの
で，まずは問題文の図形が一筆書きできるか否かを検討する。

まず，図形の交点に集まる線分の数を数え，それらを偶点（線分の数が偶数となる点）と奇点（線分の数が奇数となる点）に分類すると，次のようになる。
よって，点EとGが奇点，それ以外が偶点となる。

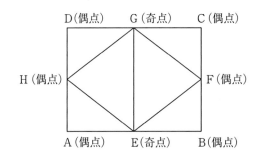

ここで，一筆書きが可能なのは次の2パターンである。
①奇点が0個：この場合はどの点から書き始めても元の点に戻る
②奇点が2個：この場合は一方の奇点から書き始めてもう一方の奇点に戻る
本問では奇点は2個であるが，問題文の条件より，偶点である点Aから書き始めなければならないため，一筆書きできないことになる。

そこで，①の条件が成り立つように，次の図のように点EとGを結ぶ線をもう一本引く。すると，すべての点が偶点となるため，A点から書き始めてA点に戻る一筆書きが可能となる。よって，求める最短距離は，図中のすべての辺の長さを足し，さらに辺EGの長さを加えたものとなる。

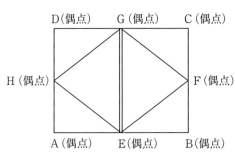

$AB = CD = 8$〔m〕，$BC = AD = EG = 6$〔m〕，三平方の定理より$EF = FG = GH = HE = \sqrt{4^2 + 3^2} = 5$〔m〕となるので，求める最短距離は$8 \times 2 + 6 \times 4 + 5 \times 4 = 60$〔m〕となる。
以上より，正解は2。

8 4

解説 （凸）多角形が直線上を転がる場合，多角形の点が描く軌跡は円弧をつなげたものになる。それぞれの円弧は，直線上の点を中心とする回転によって描かれる。このとき回転の中心と回転角度，回転半径を調べれば，どのような円弧がどういう順に描かれるかがわかる。

　問題文の図を四角形ABCPとすると，まずは頂点Bを中心として辺BCが直線と重なるまで回転する。このとき，軌跡の円弧の半径はPB，回転角度は頂点Bの外角である。次に，頂点Cを中心とする回転が起こる。このとき，半径はPC，回転角度は頂点Cの外角となる。

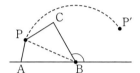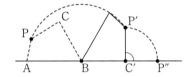

　このようにして四角形ABCPを転がしていくと，回転の中心はB，C，P，A，……と変化し，その都度回転半径は回転の中心と動点との距離，回転角度は回転の中心の頂点の外角の大きさとなる。したがって，動点Pの描く軌跡は下のようになる。

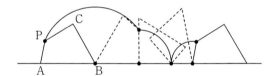

以上より，正解は4。

9 4

解説 一般に，大きな円の周りを小さな円が滑らないように回転するとき，半径の比を「$m:1$」とすると，その回転数は「$m+1$」回転となる。これは，回転数が，小さい円の中心が動いた軌跡と，小さい円の円周の長さの比によって決まることによる。

例えば，図において，小さい円の半径は1であり，大きい円の半径が2であるとすると，小さい円の円周が2πであるのに対して，小さい円がもとの位置に

戻るまでに中心が動いた軌跡は半径3の円の円周6πなる。この場合，小さい円の回転数は，$\dfrac{6\pi}{2\pi} = 3$〔回転〕となる。

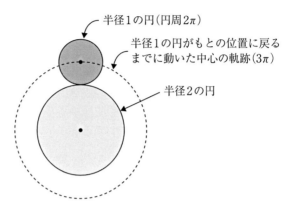

半径1の円（円周2π）

半径1の円がもとの位置に戻るまでに動いた中心の軌跡（3π）

半径2の円

以上より，正解は4。

10 2

解説 条件アより，すべての地点の気温は整数で表される。条件イ及び条件オから，気温が高い方から3番目の地点の気温は，17.4℃に最も近い値となり，条件キから，この地点はBであることがわかる。また，条件カ，キ，クより，最も低い地点はC地点で気温15℃，次に低い地点はA地点で気温16℃であることがわかる。ここで，条件ウを加味すると，気温が最も高い地点の気温は20℃であることがわかる。よって，気温の平均が17.4℃であることから，残る地点の気温をx℃とすると，$\dfrac{15+16+17+x+20}{5} = 17.4$より，$x = 19$となる。

以上を整理すると，以下のようになる。なお，D地点とE地点の順位は，特定できない。

	←気温が低い			気温が高い→	
気温	15℃	16℃	17℃	19℃	20℃
地点	C	A	B	DまたはE	DまたはE
根拠	②	②	①	④	③

以上より，正解は2。

11 1

解説 一般に，ある命題が真であれば，その対偶も真となる。問題文の命題とその対偶を記号化すると次のようになる。ただし，条件Cの対偶についてはド・モルガンの法則を用いて書き換え，さらに分割する。

	命題	対偶
A	みかん→ブドウ	$\overline{ブドウ}$→$\overline{みかん}$
B	モモ→みかん	$\overline{みかん}$→$\overline{モモ}$
C	$\overline{メロン}$→モモ∧ブドウ	$\overline{モモ∧ブドウ}$→メロン
	$\overline{メロン}$→モモ	$\overline{モモ}∨\overline{ブドウ}$→メロン
	$\overline{メロン}$→ブドウ	$\overline{モモ}$→メロン
		$\overline{ブドウ}$→メロン
D	バナナ→$\overline{メロン}$	メロン→$\overline{バナナ}$

これらを三段論法によりつなげていくことで，選択肢が成り立つか検討する。
1. 正しい。Bの対偶，Cの対偶，Dの対偶より，「みかん→$\overline{モモ}$→メロン→$\overline{バナナ}$」となる。　2. 誤り。Cの対偶より，「$\overline{ブドウ}$→メロン」となる。
3. 誤り。B，Aより，「モモ→みかん→ブドウ」となる。　4. 誤り。C，Bより，「$\overline{メロン}$→モモ→みかん」となる。　5. 誤り。D，Cより，「バナナ→$\overline{メロン}$→$\overline{モモ}$」となる。

12 1

解説 一般に，ある命題が真であれば，その対偶も真となる。問題文の命題とその対偶を記号化すると次のようになる。ただし，条件ウの対偶についてはド・モルガンの法則を用いて書き換え，さらに分割する。

	命題	対偶
ア	$\overline{ネクタイ}$→カバン	$\overline{カバン}$→ネクタイ
イ	サングラス→青いシャツ	$\overline{青いシャツ}$→$\overline{サングラス}$
ウ	青いシャツ→ネクタイ∧茶色い靴	$\overline{ネクタイ∧茶色い靴}$→$\overline{青いシャツ}$
	青いシャツ→ネクタイ	$\overline{ネクタイ}∨\overline{茶色い靴}$→$\overline{青いシャツ}$
	青いシャツ→茶色い靴	$\overline{ネクタイ}$→$\overline{青いシャツ}$
		$\overline{茶色い靴}$→$\overline{青いシャツ}$
エ	カバン→茶色い靴	$\overline{茶色い靴}$→$\overline{カバン}$

235

これらを三段論法によりつなげていくことで，選択肢が成り立つか検討する。

1．正しい。エ，ウの対偶，イの対偶より，「カバン→茶色い靴→$\overline{青いシャツ}$→$\overline{サングラス}$」となる。　2．誤り。「$\overline{サングラス}$」から始まるものがないため，確実ではない。　3．誤り。「ネクタイ」から始まるものがないため，確実ではない。　4．誤り。エの対偶，アの対偶より「茶色い靴→$\overline{カバン}$→ネクタイ」となるが，これに続くものがないため確実ではない。　5．誤り。ウ，エの対偶より「青いシャツ→茶色い靴→$\overline{カバン}$」となる。

13 5

解説 条件ア「A校から合格通知を受け取った学生はB校から合格通知を受け取っていない。」，条件イ「A校から合格通知を受け取った学生はC校からも合格通知を受け取った。」より，次のようなベン図を作成し，それぞれの領域に含まれる人数を①〜⑤とする。

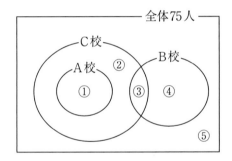

条件ウ「A校から合格通知を受け取っていない学生は45人である。」より，
　②＋③＋④＋⑤＝45なので，①＝75－45＝30…Ⓐである。
条件エ「B校から合格通知を受け取った学生は20人である。」より，
　③＋④＝20…Ⓑ
条件オ「B校，C校のいずれの高校からも合格通知を受け取っていない学生は15人である。」より，
　⑤＝15…Ⓒ
　②＋③＋④＋⑤＝45にⒷ，Ⓒを代入すると，
　②＋20＋15＝45
　②＝45－20－15
　②＝10となる。

他に条件がないことから，③，④の数値は決まらない。

ここで，各選択肢について検証してみる。

選択肢1について，ベン図の②，③が該当するが，②＝10より不適。

選択肢2について，ベン図の③が該当するが，人数が確定しないので，確実にはいえない。

選択肢3について，ベン図の⑤が該当するが，⑤＝15より不適。

選択肢4について，ベン図の①，②が該当するが，①＝30，②＝10なので不適。

選択肢5について，ベン図の②，⑤が該当し，②＝10，⑤＝15なので正しい。

以上より，正解は5。

14 3

解説 条件を表に整理すると次のようになる。

	A	B	C	勝敗
A		1つ負け越し	1勝	
B	1つ勝ち越し		五分五分	7敗
C	1敗	五分五分		5勝6敗

Cについて，Aに1敗しているのでBとは5勝5敗である。

Bについて，Cと5勝5敗なので，Aに2敗しており，Aとは1試合勝ち越しているので3勝2敗である。

Aについて，Cに1勝0敗，Bに2勝3敗である。

以上をまとめると表は以下のようになる。

	A	B	C	勝敗
A		2勝3敗	1勝0敗	3勝3敗
B	3勝2敗		5勝5敗	8勝7敗
C	0勝1敗	5勝5敗		5勝6敗

以上より，正解は3。

15 4

解説 問題文の表より，Bは既に3勝しているので，Aが1位になるために
は，Aの残りの対局はすべて勝ちで3勝2敗，かつBの残りの対局はすべて負
けで3勝2敗でなければならない。

	A	B	C	D	E	F	結果，順位
A		○	×	○	×	○	3勝2敗，1位
B	×		○	○	×	○	3勝2敗
C	○	×				×	
D	×	×			○		
E	○	○		×			
F	×	×	○				

Eは，CかFに勝ってしまうと3勝2敗以上となり，Aに勝っているため1位
になってしまい題意に合わない。よって，Eの残りの対局はすべて負けで2勝
3敗となる。Cも同様に残りの対局はすべて負けで2勝3敗である。

	A	B	C	D	E	F	結果，順位
A		○	×	○	×	○	3勝2敗，1位
B	×		○	○	×	○	3勝2敗
C	○	×		×	○	×	2勝3敗
D	×	×	○		○		
E	○	○	×	×		×	2勝3敗
F	×	×	○		○		

ここで，DがFに勝った場合，CとEとFが2勝3敗で並ぶが，EはCにもF
にも負けていることから，最下位となる。一方，DがFに負けた場合，CとD
とEが2勝3敗で並ぶが，EはCにもDにも負けていることから最下位となる。
よって，DとFの対局の結果に関わらず，Eは最下位である。

以上より，正解は4。

16 1

解説 まず，Aが正直者である場合，「CとDの子供は男」は真実となるが，男は2人なのでこの発言から「AとBの子供は女」という意味になる。すると，Aの子供は女なので，Aはうそつきとなり前提と矛盾する。一方，Aがうそつきの場合，「CとDの子供は男」はうそとなるが，この場合は「CとDの子供のどちらかが女」であればうそとなるので，Aの子供が女であっても成立する。よって，Aの子供は女である。

　すると，Dは真実を述べているのでDの子供は男である。

　すると，Bは真実を述べているのでBの子供は男である。

　すると，CはうそをついているのでCの子供は女である。

したがって，女の子の母親はAとCである。

以上より，正解は1。

17 2

解説 ア～エの発言内容について，到着した順序で整理すると以下のようになる。

ア　E→A→D

イ　D→C→A

ウ　B→D→E

エ　C→E→A

　これらの発言のうち1つが誤りであることから，矛盾するものを探していく。

アとイについて，AとDの順序が矛盾している。これより，アとイのいずれかが誤りである。

アとウについて，EとDの順序が矛盾している。よって，アとウのいずれかが誤りである。

よって，誤っている1つの発言はアであり，残りの発言は正しいことになる。

正しい発言をまとめると，到着した順序は，B→D→C→E→Aとなる。

以上より，正解は2。

18 4

解説 条件のうち1つだけ本当なので，仮にすべての条件を否定すると，1つだけがうそで他はすべて正しくなる。すべての条件を否定すると次のようになる。

アの否定　長女はAでない。
イの否定　長女はBである。
ウの否定　次女はAでない。
エの否定　次女はCである。
オの否定　三女はCである。

　このうち，エの否定とオの否定は明らかに矛盾しているので，どちらかがうそである。またアの否定とウの否定が正しいとすると三女はAとなるが，これはオの否定と矛盾する。よって1つだけのうそはオの否定である。すると，アの否定〜エの否定は正しく，長女はB，次女はC，三女はAと決まる。
以上より，正解は4。

19 2

解説 3枚のうち少なくとも1枚は青であるから，Aは，BとCがともに白のときだけ自分が青とわかる。「わからない」と発言したということは，BとCの少なくとも1枚が青であったということになる。

　Aの発言からBとCの少なくとも1枚は青であることがわかっているので，Bは，Cが白であるときに自分が青とわかる。Bが「わかった」と発言したということは，Cが白でBが青であったということになる。さらに，Bの発言から，Cは自分が白とわかる。

よって，Bが青，Cが白である。
以上より，正解は2。

20 3

解説 当選するために必要な最低得票数を求めるので，当選者の得票数が同じとなる場合を考える。もし，4人が同じ得票数であった場合，38÷4＝9.5であり，1人の得票数は9票となる。一方，3人が同じ得票数となるためには，この条件を上回らなければならず，最低10票必要となる。
以上より，正解は3。

21 5

解説 条件を次の対応表にまとめると，テニスの欄，Aの欄，草野球の欄がまず埋まる。

	テニス	草野球	マラソン	ジョギング	水泳	計
A	×	○	○	×	○	3
B	○	×				2以上
C	○	×				2以上
D	×	×				2以上
計	2	1	2	2	3	10

条件アについて，「BとDが共通に選んだ運動」は，後半の「A，B，Dの3人に共通する運動がなかった」を考慮すると，ジョギングしかない。また，「AとBが共通に選んだ運動」について，同じく後半の条件からDは選んでおらず，条件ウよりCも選んでいないので，その運動を選んだのは2人であり，マラソンしかない。すると，残った水泳はA，C，Dに決まり，対応表は以下のようになる。

	テニス	草野球	マラソン	ジョギング	水泳	計
A	×	○	○	×	○	3
B	○	×	○	○	×	3
C	○	×	×	×	○	2
D	×	×	×	○	○	2
計	2	1	2	2	3	10

よって，Dはジョギングを選んでいる。

以上より，正解は5。

22 4

解説 農作物を選んだ場合を○，選ばなかった場合を×として，条件をもとに次の対応表を作成する。条件ア～エより，対応表は以下のようになる。

	人参	芋	きゅうり	なす	玉ねぎ	計
A	○		○			
B				○	○	3
C		○				2
D		×			×	
E				×		
計	4	3	3	2	3	15

次に，条件オより，玉ねぎを選んだBは人参も選んだことになり，Bが選んだ3種類の農作物は人参，なす，玉ねぎとなる。すると，芋を選んだ3人はA，C，Eとなる。ここで，Cは玉ねぎと人参の両方を選ぶことはできないので，玉ねぎは選んでいないことになり，玉ねぎを選んだのはA，B，Eとなり，全員が人参を選んだことになる。また，きゅうりを選んだ者は3人，なすを選んだ者は2人なので，条件カよりきゅうりを選んだAはなすを選ばず，なすを選ばなかったEはきゅうりを選んだことになる。すると，Dが選んだ農作物は2種類となり，きゅうりとなすの両方を選ぶことはできないので，少なくとも人参は選んでいることになる。よって，人参を選んでいないのはCとなり，条件オよりなすを選んだことになる。したがって，対応表は以下のようになる。

	人参	芋	きゅうり	なす	玉ねぎ	計
A	○	○	○	×	○	4
B	○	×	×	○	○	3
C	×	○	×	○	×	2
D	○	×	○	×	×	2
E	○	○	○	×	○	4
計	4	3	3	2	3	15

したがって，Dはなすを選ばなかった。
以上より，正解は4。

23 1

解説 100個の碁石を並べて正方形を作るので，100 = 10 × 10 より，正方形の1辺に並ぶ碁石の数は10個となる。

よって，一番外側のひと周りに並ぶ碁石の数は

(10 − 1) × 4 = 36 〔個〕

以上より，正解は1。

24 3

解説 一般に，半径lの円が半径mの外周に沿って回転するとき，

外側を1周する際の回転数は$\frac{m}{l} + 1$〔回〕，内側を一周するときの回転数は

$\frac{m}{l} - 1$〔回〕となる。

$\frac{m}{l} = \frac{6}{2} = 3$だから，図1の回転数は3 + 1 = 4〔回〕，図2の回転数は3 − 1 = 2〔回〕となる。よって，これらの差は4 − 2 = 2〔回〕である。

以上より，正解は3。

25 1

解説 折りたたんだ紙に切り込みを入れて広げると，切り取られた部分が折り目に対して線対称になることを利用する。次のように順番に考えるとよい。

① 問題文の図2を90°回転させる

② ①において，切り取られた部分が線対称となるような折り目を探し，1回だけ折りたたんだ図をつくる

③ ①と同様に考えて2回目の折り目を探し，もう1回折りたたんだ図をつくる

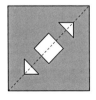  

広げた図　　　　　　1回だけ　　　　　　もう1回だけ
（90°回転）　　　　折りたたんだ図　　　折りたたんだ図

以上より，正解は1。

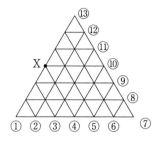

26 5

解説 辺BC, CA上に, 次のように番号を付す。

条件より, Xを頂点とする二等辺三角形を含む正三角形を作るとき, X以外の頂点は, ①と⑩, ②と⑪, ②と⑫, ③と⑪, ③と⑫, ④と⑩, ④と⑬, ⑤と⑨, ⑥と⑧であり, 9組となる。

以上より, 正解は5。

27 2

解説 軌跡が, 弧を描いた後で ℓ に平行な直線となり, 再び弧を描くことがポイントである。ℓ に平行な直線を描くということは, 点Pと直線 ℓ の距離が一定であることを意味しており, このような場合は円周と円の中心が等しいことを利用して扇型や半円を探せばよい。

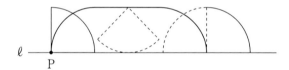

以上より, 正解は2。

28 2

解説 正面から見ても, 右側面から見ても, 左から順に4個, 3個, 2個, 1個積み重なったように見えたので, 次の縦4マス, 横4マス, 合計16マスに積まれた立方体の数を考える。それぞれのマスを①～⑯とする。

(1) 立方体の数が最小の場合

最小の数を考える場合, 見えるところはその数とし, 見えないところはできるだけ小さい数とする。

まず, 正面から見て左端の列は4段に見えるので, ①, ⑤, ⑨, ⑬のいずれか1つは4となる。また, 右側から見て左端の列も4段に見えるので, ⑬, ⑭, ⑮, ⑯のいずれか1つは4となる。これらのことから, ⑬を4とすれば最小の数となる。同様に考えると, ⑩は3, ⑦は2, ④は1となる。よって, 次のようになるので, 最小の場合の合計は10個となる。

(2) 立方体の数が最大の場合

最大の数を考える場合，見えるところはその数とし，見えないところはできるだけ大きい数とする。

(1) より，④は1，⑦は2，⑩は3，⑬は1となる。次に，正面から見て右端の列は1段に見えるので，この列は最大で1段積むことができる。同様に，右側から見て右端の列は最大で1段積むことができる。よって，①，②，③，⑧，⑫，⑯は1となる。次に，表面から見て右から2列目，右側から見て右から2列目は2段まで積むことができるので，⑤，⑥，⑪，⑮は2となる。さらに，⑨と⑭は3となる。よって，次のようになるので，最大の場合の合計は30個となる。

①	②	③	④	1
⑤	⑥	⑦	⑧	2
⑨	⑩	⑪	⑫	3
⑬	⑭	⑮	⑯	4

4 3 2 1　右側

正面

0	0	0	1	1
0	0	2	0	2
0	3	0	0	3
4	0	0	0	4

4 3 2 1

最小の場合

1	1	1	1	1
2	2	2	1	2
3	3	2	1	3
4	3	2	1	4

4 3 2 1

最大の場合

したがって，最大の個数と最小の個数の差は，30 − 10 = 20〔個〕となる。以上より，正解は2。

29　4

解説 正八面体を組み立て，与えられた点と線を書き込むと次のようになる。
よって，点Bから，辺CFの中点に向けて線を引くと，その延長線は頂点Dにつながる。これは，問題文中の④に対応する。

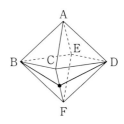

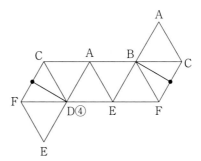

以上より，正解は4。

30 3

解説 点，M，F，Hを通る平面で立方体を切るとき，辺ADの中点をOとすると，求める切り口は，図のような等脚台形となる。

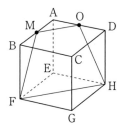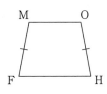

以上より，正解は3。

参考：切断面の作図方法

3点を通る平面の切断面の形は，次の①〜③により求められる。

①同一平面上の2点を結ぶ線が切り口になる。

②互いに平行な面があるとき，これらに面に現れる切り口は平行線になる。

③面を延長したり，障害物を通過して①②を試す。

31 1

解説 向かい合う面の和が7，接する面の和が8であることに注意し，それぞれの面の目を数字で表すと，図の2つのさいころの展開図は，次のようになる。

		6					5	
2	α	5			3	β	4	
		1					2	

αとしてあり得る数は3と4，βとしてあり得る数は1と6である。よって，「$\alpha + \beta$」としてあり得る数は，「3 + 1 = 4」「3 + 6 = 9」「4 + 1 = 5」「4 + 6 = 10」である。

以上より，正解は1。

32 5

解説 与えられた立方体と，真上から
見た図，正面から見た図について，長さ
も含めて対応させることがポイントとな
る。この場合は，次のようになる。
切り口は，色のついた部分であり，三角
形となっている。
以上より，正解は5。

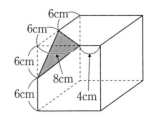

33 3

解説 空欄を埋めるためには，ゴールした際の順序を求める必要がある。
最後の状態の順序関係を求める。
条件イ，ウより，WはXとYを，XはWとYを，YはWとXを追い抜くこ
とになる。アの条件よりWはXとYに追い抜かれた後に追い抜くことになる
ので，ゴールした順序は早いほうから順に「W」，「X」または「Y」（これを条
件キとする）となる。
また，XはYに追い抜かれた後にさらに追い抜くことになるので，ゴールへの
到着は「X」，「Y」（これを条件クとする）となる。
条件キとクより，早いほうから順に「W」，「X」，「Y」となる。
Zは条件ウより2つ順位を上げてゴールするので，ZはXとYを追い抜くこと
になる。
よって，ゴールの順番は早いほうから順に「W」「Z」「X」「Y」に確定する。
さらに，ZはXとYを追い抜くことから，XはW，Y，Zの3人に抜かされて
いることになる。
以上より，正解は3となる。

数的処理 　数的推理

||||||||||||||||||||||||||||| P O I N T |||||||||||||||||||||||||||||

　数的推理は，数的処理の中では最も算数・数学の知識や能力が役に立つ分野といえる。出題形式はほとんどが文章題であり，必要な情報を読み取り，自身で方程式を立てて解いていく能力が求められる。本書の数学の内容を参考にしつつ，以下の重要事項を知っておいてほしい。

　まず知っておいてほしいのは，「速さ，距離，時間」の関係である。（速さ）$=\left(\dfrac{距離}{時間}\right)$という基本公式をもとに，式変形をして距離や時間を求める，秒から分（または時間），kmからm（またはcm）などに単位変換する，といった操作を速く正確に行えるようになってほしい。このような力を身に付けることで，「通過算」，「旅人算」，「流水算」などの理解にもつながり，「仕事算」や「ニュートン算」といった応用問題にも対応できる。

　次に，「比と割合」といった指標の活用法を覚えよう。問題によっては具体的な数量ではなく比や割合だけが与えられる場合もある。例えば，「AとBの比が$a:b$」と出てきたら，Aはa個，Bはb個のように比の値をそのまま数量とする，あるいはAはax個，Bはbx個といった表し方をすると考えやすくなる。また，比例配分の考え方「X個をAとBに$a:b$に配分すると，Aには$\dfrac{a}{a+b}\times X$〔個〕，Bには$\dfrac{b}{a+b}\times X$〔個〕配分される」もよく利用される。割合では，「百分率％で表されていたら全体を100とする」と考えやすくなる。「割引き」や「割り増し」といった言葉が出てきた場合の計算にも慣れておこう。

　学習のコツとしては，判断推理と同様に「設問を読んだだけで何をすればよいか見通しが立てられるぐらいまで取り組む」ことである。もし学習時間の確保が困難であれば，「設問から必要な情報を読み取り方程式を立てる」ステップだけでも反復練習しよう。

1 ある職場は，A～Fの6人の職員で構成され，このうちEおよびFは新人職員である。新人職員は，1人だけまたは2人だけでは外出または留守番をしないとするとき，外出する職員の組合せは，何通りあるか。ただし，必ず1人以上外出するものとする。

　1　51通り　　　2　53通り　　　3　55通り
　4　57通り　　　5　59通り

2 7個の数字1，2，3，4，5，6，7から異なる4個を並べて4桁の整数を作る。さらにこの4桁の整数すべてを小さい順に並べたとき，4561は小さい方から数えて何番目の整数か。

　1　433番目　　　2　437番目　　　3　441番目
　4　493番目　　　5　501番目

3 次の図は，1辺の長さが20cmの正方形KLMN，辺KL上を毎秒2cmの速さで移動する動点P，辺LMの延長線上を毎秒4cmの速さで移動する動点Qを示している。点Pが点Kを，点Qが点Mを同時に出発したとき，△PLQの面積が176cm²になる時間として，正しいものはどれか。

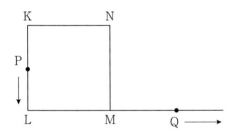

　1　4秒後　　　2　6秒後　　　3　8秒後　　　4　10秒後　　　5　12秒後

4 あるビルの床面は全体で5m²ある。1m²を塗るために必要なペンキの量は350mLであるが，実際にはペンキが560mLしかなかった。このとき，全体の床面の何%を塗ることができるか。
　1　26%　　　2　30%　　　3　32%　　　4　52%　　　5　63%

5 次図のように，一辺の長さが2cmの立方体ABCD－EFGHがあり，辺ADの中点をNとする。辺DC上に点Pを，NP＋PGが最小となるようにとったとき，NP＋PGの値として妥当なものはどれか。

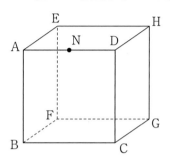

1　3cm　　2　$\sqrt{10}$cm　　3　$\sqrt{11}$cm　　4　$2\sqrt{3}$cm　　5　$\sqrt{13}$cm

6 1と2の間に，1より大きく2より小さい異なる8個の数を入れて，1から2までの10個の数を小さい順に並べたところ，隣にある数との差がどれも同じになる。間に入れた8個の数の和として正しいものはどれか。

1　10　　2　11　　3　12　　4　13　　5　14

7 年上の順から，X，Y，Zがおり，現在，3人の年齢の合計は89歳である。YはZより5歳年上であり，さらに，6年後にはXの年齢はYの年齢の2倍になることがわかっている。このとき，現在から6年後のZの年齢として，正しいものはどれか。

1　19歳　　2　20歳　　3　21歳　　4　22歳　　5　23歳

8 パレードの人々が1列に並んで歩いている。先頭から最後尾までちょうど900mあるとき，最後尾にいたAが先頭まで走っていったところ，3分で先頭に追い付いた。そして，再び最後尾に戻るため，その場所で待っていたら，ちょうど9分かかった。もしもAが先頭から最後尾まで，走って戻ったとしたときにかかる時間として正しいものはどれか。ただし，Aは常に一定の速度で走ったものとする。

1　1分40秒　　2　1分42秒　　3　1分45秒
4　1分48秒　　5　1分50秒

⑨ 1円玉3枚，5円玉2枚，10円玉3枚，100円玉2枚の合計243円を持っている。このとき，おつりを貰わず丁度支払いのできる金額は何通りあるか。

1　104通り　　2　105通り　　3　106通り

4　107通り　　5　108通り

⑩ 右図において，AD：DB＝1：5，BC：CE＝5：1であるとき，AF：FCの値として正しいものはどれか。

1　3：2

2　4：3

3　5：3

4　5：4

5　6：5

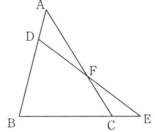

⑪ 次の図において，弧AD：弧BC＝3：1，∠AQD＝30°のとき，∠APDの角度として正しいものはどれか。

1　58°

2　60°

3　62°

4　64°

5　65°

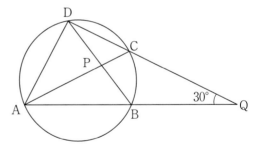

⑫ 右図のような半径3cmの円から，この円に内接する正方形を取り除いた図形を，直線 ℓ を軸として1回転させたときにできる立体の体積として正しいものはどれか。

1　$14\pi\,\mathrm{cm}^3$　　2　$15\pi\,\mathrm{cm}^3$

3　$16\pi\,\mathrm{cm}^3$　　4　$18\pi\,\mathrm{cm}^3$

5　$20\pi\,\mathrm{cm}^3$

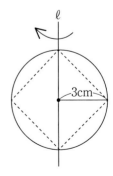

13 A，B 2つの容器があり，それぞれ1.2kgずつの菓子が入っている。Aの中の菓子は金平糖が97％，チョコレートが3％，Bの中の菓子は金平糖が90％，チョコレートが10％であり，ともによく混ぜ合わされているものとする。いま，Aの中の菓子をある量だけBに移し，よく混ぜ合わせた後，BからAに同じ量だけとって戻したところAの中のチョコレートの割合は5％になった。最初にAからBに移した菓子の量は何gであったか。

  1　100g　　2　120g　　3　240g　　4　480g　　5　600g

14 2000の約数の個数として，正しいものはどれか。

  1　16個　　2　18個　　3　20個　　4　22個　　5　24個

15 水が入っていないプールがある。ホースA，B，Cを用いて，このプールに水を貯めることができる。ホース2つを同時に用いる場合，AとBでは36分，BとCでは45分，AとCでは60分でプールが水でいっぱいになる。ホースA，B，Cの3つを同時に用いた場合，このプールを水でいっぱいにするのにかかる時間として，正しいものはどれか。

  1　27分　　2　28分　　3　29分　　4　30分　　5　31分

16 ある商店において新商品を120個仕入れ，原価に対し5割の利益を上乗せして定価として販売し始めた。ちょうど半数が売れた時点で，売れ残りが生じないように，定価の1割引にして販売した。販売終了時刻が近づき，それでも売れ残りが発生しそうであったので，最後は定価の半額にして販売したところ，売り切れた。全体としては，原価に対し1割5分の利益を得ることができた。このとき，定価の1割引で売れた新商品の個数として，正しいものはどれか。

  1　2個　　2　5個　　3　6個　　4　15個　　5　25個

17 下図のような直角三角形ABCがある。この直角三角形の直角の頂点Aから斜辺へ引いた垂線をADとし、∠Bの2等分線がAC、ADと交わる点をP、Qとする。AC＝20、AQ：QD＝3：2のとき、APの長さとして、正しいものはどれか。

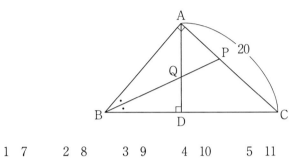

1　7　　　2　8　　　3　9　　　4　10　　　5　11

18 ある企業における部署内の男性7人、女性5人の中から新しいプロジェクトに参加するメンバーを4人選びたい。このとき、女性が2人以上含まれる選び方の種類の数として、正しいものはどれか。

1　275通り　　2　285通り　　3　295通り　　4　305通り　　5　315通り

19 図のように区切られたV、W、X、Y、Zの領域を5色のクレヨンを用いて色分けしたい。同じ色を複数回使ってよいが、隣り合う部分に同じ色を用いないという条件がある場合、これに合致する塗り方の数として、最も妥当なものはどれか。

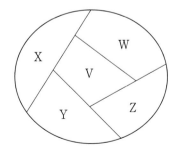

1　280通り　　2　320通り　　3　360通り　　4　420通り
5　480通り

[20] A, B, Cの3人が食事をした。1軒目の食事代が13,200円であり，B が支払った。また，2軒目の食事代が8,400円であり，Cが支払った。この後，精算をする前に，3人はさらに3軒目の食事に行き，Aが3軒目の食事代21,000円を支払った。3軒の食事代を精算し，3人の支払い額を等しくするとき，誰が誰にいくら支払えばよいか。

 1 BがAに1000円，CがAに5800円支払う。

 2 BがAに5000円，CがAに1800円支払う。

 3 AがBに1000円，AがCに5800円支払う。

 4 AがBに5800円，AがCに1000円支払う。

 5 BがAに2000円，CがAに2800円支払う。

[21] 3人用，4人用，5人用の長椅子があわせて30脚あり115人が座ることができる。また，5人用の長いすに6人ずつ座ると124人が座ることができる。このとき，3人用の長いすの脚数として，最も妥当なものはどれか。

 1 11脚 2 12脚 3 13脚 4 14脚 5 15脚

[22] 1本の長さが10cmの竹ひごが120本ある。この竹ひごと粘土の玉を使って，下の図のような立体を作る。竹ひごができるだけ余らないようにするとき，ABの長さとして，最も妥当なものはどれか。ただし粘土の玉の大きさは考えないものとする。

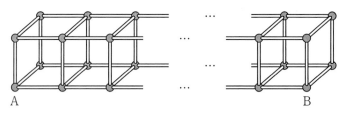

A   B

 1 110cm 2 120cm 3 130cm 4 140cm 5 150cm

解 答 ・ 解 説

1 4

解説 6人それぞれが外出するかしないかの組み合わせは，$2^6 = 64$〔通り〕である。

このうち，全員外出しない場合は除外するので，63〔通り〕となる。

さらにこの63通りのうち，EとFが

①1人で外出
②2人で外出
③1人で留守番
④2人で留守番

外出	留守番
E	
F	
EF	
	E
	F
	EF

となる右の表の6通りを除外する。

よって，$63 - 6 = 57$〔通り〕となる。

以上より，正解は4。

2 1

解説

$1 \square\square\square$ $\quad _6P_3 = 6 \cdot 5 \cdot 4 = 120$〔通り〕

$2 \square\square\square$ $\qquad\qquad\quad 120$〔通り〕

$3 \square\square\square$ $\qquad\qquad\quad 120$〔通り〕

$4\ 1\square\square$ $\quad _5P_2 = 5 \cdot 4 = \quad 20$〔通り〕

$4\ 2\square\square$ $\qquad\qquad\qquad 20$〔通り〕

$4\ 3\square\square$ $\qquad\qquad\qquad 20$〔通り〕 　計420通り

$4\ 5\ 1\square$ $\quad _4P_1 = \qquad\quad 4$〔通り〕

$4\ 5\ 2\square$ $\qquad\qquad\qquad 4$〔通り〕

$4\ 5\ 3\square$ $\qquad\qquad\qquad 4$〔通り〕 　計432通り

$4\ 5\ 6\ 1$

上の結果より，千の位が1，2，3である整数は，それぞれ$_6P_3 = 120$〔通り〕ある。また，千の位が4で，百の位が4より小さい整数は，$3 \times {}_5P_2$〔通り〕。さらに，千の位が4，百の位が5であり，十の位が4より小さい整数は，$3 \times {}_4P_1$通り。4561はこれらより大きい最小の整数であるから，4561は小さい方から数えて433番目。

以上より，正解は1。

3 2

解説 出発してからの時間をx〔秒〕とすると,

$PL = 20 - 2x$〔cm〕, $LQ = 20 + 4x$〔cm〕

$\triangle PLQ$の面積$= \dfrac{1}{2}(20 - 2x)(20 + 4x) = 176$〔cm²〕

$(x - 6)(x + 1) = 0$

$x > 0$だから,$x = 6$〔秒〕

以上より,正解は2。

4 3

解説 5m²塗るために必要なペンキの量は,

$350 \times 5 = 1750$〔mL〕

実際に塗るペンキの量は560〔mL〕である。

$\dfrac{560}{1750} \times 100 = 32$〔％〕

以上より,正解は3。

5 5

解説 NPとPGが存在する2面の展開図を示す。NP + PGが最短になるのは,図のようにN,P,Gが一直線上に並ぶときである。

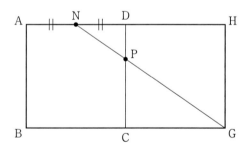

立方体の1辺は2cm,NはADの中点であるので,NH = 3cm,HG = 2cmで,NGをx〔cm〕とすると,$\triangle$NGHについて三平方の定理より,

$x^2 = 3^2 + 2^2$

よって,$x = \sqrt{9 + 4} = \sqrt{13}$〔cm〕

以上より,正解は5。

6 3

解説 問題文より，1と2の間に入る8つの数の並びは等差数列になることがわかる。

このとき，公差は $\frac{1}{9}$ であり，1と2の間には順に $\frac{10}{9}$，$\frac{11}{9}$，$\frac{12}{9}$，……，$\frac{17}{9}$ が入る。

よって，これらの8つの数の和は，

$$\frac{10+11+12+\cdots+17}{9}=\frac{27\times 8\div 2}{9}=12$$

以上より，正解は3。

7 5

解説 それぞれの年齢を x, y, z とする。

3人の年齢の合計は，$x+y+z=89$……①

YはZより5歳年上なので，$z=y-5$……②

6年後に，Xの年齢はYの年齢の2倍になるから，$x+6=2(y+6)$ ……③

①，②，③より $x=50$，$y=22$，$z=17$

よって，Zの6年後の年齢は23歳である。

以上より，正解は5。

8 4

解説 まず，パレードが進む速さを求める。パレードの先頭から最後尾までの距離が900mであり，先頭のAが待っていて最後尾になるまでに9分かかったので，パレードが進む速さは $\frac{900}{9}=100$〔m/分〕となる。

次に，Aが走る速さを求める。最後尾にいたAは3分で先頭に追いついたが，その3分間でパレードが進んだ距離は $100\times 3=300$〔m〕なので，Aが入った距離は $900+300=1200$〔m〕となる。よって，Aが走る速さは $\frac{1200}{3}=400$〔m/分〕となる。

よって，Aが先頭から最後尾まで走って戻るとき，Aと最後尾が近づく速さは $400+100=500$〔m〕となるので，かかる時間は $\frac{900}{500}=1.8$〔分〕$=1.8\times 60$〔秒〕$=108$〔秒〕，したがって，1分48秒となる。

以上より，正解は4。

9 4

解説 ＼ 5円玉を2枚払うと10円になることに注意して考える。
1円玉の出し方は0枚，1枚，2枚，3枚のいずれか4通り
5円玉と10円玉を合わせていくら出すかは，0，5，10，・・・40円まで5円刻みで9通り。
100円玉の出し方は0枚，1枚，2枚のいずれか3通り
よって，お金を支払わない場合を除くと，支払うことができる金額は，
$4 \times 9 \times 3 - 1 = 107$〔通り〕
以上より，正解は4。

10 5

解説 ＼ CからEDの平行線を引き，ABとの交点をGとすると，
AF：FC = AD：DG
また，BG：GD = BC：CE = 5：1
ゆえに，$DG = \frac{1}{6}DB$
一方，AD：DB = 1：5であるから，
DB = 5ADより，
$DG = \frac{1}{6} \cdot 5AD = \frac{5}{6}AD$
よって，AD：DG = 6：5だから，
AF：FC = 6：5
以上より，正解は5。

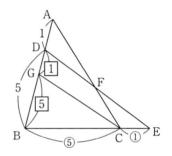

11 2

解説 ＼ $\angle BAC = \angle BDC = x$とおくと，弧AD：弧BC = 3：1より，
$\angle ABD = \angle ACD = 3x$
$\angle ACD$は$\triangle AQC$の$\angle ACQ$の
外角であるから，
$\angle ACD = \angle AQC + \angle QAC$より
$3x = 30° + x$
よって，$x = 15°$

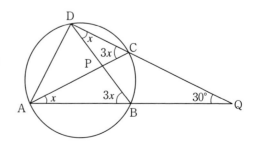

また，∠APDは△ABPの∠APBの外角であるから，

∠APD = ∠ABP + ∠BAP = $3x + x = 4x = 60°$

以上より，正解は2。

---

12 4

解説 求める立体の体積は，半径3cmの球の
体積から，底面が半径3cmの円で，高さが3cm
の2つの円錐の体積を引けばよい。

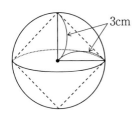

3cm

$$\frac{4}{3} \cdot \pi \cdot 3^3 - \frac{1}{3} \cdot \pi \cdot 3^2 \cdot 3 \cdot 2$$

$= 36\pi - 18\pi = 18\pi \ [\text{cm}^3]$

以上より，正解は4。

---

13 4

解説 はじめにAの中の菓子に入っているチョコレートの量：

$$1200 \times 0.03 = 36 \ [\text{g}]$$

Bの中の菓子に入っているチョコレートの量：$1200 \times 0.10 = 120 \ [\text{g}]$

最初にAからBに移した菓子の量を$x \ [\text{g}]$とすると，

その直後のBの中の菓子に入っているチョコレートの量：$120 + 0.03x \ [\text{g}]$

Bの中の菓子に入っているチョコレートの割合：$\dfrac{120 + 0.03x}{1200 + x} \times 100$

次に，BからAに$x \ [\text{g}]$の菓子を戻すと，

その直後のAの中の菓子に入っているチョコレートの量：

$$36 - 0.03x + \frac{120 + 0.03x}{1200 + x}x$$

Aの中の菓子に入っているチョコレートの割合：

$$\frac{36 - 0.03x + \dfrac{120 + 0.03x}{1200 + x}x}{1200} \times 100$$

これが5％になるので，

$$\frac{36 - 0.03x + \dfrac{120 + 0.03x}{1200 + x}x}{1200} \times 100 = 5$$

これを整理すると，$x = 480 \ [\text{g}]$

以上より，正解は4。

14 3

解説 2000 を素因数分解すると，$2000 = 2^4 \times 5^3$

自然数 N を素因数分解して $N = p^a q^b r^c \cdots$ となるとき，

N の正の約数の個数は，$(a + 1)(b + 1)(c + 1) \cdots$〔個〕となる。

よって，2000 の約数の個数は $(4 + 1) \times (3 + 1) = 20$〔個〕

以上より，正解は 3。

15 4

解説 プールをいっぱいにするために必要な水の量を，かかった時間である 36，45，60 の最小公倍数である 180 とする。また，ホース A，B，C の 1 分あたりの仕事量をそれぞれ a〔/分〕，b〔/分〕，c〔/分〕とすると，

ホース A と B の仕事量：$a + b = 180 \div 36 = 5$〔/分〕…①

ホース B と C の仕事量：$b + c = 180 \div 45 = 4$〔/分〕…②

ホース A と C の仕事量：$a + c = 180 \div 60 = 3$〔/分〕…③

①＋②＋③より，$(a + b) + (b + c) + (a + c) = 5 + 4 + 3 = 12$〔/分〕

$\qquad\qquad\qquad 2(a + b + c) = 12$〔/分〕

$\qquad\qquad\qquad\quad a + b + c = 6$〔/分〕

よって，ホース A，B，C の 3 つを同時に用いたときにかかる時間は，

$180 \div 6 = 30$〔分〕

以上より，正解は 4。

16 2

解説 新商品の仕入れ値を x 円とすると，

仕入れ総額は $120x$〔円〕

定価は $1.5x$〔円〕，売れたのは半数なので 60 個，定価での売上は $1.5x \times 60 = 90x$〔円〕

定価の 1 割引は $1.5x \times 0.9 = 1.35x$〔円〕，y 個売れたとすると，売上は $1.35xy$〔円〕

定価の半額は $1.5x \div 2 = 0.75x$〔円〕，残りを売り切れたので $60 - y$〔個〕，売上は $0.75x(60 - y)$〔円〕

ここまでをまとめると，次のようになる。

	価格〔円〕	個数〔個〕	仕入れ総額／売上〔円〕
仕入れ	x	120	$120x$
定価	$1.5x$	60	$90x$
定価の1割引	$1.35x$	y	$1.35xy$
定価の半額	$0.75x$	$60 - y$	$0.75x(60 - y)$

さらに，全体の利益は原価の1割5分なので$120x \times 0.15 = 18x$〔円〕

ここで，（利益）＝（売上総額）－（仕入れ総額）より，

$\{90x + 1.35xy + 0.75x(60 - y)\} - 120x = 18x$

これを整理すると，$y = 5$〔個〕

以上より，正解は2。

17 2

解説 頂角を2等分したときの底辺の比は，以下の通りとなる。

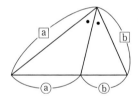

上の定理より，AQ：QD＝3：2なので，AB：BDも3：2

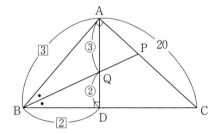

APの長さを求めるために，AP：PCを求めておく必要がある。

そのためにBCの長さを求める。

△ABD∽△CBAに注目するとAB：BC＝BD：AB＝2：3

ここで，上に示した定理より，AP：PC＝2：3となるので，

$$AP = \frac{2}{5}AC = \frac{2}{5} \times 20 = 8$$

以上より，正解は2。

18 2

解説 \\「女性が2人以上含まれる」の余事象は，「女性が1人以下」である。
このときの選び方は，

男性3人女性1人の場合：$_7C_3 \times {_5}C_1 = \dfrac{7 \times 6 \times 5}{3 \times 2 \times 1} \times 5 = 175$〔通り〕

男性4人の場合：$_7C_4 = \dfrac{7 \times 6 \times 5}{3 \times 2 \times 1} = 35$〔通り〕

よって，余事象の場合の数は，$175 + 35 = 210$〔通り〕

全事象は「12人の中から4人選ぶ」なので，

$_{12}C_4 = \dfrac{12 \times 11 \times 10 \times 9}{4 \times 3 \times 2 \times 1} = 495$〔通り〕

よって，求める選び方は$495 - 210 = 285$〔通り〕

以上より，正解は2。

参考：余事象を考えない場合

4人選んだうち女性が2人以上含まれる選び方は，

男性2人女性2人の場合：$_7C_2 \times {_5}C_2 = \dfrac{7 \times 6}{2 \times 1} \times \dfrac{5 \times 4}{2 \times 1} = 210$〔通り〕

男性1人女性3人の場合：$_7C_1 \times {_5}C_3 = 7 \times \dfrac{5 \times 4}{2 \times 1} = 70$〔通り〕

女性4人の場合：$_5C_4 = 5$〔通り〕

よって，求める選び方は$210 + 70 + 5 = 285$〔通り〕

19 4

解説 \\問題文の条件より，2色または1色のクレヨンで塗ることはできないので，クレヨンを5色，4色，3色用いる場合についてそれぞれ考える。

①クレヨンを5色使う場合は，5色を一列に並べる順列と同様に考えることができるので，$_5P_5 = 5 \times 4 \times 3 \times 2 \times 1 = 120$〔通り〕

②クレヨンを4色使う場合は，5色のうち4色を選んで一列に並べ，同じ色になるのはWとY，またはXとZの2通りなので，$_5P_4 \times 2 = 5 \times 4 \times 3 \times 2 \times 2 = 240$〔通り〕

③クレヨンを3色使う場合は，WとY，およびXとZがいずれも同じ色になるため，5色のうち3色を選んで一列に並べる順列と同様に考えることができるので，$_5P_3 = 5 \times 4 \times 3 = 60$〔通り〕

①～③は同時に起きることはないので，塗り方の数は$120 + 240 + 60 = 420$〔通り〕

以上より，正解は4。

20 1

解説 まず，3回の食事代の総額を3で割って，1人が支払うべき額を求める。このとき，Aが一番多く支払っているので，1人が支払うべき額に対するBとCの不足分をそれぞれ算出すればよい。

$(13200 + 8400 + 21000) \div 3 = 14200$……1人14200円支払えばよい。

$14200 - 13200 = 1000$〔円〕………………Bの不足分

$14200 - 8400 = 5800$〔円〕………………Cの不足分

したがって，B，Cの不足分をAに支払えばよいことになる。

以上より，正解は1。

21 4

解説 5人用の長椅子に6人ずつ座ると，$124 - 115 = 9$〔人〕多く座ることができることから，5人用の長椅子は9脚あることがわかる。よって，3人用と4人用の長いすがあわせて$30 - 9 = 21$〔脚〕あり，3人用の長椅子と4人用の長椅子に座れる人数の合計は$115 - 5 \times 9 = 70$〔人〕になる。

3人用の長椅子の数をxとおくと，4人用の長椅子の数は$21 - x$と表せる。

これらのことから次の式が成り立つ。

$3x + 4(21 - x) = 70$より　$x = 14$

よって，3人用の長椅子は14脚となる。

以上より，正解は4。

22 4

解説 ▏立方体が1個増えるごとに，竹ひごが何本増えていくかを考える。

　1個目の立方体を作るためには竹ひごが12本必要であり，2個目からは立方体1個につき8本ずつ必要となる。すると，n個の立方体を作るために必要な竹ひごの本数は，初項12，公差8，項数nの等差数列で表せる（nは自然数）。この等差数列の初項から第n項までの和が120以下となる最大のnを求めればよいので，

$$12 + (n - 1) \times 8 \leq 120$$
$$n \leq 14.5$$

よって，条件を満たす立方体の数は14個，1辺の長さが10cmなので，ABの長さは$10 \times 14 = 140$〔cm〕

以上より，正解は4。

数的処理　　資料解釈

IIIIIIIIIIIIIIIIIIIIIIIIIIIIIIIIIIII **P O I N T** IIIIIIIIIIIIIIIIIIIIIIIIIIIIIIIIIIII

　資料解釈では，与えられた図表をもとに，必要なデータを早く正確に読み取る能力が試される。出題形式はほとんど選択肢の記述の正誤を問うものなので，「正誤が判断できる最低限の情報を読み取る」姿勢を身に付けてほしい。高度な計算力は必要ないが，取り扱う数量の桁数が大きかったり，見慣れない単位が使われていたりするので，コツを掴むまでに時間がかかるかもしれず，できるだけ早く取り組もう。

　まず，問題を解く前に与えられた図表のタイトル（ない場合もある）や単位に注目すること。次に，図表に記されたデータを見る前に選択肢を確認してほしい。その際，選択肢を順番に検討するのではなく，正誤が判断しやすいものから順に検討し，判断が難しい選択肢については消去法で対応するとよい。なお，選択肢の中には「図表からは判断できない」場合があるので，注意しよう。選択肢の検討にあたっては，次の指標を用いる場合がほとんどなので，それぞれの指標の意味や公式を覚えてしまいたい。

・割合：ある数量が，全体に対して占める分量。

　　Aに対するBが占める割合〔％〕は，$\dfrac{B}{A} \times 100$

・比率：ある数量を，他の数量と比べたときの割合。

　　Aに対するBの比率（比）は，$\dfrac{B}{A}$

・指数：基準となる数量を100としたときの，他の数量の割合。

　　Aを100としたときのBの指数は，$\dfrac{B}{A} \times 100$

・増加量（減少量）：元の数量に対するある数量の増加分（減少分），増加（減少）していればプラス（マイナス）の値になる。

　　「昨年の量」に対する「今年の量」の増加量（減少量）は，「今年の量」－「昨年の量」

・増加率（減少率）：元の数量に対するある数量の増加率（減少率），増加（減少）していればプラス（マイナス）の値になる。

「昨年の量」に対する「今年の量」の増加率（減少率）〔%〕は，

$$\frac{\text{「今年の量」}-\text{「昨年の量」}}{\text{「昨年の量」}}\times 100$$

・単位量あたりの数量：「単位面積あたり」や「1人あたり」に占める数量。

全体の量のうち，1人あたりに占める量は，$\dfrac{\text{全体の量}}{\text{人数}}$

　学習の初期段階では，本書の解説を参考に自身の手で正しく計算するよう心掛けよう。そのうえで，慣れてきたら「増加している」や「2分の1になっている」といった内容であれば計算せずに判断したり，129,176 を 130,000 と概算して判断したりするなど，できるだけ短い時間で解答できるように練習すること。

《 演 習 問 題 》

1　次の表は，日本における二酸化炭素の排出量（百万t－CO₂換算）とその内訳を示したものである。この表から読み取れる内容として，最も妥当なものはどれか。

	1990年	2013年	2019年	2020年
二酸化炭素（CO₂）	1164	1318	1108	1044
エネルギー起源	1068	1235	1029	967
…産業部門	503	464	387	356
…運輸部門	208	224	206	185
…業務その他	131	237	191	182
…家庭部門	129	208	159	166
…エネルギー転換	96.8	103	85.7	78.4
非エネルギー起源	96.1	82.5	79.5	82.1

（環境省『2020年度の温室効果ガス排出量』（確報値）より作成）

1　いずれの年においても「エネルギー起源」に占める二酸化炭素の排出量は，「産業部門」「運輸部門」「業務その他」の順に多くなっている。

2　1990年から2020年にかけて二酸化炭素の排出量は，減少傾向にある。

3　1990年の全体の排出量に占める「非エネルギー起源」の二酸化炭素排出量は，約8.3%である。

4　2020年の全体の排出量に占める「エネルギー転換」の二酸化炭素排出量は，約9%である。

5 「家庭部門」における二酸化炭素の排出量は，1990年以降増加傾向にある。

2 次の表は，各国の携帯電話の契約数をあらわしたものである。この表から読み取れる内容として，最も妥当なものはどれか。

	契約数（千契約）	
	2000年	2020年
中国	85,260	1,696,356
インド	3,577	1,153,710
アメリカ合衆国	109,478	442,457
インドネシア	3,669	355,749
ブラジル	23,188	205,835
日本	66,784	192,284

(ITUホームページより作成)

1 アメリカ合衆国における携帯電話の契約数は，2000年から2020年にかけて4倍以上に増加している。

2 2000年から2020年にかけて携帯電話の契約数が最も増加したのは，インドである。

3 2000年から2020年にかけて携帯電話の契約数の増加が最も少なかったのは，アメリカである。

4 日本における携帯電話の契約数は，2000年から2020年にかけて3倍以上に増加している。

5 契約数が多い国から順番に並べると，いずれの年においても同じ順番となる。

3 次の表は，平成7年から令和2年までの日本の大学・大学院・短期大学に在籍する外国人学生数（人）を比較したものである。この表から読み取れる内容として，最も妥当なものはどれか。

	大学	大学院	短期大学	総数
平成7年	32567	18712	3044	54323
平成12年	36223	23729	3116	63068
平成17年	69480	31282	3665	104427
平成22年	79745	40875	2462	123082
平成27年	77739	43398	1776	122913
令和元年	99908	55918	3156	158782
令和2年	93366	56477	2931	152774

（総務省統計局『令和4年度　日本統計年鑑』より作成）

1 「大学」に在籍する外国人学生数は，平成7年から令和2年にかけて年々増加傾向にある。

2 「短期大学」に在籍する外国人学生数は，平成12年から令和2年にかけて年々減少傾向にある。

3 いずれの項目においても，平成7年における外国人学生数が最も少ないことが読み取れる。

4 日本の大学・大学院・短期大学に在籍する外国人学生の総数が最も多い年は，「大学」に在籍する外国人学生数も最も多くなっている。

5 令和2年における日本の大学・大学院・短期大学に在籍する外国人学生数の総数のおよそ7割が「大学」に在籍する外国人学生数である。

4 各国の1990年から2018年までの実質国内総生産の変化率を示した次のグラフから読み取れる内容として，最も妥当なものはどれか。

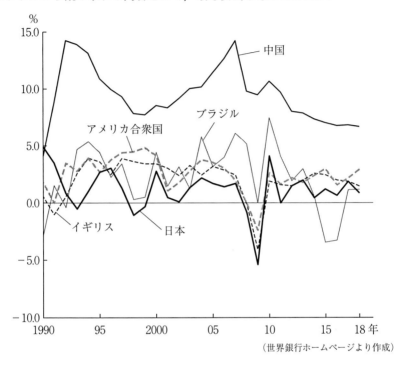

（世界銀行ホームページより作成）

1 中国は，2000年以降，実質国内総生産の変化率とともに，実質国内総生産の額が最も大きい状況が続いた。

2 各国の順位は，2位以下が時期によって変動しているが，グラフ内の最新の順位によれば，2位はイギリスである。

3 日本について，実質国内総生産の変化率がマイナスの年は，その変化率は他国と比較して最も低い値を示した。

4 ブラジルについて，変化率は大きく上下しているものの，マイナスとなっている時期はない。

5 アメリカおよびイギリスについて，両国は，実質国内総生産の額の大きさに基づく順位が度々入れ替わっている。

5 次のグラフから読み取れる内容として，妥当なものはどれか。

【SNS等では自分に近い意見が表示されやすいことの認識】

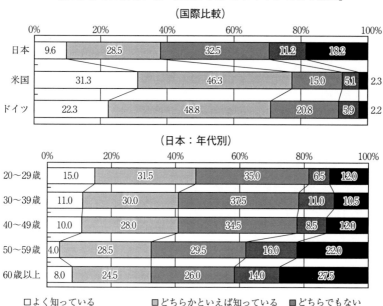

（総務省（2023））「ICT基盤の高度化とデジタルデータ及び情報の流通に関する調査研究」より作成）

1 　日本の20歳から59歳についてみると，高い年齢層ほど「SNS等では自分に近い意見が表示されやすいこと」をよく知っている割合が低い。

2 　「SNS等では自分に近い意見が表示されやすいこと」をよく知らない割合が最も高いのは日本であり，最も低いのは米国である。

3 　いずれの国も，若い年齢層ほど「SNS等では自分に近い意見が表示されやすいこと」をよく知っている割合が高く，高い年齢層ほど「SNS等では自分に近い意見が表示されやすいこと」を理解していない傾向にある。

4 　日本において，「SNS等では自分に近い意見が表示されやすいこと」について「どちらでもない」と答えた割合が最も高い年齢層では，「どちらかと言えば知っている」と答えた割合も最も高い。

5 　「SNS等では自分に近い意見が表示されやすいこと」について「よく知っている」という回答の割合が最も少ない世代において，その回答の割合は「よく知らない」と答えた割合の1割以下である。

6　次の表は，2010年度，2015年度，2018年度，2019年度の温室効果ガス排出量の推移を表したものである。この表からいえることとして，最も妥当なものはどれか。

国内温室効果ガス排出量

（単位：百万トンCO₂換算）

温室効果ガス	2010年度	2015年度	2018年度	2019年度
二酸化炭素（CO₂）	1217	1226	1146	1108
メタン（CH₄）	31.9	29.2	28.6	28.4
一酸化二窒素（N₂O）	22.2	20.7	20.0	19.7
ハイドロフルオロカーボン類（HFCs）	23.3	39.3	47.0	49.7
パーフルオロカーボン類（PFCs）	4.3	3.3	3.5	3.4
六ふっ化硫黄（SF₆）	2.4	2.1	2.1	2.0
三ふっ化窒素（NF₃）	1.5	0.57	0.28	0.26
合計	1303	1321	1247	1211

（環境省「2020年度（令和2年度）の温室効果ガス排出量（速報値）について」より作成）

1　各年における排出量の合計に対する二酸化炭素の割合が最も大きいのは，2015年度である。

2　各年における排出量の合計に対するメタンの割合が最も大きいのは，2010年度である。

3　2010年度の排出量に対する2015年度の増加量が最も大きい温室効果ガスの種類は，二酸化炭素である。

4　2018年度の排出量に対する2019年度の減少率は，排出量の合計が二酸化炭素を上回っている。

5　2018年度の排出量に対する2019年度の減少率は，メタンが一酸化二窒素を上回っている。

7 次の表は，各国における主要分野別の国際出願特許件数（単位　件）を表したものである。この表からいえることとして，最も妥当なものはどれか。

	韓国	中国	日本	ドイツ	フランス	アメリカ合衆国
電気機器	1557	3032	5582	2002	481	2175
電気通信	601	1853	1000	167	115	1318
デジタル通信	1606	8121	1954	423	278	3907
コンピュータ技術	1232	7140	2848	642	328	6739
半導体	676	2062	2395	383	134	1896
光学機器	530	2152	2457	419	163	1398
計測系	513	1895	2805	1224	367	2338
制御系	170	1342	1346	482	102	1047
医療技術	992	1570	2632	832	504	6108
有機化学，農薬	468	770	807	510	410	1531
バイオ技術	436	1038	821	341	252	2784
医薬品	612	1224	749	357	336	3773
基礎材料化学	341	551	1239	597	193	1447
エンジン類	187	560	1348	959	332	710
機械要素	224	707	1455	1222	350	808
輸送	398	1630	2820	2046	884	1335

（世界国勢図会2020/21より作成）

1 基礎材料化学の分野では，日本における国際出願特許件数は，韓国における国際出願特許件数の4倍以上である。

2 コンピュータ技術の分野では，中国における国際出願特許件数は，各国における国際出願特許件数の合計のうち4割以上を占める。

3 デジタル通信の分野では，アメリカ合衆国における国際出願特許件数は，各国における国際出願特許件数の合計のうち2割以上を占める。

4 医療技術の分野では，ドイツにおける国際出願特許件数は，フランスにおける国際出願特許件数の2倍以上である。

5 医薬品の分野では，フランスにおける国際出願特許件数は，韓国における国際出願特許件数の半分以下である。

8　次の表は，各国の漁獲量（千t）を表している。この表から読み取れることとして，最も妥当なものはどれか。

	1960年	1980年	2000年	2018年
中国	2,215	3,147	14,982	14,831
インドネシア	681	1,653	4,159	7,261
アメリカ合衆国	2,715	3,703	4,760	4,754
インド	1,117	2,080	3,726	5,343
ロシア	3,066	9,502	4,027	5,117
ミャンマー	360	577	1,093	2,033

（日本国勢図会2020/21より作成）

1　いずれの国においても，漁獲量は年々増加しており，2018年が最も大きい値となっている。

2　2018年におけるミャンマーの漁獲量は，1960年の漁獲量の6倍以上である。

3　2000年において漁獲量が最も少ない国は，2018年においても最も少ない漁獲量の数値を示している。

4　1980年における中国の漁獲量は，1960年の漁獲量の2倍以上である。

5　インドネシアにおける漁獲量は，いずれの年においてもアメリカの漁獲量を下回っている。

9 次の表は，各国における知的財産使用料の貿易額（単位　百万ドル）を表したものである。この表からいえることとして，最も妥当なものはどれか。

輸出（受取）額	2017	2018	輸入（支払）額	2017	2018
アメリカ合衆国	126523	128748	アイルランド	75298	85119
日本	41721	45519	アメリカ合衆国	53440	56117
オランダ	32535	35023	オランダ	42021	41937
イギリス	22845	26253	中国	28746	35783
スイス	23013	25850	日本	21381	21726
ドイツ	20941	24366	フランス	16000	15938
フランス	16853	16819	ドイツ	14175	15630
アイルランド	10402	13896	シンガポール	14925	15178
シンガポール	8028	8719	イギリス	12290	14480
韓国	7287	7749	スイス	12649	13645
スウェーデン	7721	7444	カナダ	11832	11807
中国	4803	5561	韓国	9702	9812
カナダ	4881	5508	インド	6515	7906
イタリア	4360	4942	スペイン	5065	6645
ベルギー	3855	4364	ロシア	5980	6288

（世界国勢図会2020/21より作成）

1　アイルランドにおける知的財産使用料の輸出額は，2017年から2018年にかけて2倍以上増加している。

2　日本における知的財産使用料の輸出額は，2017年から2018年にかけて40億ドル以上増加している。

3　2018年のアメリカ合衆国について，知的財産使用料の輸出額は輸入額の2倍に及ばない。

4　ドイツにおける知的財産使用料の輸入額は，2017年から2018年にかけて1割以上増加している。

5　2017年の韓国について，知的財産使用料の輸出額は輸入額よりも多い。

⑩ 次の表は，2017年における各国の産業別労働生産性水準を日本＝100として表したものである。この表からいえることとして，最も妥当なものはどれか。

	製造業	機械・電機・情報通信機器	輸送用機械	一次金属・金属製品	化学	食料品
アメリカ合衆国	143.3	156.3	164.4	132.6	78.0	259.8
アイルランド	432.1	…	18.4	69.2	…	325.9
イギリス	100.4	40.7	52.5	79.7	86.4	233.5
イタリア	101.8	38.7	165.5	167.8	106.9	369.0
オーストリア	88.1	39.6	61.4	61.8	121.8	235.5
オランダ	122.9	51.4	32.3	168.4	283.5	592.3
ギリシャ	52.5	16.2	14.1	148.0	74.6	66.0
スウェーデン	137.8	68.6	58.4	139.4	…	314.5
スペイン	71.3	32.4	74.8	101.9	63.5	143.6
スロベニア	79.8	31.3	18.8	146.0	108.6	143.7
チェコ	80.6	43.8	81.5	55.5	86.0	209.5
デンマーク	104.8	27.1	17.0	69.9	140.7	364.3
ドイツ	120.5	41.5	85.0	111.6	79.5	324.3
フィンランド	157.7	73.4	14.2	149.1	232.0	301.6
フランス	130.1	80.7	80.3	129.7	156.5	272.6
ポルトガル	34.1	19.3	6.7	71.5	32.1	80.7
リトアニア	8.4	5.7	2.9	13.0	11.1	19.7
ルクセンブルク	72.6	…	…	…	260.3	59.9
日本	100.0	100.0	100.0	100.0	100.0	100.0

(世界国勢図会2020/21より作成)

1 スウェーデンにおける輸送用機械の分野の労働生産性は，日本における労働生産性の半分以下である。

2 イタリアにおいては，いずれの産業の労働生産性においても，日本の労働生産性を上回っている。

3 チェコにおいては，いずれの産業の労働生産性においても，日本の労働生産性を下回っている。

4 化学の分野について労働生産性が最も高い国は，製造業の分野においても労働生産性が最も高い。

5 食料品の分野について，フィンランドにおける労働生産性は，日本における労働生産性の3倍以上である。

11 次の表は，2017年における日本，中国，韓国の一次エネルギー供給の構成を表したものである。この表からいえることとして，最も妥当なものはどれか。

	日本	中国	韓国
	万t	万t	万t
石炭	11648	195330	8260
石油	17599	56808	10910
天然ガス	10090	19519	4321
原子力	858	6464	3867
水力	712	9949	24
地熱など	777	7002	119
バイオ燃料と廃棄物	1521	11384	719
その他	―	－112	5
計	43203	306343	28225
1人あたり（t）	3.41	2.21	5.49

（日本国勢図会2020/21より作成）

1　日本における石炭のエネルギー供給は，同国の一次エネルギー供給全体の3割を超えている。

2　中国における石炭のエネルギー供給は，同国の一次エネルギー供給全体の7割以上を占めている。

3　韓国における石炭のエネルギー供給は，同国の一次エネルギー供給全体の3分の1以上を占めている。

4　日本における天然ガスのエネルギー供給は，同国の一次エネルギー供給全体の20％以上である。

5　中国における天然ガスのエネルギー供給は，同国の一次エネルギー供給全体の7％を超えている。

《 解 答 ・ 解 説 》

1 3

解説 1．誤り。「エネルギー起源」に占める二酸化炭素の排出量が「産業部門」「運輸部門」「業務その他」の順に多いのは，1990，2005，2019，2020年であり，2013年においては「産業部門」「業務その他」「運輸部門」の順に多くなっている。　2．誤り。二酸化炭素の排出量は1990年から2013年まで増加した後，2019年からは減少している。　3．正しい。1990年の全体の排出量に占める「非エネルギー起源」による二酸化炭素排出量の割合は，$\dfrac{96.1}{1164}$ × 100 ≒ 8.3〔％〕である。　4．誤り。2020年の全体の排出量に占める「エネルギー転換」の二酸化炭素排出量の割合は，$\dfrac{78.4}{1044}$ × 100 ≒ 7.5〔％〕である。5．誤り。「家庭部門」における二酸化炭素の排出量は，2013年まで上昇した後，2019年には減少している。

2 1

解説 1．正しい。2000年から2020年にかけて，$\dfrac{442,457}{109,478}$ ≒ 4.04〔倍〕増加している。　2．誤り。2000年から2020年にかけて，携帯電話の契約数が最も増加したのは，中国である。　3．誤り。2000年から2020年にかけて，携帯電話の契約数の増加が最も少なかったのは，日本である。　4．誤り。2000年から2020年にかけて，$\dfrac{192,284}{66,784}$ ≒ 2.9〔倍〕増加している。　5．誤り。2000年において契約数が多い順に並べると，アメリカ合衆国，中国，日本，ブラジル，インドネシア，インドとなるが，2020年において契約数が多い順に並べると，中国，インド，アメリカ合衆国，インドネシア，ブラジル，日本の順である。

3 4

解説 1．誤り。「大学」に在籍する外国人学生数は，平成7年から平成22年にかけて年々増加傾向にあったものの，平成27年にはわずかに減少している。　2．誤り。「短期大学」に在籍する外国人学生数は，平成12年から平成17年，平成27年から令和元年に増加している。　3．誤り。平成7年に「短

期大学」に在籍している学生数は，他の年と比較し4番目に多い人数となっている。　4. 正しい。令和元年において，日本の大学・大学院・短期大学に在籍する外国人学生の総数と「大学」に在籍する学生が最も多くなっている。5. 誤り。令和2年における日本の大学・大学院・短期大学に在籍する外国人学生数の総数152774人に占める「大学」に在籍する外国人学生数93366人は $\frac{93366}{152774} \fallingdotseq 0.611$ より6割程度である。

---

4 3

解説 1. 誤り。グラフに示されているのは，実質国内総生産の変化率であり，実質国内総生産の額については読み取れない。　2. 誤り。グラフにおいて，最新の順位では2位はアメリカである。　3. 正しい。1993年，1998年，2009年が該当し，いずれの年の変化率も他国と比べて最も低くなっている。　4. 誤り。例えば2015年前後に，ブラジルの変化率がマイナスとなっている時期がある。　5. 誤り。1を参照。

---

5 1

解説 1. 正しい。「SNS等では自分に近い意見が表示されやすいこと」をよく知っている割合は，20～29歳が15.0%，30～39歳が11.0%，40～49歳が10.0%，50～59歳が4.0%である。　2. 誤り。SNS等では自分に近い意見が表示されやすいことをよく知らない割合が最も高いのは日本の18.2%であり，最も低いのはドイツの2.2%である。　3. 誤り。日本以外の年齢層のデータが無いため，選択肢の内容は判断できない。　4. 誤り。日本において，「SNS等では自分に近い意見が表示されやすいこと」について，「どちらでもない」と答えた割合が最も高い年齢層は37.5%の30～39歳であり，「どちらかと言えば知っている」と答えた割合が最も高い年齢層は31.5%の20～29歳である。　5. 誤り。選択肢の内容に該当するのは50～59歳であり，「よく知っている」と答えたのが4.0%，「よく知らない」と答えたのが22.0%であり，両者を比較すると $\frac{4.0}{22.0} \fallingdotseq 0.18$ であるから，「1割以下である」との記述は誤りである。

6 2

解説 1. 誤り。排出量の合計に対する二酸化炭素の割合は，2015年度が $\frac{1226}{1321} \times 100 \fallingdotseq 92.8$〔％〕であり，他に大きそうな年度を見ると，2010年度が $\frac{1217}{1303} \times 100 \fallingdotseq 93.4$〔％〕である。よって，2015年度は最も大きくはない。

2. 正しい。排出量の合計に対するメタンの割合は，2010年度が $\frac{31.9}{1303} \times 100 \fallingdotseq 2.4$〔％〕，2015年度が $\frac{29.2}{1321} \times 100 \fallingdotseq 2.2$〔％〕，2018年度が $\frac{28.6}{1247} \times 100 \fallingdotseq 2.3$〔％〕，2019年度が $\frac{28.4}{1211} \times 100 \fallingdotseq 2.3$〔％〕である。よって，2010年度は最も大きい。 3. 誤り。2010年度の排出量に対する2015年度の増加量は，二酸化炭素が $1226 - 1217 = 9$〔百万トンCO_2換算〕であり，ハイドロフルオロカーボン類が $39.3 - 23.3 = 16$〔百万トンCO_2換算〕である。よって，増加量が最も大きいのは二酸化炭素ではない。 4. 誤り。2018年度の排出量に対する2019年度の減少率は，排出量の合計が $\frac{1247 - 1211}{1247} \times 100 \fallingdotseq 2.9$〔％〕であり，二酸化炭素が $\frac{1146 - 1108}{1146} \times 100 \fallingdotseq 3.3$〔％〕である。よって，排出量の合計は二酸化炭素を下回っている。 5. 誤り。2018年度の排出量に対する2019年度の減少率は，メタンが $\frac{28.6 - 28.4}{28.6} \times 100 \fallingdotseq 0.7$〔％〕であり，一酸化二窒素が $\frac{20.0 - 19.7}{20.0} \times 100 = 1.5$〔％〕である。よって，メタンは一酸化二窒素を下回っている。

7 3

解説 1. 誤り。基礎材料化学の分野では，$\frac{日本における基礎材料化学の国際出願特許件数}{韓国における基礎材料化学の国際出願特許件数} = \frac{1239}{341} \fallingdotseq 3.63$ より，日本の国際出願特許件数は，韓国の国際出願特許件数の4倍以上ではない。 2. 誤り。コンピュータ技術の分野について，各国の合計は，$1232 + 7140 + 2848 + 642 + 328 + 6739 = 18929$〔件〕である。また，中国における国際出願特許件数は7140であるから，$\frac{中国におけるコンピュータ技術の国際出願特許件数}{各国におけるコンピュータ技術の国際出願特許件数の合計} = \frac{7140}{18929} \fallingdotseq 0.38$ より，各国における国際出願特許件数の合計のうち4割以上

を占めていない。 **3. 正しい。**デジタル通信の分野について，各国の合計は，1606 + 8121 + 1954 + 423 + 278 + 3907 = 16289〔件〕である。また，アメリカ合衆国における国際出願特許件数は3907であるから，$\dfrac{アメリカ合衆国におけるデジタル通信の国際出願特許件数}{各国におけるデジタル通信の国際出願特許件数の合計} = \dfrac{3907}{16289} ≒ 0.24$ より，各国における国際出願特許件数の合計のうち2割以上を占めている。 **4. 誤り。**医療技術の分野では，$\dfrac{ドイツにおける医療技術の国際出願特許件数}{フランスにおける医療技術の国際出願特許件数} = \dfrac{832}{504} ≒ 1.65$ より，ドイツの国際出願特許件数は，フランスの国際出願特許件数の2倍以上ではない。 **5. 誤り。**医薬品の分野では，$\dfrac{フランスにおける医薬品の国際出願特許件数}{韓国における医薬品の国際出願特許件数} = \dfrac{336}{612} ≒ 0.55$ より，フランスにおける国際出願特許件数は，韓国における国際出願特許件数の半分以上である。

8 3

解説 1. 誤り。たとえば，ロシアに関しては，1980年から2000年にかけて漁獲量が減少している。 2. 誤り。$\dfrac{2,033}{360} ≒ 5.6$ より，2018年におけるミャンマーの漁獲量は，1960年の漁獲量の5.6倍程度である。 3. 正しい。いずれの年においても，ミャンマーが最も少ない値である。 4. 誤り。$\dfrac{3,147}{2,215} ≒ 1.4$ より，1980年における中国の漁獲量は，1960年の漁獲量の1.4倍程度である。 5. 誤り。2018年においては，インドネシアの漁獲量がアメリカ合衆国の漁獲量を上回っている。

9 4

解説 1. 誤り。アイルランドにおける知的財産使用料の輸出額は，$\dfrac{2018年の輸出額}{2017年の輸出額} = \dfrac{13896}{10402} ≒ 1.34$ より，2017年から2018年にかけて2倍以上増加していない。 2. 誤り。日本における知的財産使用料の輸出額は，2017年から2018年にかけて，45519 − 41721 = 3798 より，37億9800万ドル増加しているが，40億ドルには満たない。 3. 誤り。2018年のアメリカ合衆国について，$\dfrac{2018年の輸出額}{2018年の輸入額} = \dfrac{128748}{56117} ≒ 2.29$ より，知的財産使用料の輸出額は，同年の輸入額の2倍以上である。 4. 正しい。ドイツにおける知的

財産使用料の輸入額は，$\dfrac{2018年の輸入額}{2017年の輸入額}=\dfrac{15630}{14175}≒1.10$ より，2017年から2018年にかけて1割以上増加している。　5．誤り。2017年の韓国について，知的財産使用料の輸出額は72億8700万ドルで，同年の輸入額である97億200万ドルよりも少ない。

10 5

解説　1．誤り。スウェーデンにおける輸送用機械の分野の労働生産性は，58.4なので，日本における労働生産性の半分以上である。　2．誤り。イタリアにおける機械・電機・情報通信機器の分野の労働生産性は，38.7であり，日本の労働生産性を下回っている。　3．誤り。チェコにおける食料品の分野の労働生産性は，209.5であり，日本の労働生産性を上回っている。　4．誤り。化学の分野について労働生産性が最も高い国は，283.5のオランダであるが，製造業の分野において労働生産性が最も高い国は，432.1のアイルランドである。　5．正しい。フィンランドにおける食料品の分野の労働生産性は，301.6なので，日本における労働生産性の3倍以上である。

11 4

解説　1．誤り。日本における石炭のエネルギー供給は，

$\dfrac{日本における石炭のエネルギー供給}{日本の一次エネルギー供給全体}=\dfrac{11648}{43203}≒0.27$ より，日本の一次エネルギー供給全体の3割を超えていない。

2．誤り。中国における石炭のエネルギー供給は，

$\dfrac{中国における石炭のエネルギー供給}{中国の一次エネルギー供給全体}=\dfrac{195330}{306343}≒0.638$ より，同国の一次エネルギー供給全体の7割以上を占めていない。

3．誤り。韓国における石炭のエネルギー供給は，

$\dfrac{韓国における石炭のエネルギー供給}{韓国の一次エネルギー供給全体}=\dfrac{8260}{28225}≒0.293$ より，同国の一次エネルギー供給全体の3分の1（約0.333）以上を占めていない。

4．正しい。日本における天然ガスのエネルギー供給は，

$\dfrac{日本における天然ガスのエネルギー供給}{日本の一次エネルギー供給全体}×100=\dfrac{10090}{43203}×100≒23.4〔\%〕$ より，同国の一次エネルギー供給全体の20%以上である。

5. 誤り。中国における天然ガスのエネルギー供給は，

$$\frac{中国における天然ガスのエネルギー供給}{中国の一次エネルギー供給全体} \times 100 = \frac{19519}{306343} \times 100 \fallingdotseq 6.4〔\%〕$$

より，同国の一次エネルギー供給全体の7%に満たない。

第6部

論作文試験対策

- 論作文対策

人物試験　　論作文対策

############## P O I N T ##############

■ I.「論作文試験」とはなにか ■

(1)「論作文試験」を実施する目的

　かつて18世紀フランスの博物学者，ビュフォンは「文は人なり」と言った。その人の知識・教養・思考力・思考方法・人間性などを知るには，その人が書いた文章を見るのが最良の方法であるという意味だ。

　知識の質・量を調べる筆記試験の教養試験だけでは，判定しがたい受験生の資質をより正確にとらえるため，あるいは受験生の公務員としての適性を判断するため，多角的な観点から考査・評価を行う必要がある。

　そのため論作文試験は，公務員試験のみならず，一般企業でも重視されているわけだが，とりわけ消防官という仕事は，他の公務員，例えば一般事務職などと比べても，ひときわ高い使命感，ときには命がけの自己犠牲すら求められる職種である。当然，その人がどのような人間であるか，という点が重用視され，しかも，この傾向は，今後もさらに強くなると予想される。

　同じ国語を使って，同じように制限された字数，時間の中で同じテーマの論作文を書いても，その論作文はまったく違ったものになる。おそらく学校で，同じ先生に同じように文章指導を受けたとしても，そうなるだろう。その違いのなかにおのずと受験生の姿が浮かび上がってくることになる。

　採用側からみた論作文試験の意義をまとめると，次のようになる。

---

① 消防官としての資質を探る

　採用側が最も知りたいのは，その人物が消防官に向いているかどうか，消防官としての高い志を持っているかどうかということである。同時に消防官も一公務員であり，"公"の仕事に従事するのだということを，しっかりと自覚しているかも問われる。すなわち，消防官・公務員としての資質を判定できるということである。

---

② 総合的な知識・理解力を知る

論作文試験によって，消防官として必要な言語能力・文章表現能力を判定することや，消防官として職務を遂行するのにふさわしい基礎的な知識の理解度や実践への応用力を試すことができる。

換言すれば，日本語を文章として正しく表現するための常識や，これまでの学校教育などで得た政治や経済などの一般常識を今後の実践の中でどれほど生かすことができるか，などの総合的な知識・理解力の判定をもしようということである。

③ 思考過程・論理の構成力を知る

教養試験は，一般知識分野であれ一般知能分野であれ，その出題の質が総括的・分散的になりがちである。いわば「広く浅く」が出題の基本となりやすいわけだ。これでは受験生の思考過程や論理の構成力を判定することは不可能だ。その点，論作文試験ではひとつの重要な課題に対する奥深さを判定しやすい。

④ 受験生の人柄・人間性の判定

人物試験（面接）と同様に，受験生の人格・人柄を判定しやすい。これは，文章の内容からばかりではなく，文章の書き方，誤字・脱字の有無，制限字数への配慮，文字の丁寧さなどからも判断される。

(2)「論作文試験」の実施状況

公務員試験全体における人物重視の傾向とあいまって，論作文試験も重視される傾向にある。地方公務員の場合，試験を実施する都道府県・市町村などによって異なるが，行政事務関係はほぼ実施している。

(3) 字数制限と時間制限

最も一般的な字数は1,000〜1,200字程度である。最も少ないところが600字，最大が2,000字と大きく開きがある。

時間制限は，60〜90分，あるいは120分というのが一般的だ。この時間は，けっして充分なものではない。試しにストップウォッチで計ってみるといいが，他人の論作文を清書するだけでも，600字の場合なら約15分程度かかる。

テーマに即して，しかも用字・用語に気を配ってということになると，かなりのスピードが要求されるわけである。情報を整理し，簡潔に説明できる力を養う必要があるだろう。

(4)「論作文試験」の評価の基準

　採用試験の答案として書く論作文なので，その評価基準を意識して書くことも大切といえる。しかし，公務員試験における論作文の評価の基準は，いずれの都道府県などでも公表していないし，今後もそれを期待することはなかなか難しいだろう。

　ただ，過去のデータなどから手掛りとなるものはあるので，ここではそれらを参考に，一般的な評価基準を考えてみよう。

形式的な面からの評価	① 表記法に問題はないか。
	② 文脈に応じて適切な語句が使われているか。
	③ 文（センテンス）の構造，語句の照応などに問題はないか。
内容的な面からの評価	① テーマを的確に把握しているか。
	② 自分の考え方やものの見方をまとめ，テーマや論旨が明確に表現されているか。
	③ 内容がよく整理され，段落の設定や論作文の構成に問題はないか。
総合的な面からの評価	① 公務員に必要な洞察力や創造力，あるいは常識や基礎学力は十分であるか。
	② ものの見方や考え方が，公務員として望ましい方向にあるか。

　おおよそ以上のような評価の視点が考えられるが，これらはあらゆるテーマに対して共通しているということではない。それぞれのテーマによってそのポイントの移動があり，また，実施する自治体などによっても，このうちのどれに重点を置くかが異なってくる。

　ただ，一般的に言えることは，企業の採用試験などの場合，その多くは総合的な評価が重視され形式的な面はあまり重視されないが，公務員試験における論作文は，形式的な面も軽んじてはならないということである。なぜなら，公務員は採用後に公の文書を取り扱うわけで，それらには一定のフォーマッ

トがあるものが多いからだ。これへの適応能力が試されるのは当然である。

(5)「論作文試験」の出題傾向

　消防官試験の場合，一般職の公務員試験と区別されて出題されるケースもある。ただし，大卒程度が比較的明確に区別されているのに対して，高卒程度では職種を問わず，同じテーマが課せられる場合が多い。

　テーマは各自治体や年度によって異なるが，「消防官になりたいと思った動機」というような消防職に関係したテーマが一般的である。また，「立ち向かう心」といったようなやや抽象的だが，消防という仕事に結びつけられるものがテーマとして課せられる場合もある。

　その他，他の一般事務職などと同一のテーマが出題されるケースもあり，その場合は消防とは全く関係のないものとなる。いずれにせよ希望する自治体の過去の出題例をチェックし，傾向をとらえておくことが重要となる。

● Ⅱ.「論作文試験」の事前準備 ●

(1) 試験の目的を理解する

　論作文試験の意義や評価の目的については前に述べたが，試験の準備を進めるためには，まずそれについてよく考え，理解を深めておく必要がある。その理解が，自分なりの準備方法を導きだしてくれるはずだ。

　例えば，あなたに好きなひとがいたとする。ラブレター（あるいはメール）を書きたいのだが，あいにく文章は苦手だ。文章の上手い友人に代筆を頼む手もあるが，これでは真心は通じないだろう。そこで，便せんいっぱいに「好きだ，好きだ，好きだ，好きだ，好きだ，好きだ」とだけ書いたとする。それで十分に情熱を伝えることができるし，場合によっては，どんな名文を書き連ねるよりも最高のラブレターになることだってある。あるいはサインペンで用紙いっぱいに一言「好き」と大書して送ってもいい。個人対個人間のラブレターなら，それでもいいのである。つまり，その目的が，「好き」という恋心を相手にだけわかってもらうことにあるからだ。

　文章の長さにしてもそうで，例えばこんな文がある。

> 「一筆啓上　火の用心　おせん泣かすな　馬肥やせ」

　これは徳川家康の家臣である本多作左衛門重次が，妻に宛てた短い手紙である。「一筆啓上」は「拝啓」に当たる意味で，「おせん泣かすな」は重次の唯一の子どもであるお仙（仙千代）を「泣かしたりせず，しっかりと育てなさい」と我が子をとても大事にしていたことが伺える。さらに，「馬肥やせ」は武将の家には欠くことのできない馬について「いざという時のために餌をしっかり与えて大事にしてくれ」と妻へアドバイスしている。短いながらもこの文面全体には，家族への愛情や心配，家の主としての責任感などがにじみ出ているかのようだ。

　世の中にはもっと短い手紙もある。フランスの文豪ヴィクトル・ユーゴーは『レ・ミゼラブル』を出版した際にその売れ行きが心配になり，出版社に対して「？」と書いただけの手紙を送った。すると出版社からは「！」という返事が届いたという。意味がおわかりだろうか。これは，「売れ行きはどうか？」「すごく売れていますよ！」というやりとりである。前提になる状況と目的によっては，「？」や「！」ひとつが，千万の言葉よりも，意思と感情を的確に相手に伝達することもあるのだ。

　しかし，論作文試験の場合はどうだろうか。「公務員を志望した動機」というテーマを出されて，「私は公務員になりたい，私は公務員になりたい，私は公務員になりたい，……」と600字分書いても，評価されることはないだろう。

　つまり論作文というのは，何度もいうように，人物試験を兼ねあわせて実施されるものである。この意義や目的を忘れてはいけない。しかも公務員試験の場合と民間企業の場合では，求められているものに違いもある。

　民間企業の場合でも業種によって違いがある。ということは，それぞれの意義や目的によって，対策や準備方法も違ってくるということである。これを理解した上で，自分なりの準備方法を見つけることが大切なのだ。

(2) 文章を書く習慣を身につける

　多くの人は「かしこまった文章を書くのが苦手」だという。携帯電話やパソコンで気楽なメールを頻繁にしている現在では，特にそうだという。論作文試験の準備としては，まずこの苦手意識を取り除くことが必要だろう。

　文章を書くということは，習慣がついてしまえばそれほど辛いものではな

い。習慣をつけるという意味では，第一に日記を書くこと，第二に手紙を書くのがよい。

① 「日記」を書いて筆力をつける

　実際にやってみればわかることだが，日記を半年間書き続けると，自分でも驚くほど筆力が身に付く。筆力というのは「文章を書く力」で，豊かな表現力・構成力，あるいはスピードを意味している。日記は他人に見せるものではないので，自由に書ける。材料は身辺雑事・雑感が主なので，いくらでもあるはず。この「自由に書ける」「材料がある」ということが，文章に慣れるためには大切なことなのだ。パソコンを使ってブログで長い文章を書くのも悪くはないが，本番試験はキーボードが使えるわけではないので，リズムが変わると書けない可能性もある。やはり紙にペンで書くべきだろう。

② 「手紙」を書いてみる

　手紙は，他人に用件や意思や感情を伝えるものである。最初から他人に読んでもらうことを目的にしている。ここが日記とは根本的に違う。つまり，読み手を意識して書かなければならないわけだ。そのために，一定の形式を踏まなければならないこともあるし，逆に，相手や時と場合によって形式をはずすこともある。感情を全面的に表わすこともあるし，抑えることもある。文章を書く場合，この読み手を想定して形式や感情を制御していくということは大切な要件である。手紙を書くことによって，このコツに慣れてくるわけだ。

> 「おっはよー，元気い（＾_＾）？　今日もめっちゃ寒いけど……」
>
> 「拝啓，朝夕はめっきり肌寒さを覚える今日このごろですが，皆々様におかれましては，いかがお過ごしかと……」

　手紙は，具体的に相手（読み手）を想定できるので，書く習慣がつけば，このような「書き分ける」能力も自然と身についてくる。つまり，文章のTPOといったものがわかってくるのである。

③ 新聞や雑誌のコラムを写してみる

　新聞や雑誌のコラムなどを写したりするのも，文章に慣れる王道の手段。最初は，とにかく書き写すだけでいい。ひたすら，書き写すのだ。

ペン習字などもお手本を書き写すが，それと同じだと思えばいい。ペン習字と違うのは，文字面をなぞるのではなく，別の原稿用紙などに書き写す点だ。

とにかく，こうして書き写すことをしていると，まず文章のリズムがわかってくる。ことばづかいや送り仮名の要領も身につく。文の構成法も，なんとなく理解できてくる。実際，かつての作家の文章修業は，こうして模写をすることから始めたという。

私たちが日本語を話す場合，文法をいちいち考えているわけではないだろう。接続詞や助詞も自然に口をついて出ている。文章も本来，こうならなければならないのである。そのためには書き写す作業が一番いいわけで，これも実際にやってみると，効果がよくわかる。

なぜ，新聞や雑誌のコラムがよいかといえば，これらはマスメディア用の文章だからである。不特定多数の読み手を想定して書かれているために，一般的なルールに即して書かれていて，無難な表現であり，クセがない。公務員試験の論作文では，この点も大切なことなのだ。

たとえば雨の音は，一般的に「ポツリ，ポツリ」「パラ，パラ」「ザァ，ザァ」などと書く。ありふれた表現だが，裏を返せばありふれているだけに，だれにでも雨の音だとわかるはず。「朝から，あぶないな，と思っていたら，峠への途中でパラ，パラとやってきた……」という文章があれば，この「パラ，パラ」は雨だと想像しやすいだろう。

一方，「シイ，シイ」「ピチ，ピチ」「トン，トン」「バタ，バタ」，雨の音をこう表現しても決して悪いということはない。実際，聞き方によっては，こう聞こえるときもある。しかし「朝から，あぶないな，と思っていたら，峠への途中でシイ，シイとやってきた……」では，一般的には「シイ，シイ」が雨だとはわからない。

論作文は，作家になるための素質を見るためのものではないから，やはり後者ではマズイのである。受験論作文の練習に書き写す場合は，マスコミのコラムなどがよいというのは，そういうわけだ。

④ 考えを正確に文章化する

頭の中では論理的に構成されていても，それを文章に表現するのは意外に難しい。主語が落ちているために内容がつかめなかったり，語彙が貧弱で，述べたいことがうまく表現できなかったり，思いあまって言葉

足らずという文章を書く人は非常に多い。文章は，記録であると同時に
伝達手段である。メモをとるのとは違うのだ。

　論理的にわかりやすい文章を書くには，言葉を選び，文法を考え，文
脈を整え，結論と課題を比較してみる……，という訓練を続けることが
大切だ。しかし，この場合，一人でやっていたのでは評価が甘く，また
自分では気づかないこともあるので，友人や先輩，国語に詳しいかつて
の恩師など，第三者の客観的な意見を聞くと，正確な文章になっている
かどうかの判断がつけやすい。

⑤　文章の構成力を高める

　正確な文章を書こうとすれば，必ず文章の構成をどうしたらよいかと
いう問題につきあたる。文章の構成法については後述するが，そこに示
した基本的な構成パターンをしっかり身につけておくこと。一つのテー
マについて，何通りかの構成法で書き，これをいくつものテーマについ
て繰り返してみる。そうしているうちに，特に意識しなくてもしっかり
した構成の文章が書けるようになるはずだ。

⑥　制限内に書く感覚を養う

　だれでも時間をかけてじっくり考えれば，それなりの文章が書けるだ
ろう。しかし，実際の試験では字数制限や時間制限がある。練習の際に
は，ただ漫然と文章を書くのではなくて，字数や時間も実際の試験のよ
うに設定したうえで書いてみること。

　例えば800字以内という制限なら，その全体量はどれくらいなのかを
実際に書いてみる。また，全体の構想に従って字数（行数）を配分するこ
と。時間制限についても同様で，60分ならその時間内にどれだけのこと
が書けるのかを確認し，構想，執筆，推敲などの時間配分を考えてみる。
この具体的な方法は後に述べる。

　こうして何度も文章を書いているうちに，さまざまな制限を無駄なく
十分に使う感覚が身についてくる。この感覚は，練習を重ね，文章に親
しまない限り，身に付かない。逆に言えば実際の試験ではそれが極めて
有効な力を発揮するのが明らかなのだ。

● ● Ⅲ. 「合格答案」作成上の留意点 ● ●

(1) テーマ把握上の注意

　さて，いよいよ試験が始まったとしよう。論作文試験でまず最初の関門になるのが，テーマを的確に把握できるか否かということ。どんなに立派な文章を書いても，それが課題テーマに合致していない限り，試験結果は絶望的である。不幸なことにそのような例は枚挙にいとまがないと言われる。ここでは犯しやすいミスを2，3例挙げてみよう。

---

① 　似たテーマと間違える

　例えば「私の生きかた」や「私の生きがい」などは，その典型的なもの。前者が生活スタイルや生活信条などが問われているのに対して，後者はどのようなことをし，どのように生きていくことが，自分の最も喜びとするところかが問われている。このようなニュアンスの違いも正確に把握することだ。

② 　テーマ全体を正確に読まない

　特に，課題そのものが長い文章になっている場合，どのような条件を踏まえて何を述べなければならないかを，正確にとらえないまま書き始めてしまうことがある。例えば，下記のようなテーマがあったとする。

> 「あなたが公務員になったとき，職場の上司や先輩，地域の人々との人間関係において，何を大切にしたいと思いますか。自分の生活体験をもとに書きなさい」

　①公務員になったとき，②生活体験をもとに，というのがこのテーマの条件であり，「上司・先輩，地域の人々との人間関係において大切にしたいこと」というのが必答すべきことになる。このような点を一つひとつ把握しておかないと，内容に抜け落ちがあったり，構成上のバランスが崩れたりする原因になる。テーマを示されたらまず2回はゆっくりと読み，与えられているテーマの意味・内容を確認してから何をどう書くかという考察に移ることが必要だ。

③ 　テーマの真意を正確につかまない

　「今，公務員に求められるもの」というテーマと「公務員に求められるもの」というテーマを比べた場合，"今"というたった1字があるか否か

で，出題者の求める答えは違ってくることに注意したい。言うまでもなく，後者がいわゆる「公務員の資質」を問うているのに対して，前者は「現況をふまえたうえで，できるだけ具体的に公務員の資質について述べること」が求められているのだ。

　以上3点について述べた。こうやって示せば誰でも分かる当たり前のことのようだが，試験本番には受け取る側の状況もまた違ってくるはず。くれぐれも慎重に取り組みたいところだ。

(2) 内容・構成上の注意点

① 素材選びに時間をかけろ

　テーマを正確に把握したら，次は結論を導きだすための素材が重要なポイントになる。公務員試験での論作文では，できるだけ実践的・経験的なものが望ましい。現実性のある具体的な素材を見つけだそう，書き始める前に十分考慮したい。

② 全体の構想を練る

　さて，次に考えなくてはならないのが文章の構成である。相手を納得させるためにも，また字数や時間配分の目安をつけるためにも，全体のアウトラインを構想しておくことが必要だ。ただやみくもに書き始めると，文章があらぬ方向に行ってしまったり，広げた風呂敷をたたむのに苦労しかねない。

③文体を決める

　文体は終始一貫させなければならない。文体によって論作文の印象もかなり違ってくる。〈です・ます〉体は丁寧な印象を与えるが，使い慣れないと文章がくどくなり，文末のリズムも単調になりやすい。〈である〉体は文章が重々しいが，断定するつもりのない場合でも断定しているかのような印象を与えやすい。

　それぞれ一長一短がある。書きなれている人なら，テーマによって文体を使いわけるのが望ましいだろう。しかし，大概は文章のプロではないのだから，自分の最も書きやすい文体を一つ決めておくことが最良の策だ。

（3）文章作成上の注意点

①　ワン・センテンスを簡潔に

　一つの文（センテンス）にさまざまな要素を盛り込もうとする人がいるが，内容がわかりにくくなるだけでなく，時には主語・述語の関係が絡まり合い，文章としてすら成立しなくなることもある。このような文章は論旨が不明確になるだけでなく，読み手の心証もそこねてしまう。文章はできるだけ無駄を省き，わかりやすい文章を心掛けること。「一文はできるだけ簡潔に」が鉄則だ。

②　論点を整理する

　論作文試験の字数制限は多くても1,200字，少ない場合は600字程度ということもあり，決して多くはない。このように文字数が限られているのだから，文章を簡潔にすると同時に，論点をできるだけ整理し，特に必要のない要素は削ぎ落とすことだ。これはテーマが抽象的な場合や，逆に具体的に多くの条件を設定してる場合は，特に注意したい。

③　段落を適切に設定する

　段落とは，文章全体の中で一つのまとまりをもった部分で，段落の終わりで改行し，書き始めは1字下げるのが決まりである。いくつかの小主題をもつ文章の場合，小主題に従って段落を設けないと，筆者の意図がわかりにくい文章になってしまう。逆に，段落が多すぎる文章もまた意図が伝わりにくく，まとまりのない印象の文章となる場合が多い。段落を設ける基準として，次のような場合があげられる。

① 場所や場面が変わるとき。	④ 思考が次の段階へ発展するとき。
② 対象が変わるとき。	⑤ 一つの部分を特に強調したいとき。
③ 立場や観点が変わるとき。	⑥ 同一段落が長くなりすぎて読みにくくなるとき。

これらを念頭に入れて適宜段落を設定する。

(4) 文章構成後のチェック点

① 主題がはっきりしているか。論作文全体を通して一貫しているか。課題にあったものになっているか。

② まとまった区切りを設けて書いているか。段落は, 意味の上でも視覚的にもはっきりと設けてあるか。

③ 意味がはっきりしない言いまわしはないか。人によって違った意味にとられるようなことはないか。

④ 一つの文が長すぎないか。一つの文に多くの内容を詰め込みすぎているところはないか。

⑤ あまりにも簡単にまとめすぎていないか。そのために論作文全体が軽くなっていないか。

⑥ 抽象的ではないか。もっと具体的に表現する方法はないものか。

⑦ 意見や感想を述べる場合, 裏づけとなる経験やデータとの関連性は妥当なものか。

⑧ 個人の意見や感想を, 「われわれは」「私たちは」などと強引に一般化しているところはないか。

⑨ 表現や文体は統一されているか。

⑩ 文字や送り仮名は統一されているか。

　実際の試験では, こんなに細かくチェックしている時間はないだろうが, 練習の際には, 一つの論作文を書いたら, 以上のようなことを必ずチェックしてみるとよいだろう。

●● Ⅳ.「論作文試験」の実戦感覚 ●●

　準備と対策の最後の仕上げは, "実戦での感覚"を養うことである。これは"実戦での要領"といってもよい。「要領がいい」という言葉には,「上手に」「巧みに」「手際よく」といった意味と同時に,「うまく表面をとりつくろう」「その場をごまかす」というニュアンスもある。「あいつは要領のいい男だ」という表現などを思い出してみれば分かるだろう。

　採用試験における論作文が, 論作文試験という競争試験の一つとしてある以上, その意味での"要領"も欠かせないだろう。極端にいってしまえば, こうだ。

> 「約600字分だけ，たまたまでもすばらしいものが書ければよい」

　もちろん，本来はそれでは困るのだが，とにかく合格して採用されることが先決だ。そのために，短時間でその要領をどう身につけるか，実戦ではどう要領を発揮するべきなのか。

(1) 時間と字数の実戦感覚

① 制限時間の感覚

　公務員試験の論作文試験の平均制限時間は，90分間である。この90分間に文字はどれくらい書けるか。大学ノートなどに，やや丁寧に漢字まじりの普通の文を書き写すとして，速い人で1分間約60字，つまり90分間なら約5,400字。遅い人で約40字/1分間，つまり90分間なら約3,600字。平均4,500字前後と見ておけばよいだろう。400字詰め原稿用紙にして11枚程度。これだけを考えれば，時間はたっぷりある。しかし，これはあくまでも「書き写す」場合であって，論作文している時間ではない。

　構想などが決まったうえで，言葉を選びながら論作文する場合は，速い人で約20字前後/1分間，60分間なら約1,800字前後である。ちなみに，文章のプロたち，例えば作家とか週刊誌の記者とかライターという職業の人たちでも，ほぼこんなものなのだ。構想は別として，1時間に1,800字，400字詰め原稿用紙で4〜5枚程度書ければ，だいたい職業人として1人前である。言い換えれば，読者が読むに耐えうる原稿を書くためには，これが限度だということである。

　さて，論作文試験に即していえば，もし制限字数1,200字なら，1,200字÷20字で，文章をつづる時間は約60分間ということになる。そうだとすれば，テーマの理解，着想，構想，それに書き終わった後の読み返しなどにあてられる時間は，残り30分間。これは実にシビアな時間である。まず，この時間の感覚を，しっかりと頭に入れておこう。

② 制限字数の感覚

　これも一般には，なかなか感覚がつかめないもの。ちなみに，いま，あなたが読んでいるこの本のこのページには，いったい何文字入っているのか，すぐにわかるだろうか。答えは，1行が33字詰めで行数が32行，

空白部分もあるから約1,000字である。公務員試験の論作文試験の平均的な制限字数は1,200字となっているから，ほぼ，この本の約1頁強である。

　この制限字数を，「長い！」と思うか「短い！」と思うかは，人によって違いはあるはず。俳句は17文字に万感の想いを込めるから，これと比べれば1,000字は実に長い。一方，ニュース番組のアナウンサーが原稿を読む平均速度は，約400字程度/1分間とされているから，1,200字なら3分。アッという間である。つまり，1,200字というのは，そういう感覚の字数なのである。ここでは，論作文試験の1,200字という制限字数の妥当性については置いておく。1,200字というのが，どんな感覚の文字数かということを知っておけばよい。

　この感覚は，きわめて重要なことなのである。後でくわしく述べるが，実際にはこの制限字数によって，内容はもとより書き出しや構成なども，かなりの規制を受ける。しかし，それも試験なのだから，長いなら長いなりに，短いなら短いなりに対処する方法を考えなければならない。それが実戦に臨む構えであり，「要領」なのだ。

(2) 時間配分の実戦感覚

　90分間かけて，結果として1,200字程度の論作文を仕上げればよいわけだから，次は時間の配分をどうするか。開始のベルが鳴る（ブザーかも知れない）。テーマが示される。いわゆる「課題」である。さて，なにを，どう書くか。この「なにを」が着想であり，「どう書くか」が構想だ。

①　まず「着想」に5分間

　課題が明示されているのだから，「なにを」は決まっているように思われるかもしれないが，そんなことはない。たとえば「夢」という課題であったとして，昨日みた夢，こわかった夢，なぜか印象に残っている夢，将来の夢，仕事の夢，夢のある人生とは，夢のある社会とは，夢のない現代の若者について……などなど，書くことは多種多様にある。あるいは「夢想流剣法の真髄」といったものだってよいのだ。まず，この「なにを」を10分以内に決める。文章を書く，または論作文するときは，本来はこの「なにを」が重要なのであって，自分の知識や経験，感性を凝縮して，長い時間をかけて決めるのが理想なのだが，なにしろ制限時間があるので，やむをえず5分以内に決める。

②　次は「構想」に10分間

　「構想」というのは，話の組み立て方である。着想したものを，どうやって1,200字程度の字数のなかに，うまく展開するかを考える。このときに重要なのは，材料の点検だ。

　たとえば着想の段階で，「現代の若者は夢がないといわれるが，実際には夢はもっているのであって，その夢が実現不可能な空想的な夢ではなく，より現実的になっているだけだ。大きな夢に向かって猛進するのも人生だが，小さな夢を一つ一つ育んでいくのも意義ある人生だと思う」というようなことを書こうと決めたとして，ただダラダラと書いていったのでは，印象深い説得力のある論作文にはならない。したがってエピソードだとか，著名人の言葉とか，読んだ本の感想……といった材料が必要なわけだが，これの有無，その配置を点検するわけである。しかも，その材料の質・量によって，話のもっていきかた（論作文の構成法）も違ってくる。これを10分以内に決める。

　実際には，着想に10分，構想に10分と明瞭に区別されるわけではなく，「なにを」は瞬間的に決まることがあるし，「なにを」と「どう書くか」を同時に考えることもある。ともあれ，着想と構想をあわせて，なにがなんでも20分以内に決めなければならないのである。

③　「執筆」時間は60分間

　これは前述したとおり。ただ書くだけの物理的時間が約15〜20分間かかるのだから，言葉を選び表現を考えながらでは60分間は実際に短かすぎるが，試験なのでやむをえない。

　まずテーマを書く。氏名を書く。そして，いよいよ第1行の書き出しにかかる。「夢，私はこの言葉が好きだ。夢をみることは，神さまが人間だけに与えた特権だと思う……」「よく，最近の若者には夢がない，という声を聞く。たしかに，その一面はある。つい先日も，こんなことがあった……」「私の家の近所に，夢想流を継承する剣道の小さな道場がある。白髪で小柄な80歳に近い老人が道場主だ……」などと，着想したことを具体的に文章にしていくわけである。

　人によっては，着想が決まると，このようにまず第1行を書き，ここで一息ついて後の構想を立てることもある。つまり，書き出しの文句を書きこむと，後の構想が立てやすくなるというわけである。これも一つ

の方法である。しかし，これは，よっぽど書きなれていないと危険をともなう。後の構想がまとまらないと何度も書き出しを書き直さなければならないからだ。したがって，論作文試験の場合は，やはり着想→構想→執筆と進んだほうが無難だろう。

④ 「点検」時間は10分間で

　論作文を書き終わる。当然，点検をしなければならない。誤字・脱字はもとより，送り仮名や語句の使い方，表現の妥当性も見直さなければならない。この作業を一般には「推敲」と呼ぶ。推敲は，文章を仕上げる上で欠かせない作業である。本来なら，この推敲には十分な時間をかけなければならない。文章は推敲すればするほど練りあがるし，また，文章の上達に欠かせないものである。

　しかし，論作文試験においては，この時間が10分間しかない。前述したように，1,200字の文章は，ニュースのアナウンサーが読みあげるスピードで読んでも，読むだけで約3分はかかる。だとすれば，手直しする時間は7分。ほとんどないに等しいわけだ。せいぜい誤字・脱字の点検しかできないだろう。論作文試験の時間配分では，このことをしっかり頭に入れておかなければならない。要するに論作文試験では，きわめて実戦的な「要領の良さ」が必要であり，準備・対策として，これを身につけておかなければならないということなのだ。

第7部

面接試験対策

- 面接対策

人物試験 面接対策

POINT

● Ⅰ. 面接の意義 ●

　筆記試験や論作文（論文）試験が，受験者の一般的な教養の知識や理解の程度および表現力やものの考え方・感じ方などを評価するものであるのに対し，面接試験は人物を総合的に評価しようというものだ。

　すなわち，面接担当者が直接本人に接触し，さまざまな質問とそれに対する応答の繰り返しのなかから，公務員としての適応能力，あるいは職務遂行能力に関する情報を，できるだけ正確に得ようとするのが面接試験である。豊かな人間性がより求められている現在，特に面接が重視されており，一般企業においても，面接試験は非常に重視されているが，公務員という職業も給与は税金から支払われており，その職務を完全にまっとうできる人間が望まれる。その意味で，より面接試験に重きがおかれるのは当然と言えよう。

● Ⅱ. 面接試験の目的 ●

　では，各都道府県市がこぞって面接試験を行う目的は，いったいどこにあるのだろうか。ごく一般的に言えば，面接試験の目的とは，おおよそ次のようなことである。

---

　① 人物の総合的な評価

　　試験官が実際に受験者と対面することによって，その人物の容姿や表情，態度をまとめて観察し，総合的な評価をくだすことができる。ただし，ある程度，直観的・第一印象ではある。

　② 性格や性向の判別

　　受験者の表情や動作を観察することにより性格や性向を判断するが，実際には短時間の面接であるので，面接官が社会的・人生的に豊かな経験の持ち主であることが必要とされよう。

---

③　動機・意欲等の確認

　公務員を志望した動機や公務員としての意欲を知ることは，論作文試験等によっても可能だが，さらに面接試験により，採用側の事情や期待内容を逆に説明し，それへの反応の観察，また質疑応答によって，試験官はより明確に動機や熱意を知ろうとする。

　以上3点が，面接試験の最も基本的な目的であり，試験官はこれにそってさまざまな問題を用意することになる。さらに次の諸点にも，試験官の観察の目が光っていることを忘れてはならない。

④　質疑応答によって知識・教養の程度を知る

　筆記試験によって，すでに一応の知識・教養は確認しているが，面接試験においてはさらに付加質問を次々と行うことができ，その応答過程と内容から，受験者の知識教養の程度をより正確に判断しようとする。

⑤　言語能力や頭脳の回転の速さの観察

　言語による応答のなかで，相手方の意志の理解，自分の意志の伝達のスピードと要領の良さなど，受験者の頭脳の回転の速さや言語表現の諸能力を観察する。

⑥　思想・人生観などを知る

　これも論作文試験等によって知ることは可能だが，面接試験によりさらに詳しく聞いていくことができる。

⑦　協調性・指導性などの社会的性格を知る

　前述した面接試験の種類のうち，グループ・ディスカッションなどはこれを知るために考え出された。公務員という職業の場合，これらの資質を知ることは面接試験の大きな目的の一つとなる。

●● Ⅲ．面接試験の問題点 ●●

これまで述べてきたように，公務員試験における面接試験の役割は大きいが，問題点もないわけではない。

というのも，面接試験の場合，学校の試験のように"正答"というものがないからである。例えば，ある試験官は受験者の「自己PR＝売り込み」を意欲があると高く評価したとしても，別の試験官はこれを自信過剰と受け取り，公務員に適さないと判断するかもしれない。あるいは模範的な回答をしても，「マニュアル的だ」と受け取られることもある。

もっとも，このような主観の相違によって評価が左右されないように，試験官を複数にしたり評価の基準が定められたりしているわけだが，それでもやはり，面接試験自体には次に述べるような一般的な問題点もあるのである。

---

① **短時間の面接で受験者の全体像を評価するのは容易でない**

面接試験は受験者にとってみれば，その人の生涯を決定するほど重要な場であるのだが，その緊張した短時間の間に日頃の人格と実力のすべてが発揮できるとは限らない。そのため第一印象だけで，その全体像も評価されてしまう危険性がある。

② **評価判断が試験官の主観で左右されやすい**

面接試験に現れるものは，そのほとんどが性格・性向などの人格的なもので，これは数値で示されるようなものではない。したがってその評価に客観性を明確に付与することは困難で，試験官の主観によって評価に大変な差が生じることがある。

③ **試験官の質問の巧拙などの技術が判定に影響する**

試験官の質問が拙劣なため，受験者の正しく明確な反応を得ることができず，そのため評価を誤ることがある。

④ **試験官の好悪の感情が判定を左右する場合がある**

これも面接が「人間 対 人間」によって行われる以上，多かれ少なかれ避けられないことである。この弊害を避けるため，前述したように試験官を複数にしたり複数回の面接を行ったりなどの工夫がされている。

⑤ **試験官の先入観や信念などで判定がゆがむことがある**

人は他人に接するとき無意識的な人物評価を行っており，この経験の積

み重ねで，人物評価に対してある程度の紋切り型の判断基準を持つように
なっている。例えば，「額の広い人は頭がよい」とか「耳たぶが大きい
人は人格円満」などというようなことで，試験官が高年齢者であるほど
この種の信念が強固であり，それが無意識的に評価をゆがめる場合も時
としてある。

　面接試験には，このように多くの問題点と危険性が存在する。それらのほ
とんどが「対人間」の面接である以上，必然的に起こる本質的なものであれば，
万全に解決されることを期待するのは難しい。しかし，だからといって面接
試験の役割や重要性が，それで減少することは少しもないのであり，各市の
面接担当者はこうした面接試験の役割と問題点の間で，どうしたらより客観
的で公平な判定を下すことができるかを考え，さまざまな工夫をしているの
である。最近の面接試験の形態が多様化しているのも，こうした採用側の努
力の表れといえよう。

◖◗ Ⅳ．面接の質問内容 ◖◗

　ひとくちに面接試験といっても，果たしてどんなことを聞かれるのか，不
安な人もいるはずだ。ここでは志望動機から日常生活にかかわることまで，
それぞれ気に留めておきたい重要ポイントを交えて，予想される質問内容を
一挙に列記しておく。当日になって慌てないように，「こんなことを聞かれた
ら（大体）こう答えよう」という自分なりの回答を頭の中で整理しておこう。

■志望動機編■

（1）　受験先の概要を把握して自分との接点を明確に

　消防官を受験した動機，理由については，就職試験の成否をも決めかね
ない重要な応答になる。また，どんな面接試験でも，避けて通ることので
きない質問事項である。なぜなら志望動機は，就職先にとって最大の関心
事のひとつであるからだ。受験者が，どれだけ消防官についての知識や情
報をもったうえで受験をしているのかを調べようとする。

(2)　質問に対しては臨機応変の対応を

　受験者の立場でいえば，複数の受験をすることは常識である。もちろん「当職員以外に受験した県や一般企業がありますか」と聞く面接官も，それは承知している。したがって，同じ職種，同じ業種で何箇所かかけもちしている場合，正直に答えてもかまわない。しかし，「第一志望は何ですか」というような質問に対して，正直に答えるべきかどうかというと，やはりこれは疑問がある。一般的にはどんな企業や役所でも，ほかを第一志望にあげられれば，やはり愉快には思わない。

(3)　志望の理由は情熱をもって述べる

　志望動機を述べるときは，自分がどうして消防官を選んだのか，どこに大きな魅力を感じたのかを，できるだけ具体的に，しかも情熱をもって語ることが重要である。

　たとえば，「人の役に立つ仕事がしたい」と言っても，特に消防官でなければならない理由が浮かんでこない。

①　例題Q＆A

Q. あなたが消防官を志望した理由，または動機を述べてください。

A. 数年前の新潟県中越沖地震で，崖下の1人の命を救うために大勢の消防隊の方たちが，救助に当たっておられ，その姿に感動したことを思い起こします。また，東日本大震災では多くの消防官や自衛官，警察官の方が自らの命を省みず懸命に職務を果たしておられる姿に心を打たれました。私もただ1人に対しても全力を捧げる，そのような消防官になりたいと考え，志望しました

Q. もし消防官として採用されなかったら，どのようにするつもりですか。

A. もし不合格になった場合でも，私は何年かかってでも消防官になりたいという意志をもっています。しかし，一緒に暮らしている家族の意向などもありますので，相談いたしまして一般企業に就職するかもしれません。

②予想される質問内容

○ 消防官について知っていること，または印象などを述べてください。

○ 職業として消防官を選ぶときの基準として，あなたは何を重要視しましたか。

○ いつごろから消防官を受けようと思いましたか。

○ ほかには，どのような業種や会社を受験しているのですか。

○ 教職の資格を取得しているようですが，そちらに進むつもりはないのですか。

○ 志望先を決めるにあたり，どなたかに相談しましたか。

○ もし消防官と他の一般企業に，同時に合格したらどうするつもりですか。

■仕事に対する意識・動機編■

1　採用後の希望はその役所の方針を考慮して

　採用後の希望や抱負などは，志望動機さえ明確になっていれば，この種の質問に答えるのは，それほど難しいことではない。ただし，希望職種や希望部署など，採用後の待遇にも直接関係する質問である場合は，注意が必要だろう。また，勤続予定年数などについては，特に男性の場合，定年まで働くというのが一般的である。

2　勤務条件についての質問には柔軟な姿勢を見せる

　勤務の条件や内容などは，職種研究の対象であるから，当然，前もって下調べが必要なことはいうまでもない。

　「残業で遅くなっても大丈夫ですか」という質問は，女性の受験者によく出される。職業への熱意や意欲を問われているのだから，「残業は一切できません！」という柔軟性のない姿勢は論外だ。通勤方法や時間など，具体的な材料をあげて説明すれば，相手も納得するだろう。

　そのほか初任給など，採用後の待遇についての質問には，基本的に規定に

従うと答えるべき。新卒の場合，たとえ「給料の希望額は？」と聞かれても，「規定通りいただければ結構です」と答えるのが無難だ。間違っても，他業種との比較を口にするようなことをしてはいけない。

3　自分自身の言葉で職業観を表現する

　就職や職業というものを，自分自身の生き方の中にどう位置づけるか，また，自分の生活の中で仕事とはどういう役割を果たすのかを考えてみることが重要だ。つまり，自分の能力を生かしたい，社会に貢献したい，自分の存在価値を社会的に実現してみたい，ある分野で何か自分の力を試してみたい……などを考えれば，おのずと就職するに当たっての心構えや意義は見えてくるはずである。

　あとは，それを自分自身の人生観，志望職種や業種などとの関係を考えて組み立ててみれば，明確な答えが浮かび上がってくるだろう。

①例題Q＆A

Q.　消防官の採用が決まった場合の抱負を述べてください。
A.　まず配属された部署の仕事に精通するよう努め，自分を一人前の消防官として，そして社会人として鍛えていきたいと思います。また，消防官の全体像を把握し，仕事の流れを一日も早くつかみたいと考えています。

Q.　消防官に採用されたら，定年まで勤めたいと思いますか。
A.　もちろんそのつもりです。消防官という職業は，私自身が一生の仕事として選んだものです。特別の事情が起こらない限り，中途退職したり，転職することは考えられません。

②予想される質問内容

○ 消防官になったら，どのような仕事をしたいと思いますか。

○ 残業や休日出勤を命じられたようなとき，どのように対応しますか。

○ 消防官の仕事というのは苛酷なところもありますが，耐えていけますか。

○ 転勤については大丈夫ですか。

○ 消防官の初任給は○○円ですが，これで生活していけますか。

○ 学生生活と職場の生活との違いについては，どのように考えていますか。

○ 職場で仕事をしていく場合，どのような心構えが必要だと思いますか。

○ 消防官という言葉から，あなたはどういうものを連想しますか。

○ あなたにとって，就職とはどのような意味をもつものですか。

■自己紹介・自己PR編■

1 長所や短所をバランスよくとりあげて自己分析を

　人間には，それぞれ長所や短所が表裏一体としてあるものだから，性格についての質問には，率直に答えればよい。短所については素直に認め，長所については謙虚さを失わずに語るというのが基本だが，職種によっては決定的にマイナスととられる性格というのがあるから，その点だけは十分に配慮して応答しなければならない。

　「物事に熱しやすく冷めやすい」といえば短所だが，「好奇心旺盛」といえば長所だ。こうした質問に対する有効な応答は，恩師や級友などによる評価，交友関係から見た自己分析など具体的な例を交えて話すようにすれば，より説得力が増すであろう。

2 履歴書の内容を覚えておき，よどみなく答える

　履歴書などにどんなことを書いて提出したかを，きちんと覚えておく。重要な応募書類は，コピーを取って，手元に控えを保管しておくと安心だ。

3 志望職決定の際，両親の意向を問われることも

面接の席で両親の同意をとりつけているかどうか問われることもある。家族関係がうまくいっているかどうかの判断材料にもなるので，親の考えも伝えながら，明確に答える必要がある。この際，あまり家族への依存心が強いと思われるような発言は控えよう。

①例題Q＆A

> **Q. あなたのセールスポイントをあげて，自己PRをしてください。**
>
> **A.** 性格は陽気で，バイタリティーと体力には自信があります。高校時代は山岳部に属し，休日ごとに山歩きをしていました。3年間鍛えた体力と精神力をフルに生かして，ばりばり仕事をしたいと思います。

> **Q. あなたは人と話すのが好きですか，それとも苦手なほうですか。**
>
> **A.** はい，大好きです。高校ではサッカー部のマネージャーをやっておりましたし，大学に入ってからも，同好会でしたがサッカー部の渉外担当をつとめました。試合のスケジュールなど，外部の人と接する機会も多かったため，初対面の人とでもあまり緊張しないで話せるようになりました。

②予想される質問内容

○ あなたは自分をどういう性格だと思っていますか。

○ あなたの性格で，長所と短所を挙げてみてください。

○ あなたは，友人の間でリーダーシップをとるほうですか。

○ あなたは他の人と協調して行動することができますか。

○ たとえば，仕事上のことで上司と意見が対立したようなとき，どう対処しますか。

○ あなたは何か資格をもっていますか。また，それを取得したのは

どうしてですか。

○ これまでに何か大きな病気をしたり，入院した経験がありますか。

○ あなたが消防官を志望したことについて，ご両親はどうおっしゃっていますか。

■日常生活・人生観編■

1　趣味はその楽しさや面白さを分かりやすく語ろう

　余暇をどのように楽しんでいるかは，その人の人柄を知るための大きな手がかりになる。趣味は"人間の魅力"を形作るのに重要な要素となっているという側面があり，面接官は，受験者の趣味や娯楽などを通して，その人物の人柄を知ろうとする。

2　健全な生活習慣を実践している様子を伝える

　休日や余暇の使い方は，本来は勤労者の自由な裁量に任されているもの。とはいっても，健全な生活習慣なしに，創造的で建設的な職場の生活は営めないと，採用側は考えている。日常の生活をどのように律しているか，この点から，受験者の社会人・公務員としての自覚と適性を見極めようというものである。

3　生活信条やモットーなどは自分自身の言葉で

　生活信条とかモットーといったものは，個人的なテーマであるため，答えは千差万別である。受験者それぞれによって応答が異なるから，面接官も興味を抱いて，話が次々に発展するケースも多い。それだけに，嘘や見栄は禁物で，話を続けるうちに，矛盾や身についていない考えはすぐ見破られてしまう。自分の信念をしっかり持って，臨機応変に進めていく修練が必要となる。

①例題Ｑ＆Ａ

> **Q. スポーツは好きですか。また，どんな種目が好きですか。**
>
> **A.** はい。手軽に誰にでもできるというのが魅力ではじめたランニングですが，毎朝家の近くを走っています。体力増強という面もありますが，ランニングを終わってシャワーを浴びると，今日も一日が始まるという感じがして，生活のけじめをつけるのにも大変よいものです。目標は秋に行われる●●マラソンに出ることです。

> **Q. 日常の健康管理に，どのようなことを心がけていますか。**
>
> **A.** 私の場合，とにかく規則的な生活をするよう心がけています。それとあまり車を使わず，できるだけ歩くようにしていることなどです。

②予想される質問内容

> ○ あなたはどのような趣味をもっているか，話してみてください。
>
> ○ あなたはギャンブルについて，どのように考えていますか。
>
> ○ お酒は飲みますか。飲むとしたらどの程度飲めますか。
>
> ○ ふだんの生活は朝型ですか，それとも夜型ですか。
>
> ○ あなたの生き方に影響を及ぼした人，尊敬する人などがいたら話してください。
>
> ○ あなたにとっての生きがいは何か，述べてみてください。
>
> ○ 現代の若者について，同世代としてあなたはどう思いますか。

■一般常識・時事問題編■

1　新聞には必ず目を通し，重要な記事は他紙と併読

　一般常識・時事問題については筆記試験の分野に属するが，面接でこうしたテーマがもち出されることも珍しくない。受験者がどれだけ社会問題に関

心をもっているか，一般常識をもっているか，また物事の見方・考え方に偏りがないかなどを判定しようというものである。知識や教養だけではなく，一問一答の応答を通じて，その人の性格や適応能力まで判断されることになると考えておくほうがよいだろう。

2　社会に目を向け，健全な批判精神を示す

　思想の傾向や政治・経済などについて細かい質問をされることが稀にあるが，それは誰でも少しは緊張するのはやむをえない。

　考えてみれば思想の自由は憲法にも保証された権利であるし，支持政党や選挙の際の投票基準についても，本来，他人からどうこう言われる筋合いのものではない。そんなことは採用する側も認識していることであり，政治思想そのものを採用・不採用の主材料にすることはない。むしろ関心をもっているのは，受験者が，社会的現実にどの程度目を向け，どのように判断しているかということなのだ。

①例題Q & A

Q.　今日の朝刊で，特に印象に残っている記事について述べてください。
A.　△△市の市長のリコールが成立した記事が印象に残っています。違法な専決処分を繰り返した事に対しての批判などが原因でリコールされたわけですが，市民運動の大きな力を感じさせられました。

Q.　これからの高齢化社会に向けて，あなたの意見を述べてください。
A.　やはり行政の立場から高齢者サービスのネットワークを推進し，老人が安心して暮らせるような社会を作っていくのが基本だと思います。それと，誰もがやがて迎える老年期に向けて，心の準備をしていくような生活態度が必要だと思います。

②予想される質問内容

> ○ あなたがいつも読んでいる新聞や雑誌を言ってください。
>
> ○ あなたは，政治や経済についてどのくらい関心をもっていますか。
>
> ○ 最近テレビで話題の××事件の犯人逮捕についてどう思いますか。
>
> ○ △△事件の被告人が勝訴の判決を得ましたがこれについてどう思いますか。

③面接の方法

（1） 一問一答法

　面接官の質問が具体的で，受験者が応答しやすい最も一般的な方法である。例えば，「学生時代にクラブ活動をやりましたか」「何をやっていましたか」「クラブ活動は何を指導できますか」というように，それぞれの質問に対し受験者が端的に応答できる形式である。この方法では，質問の応答も具体的なため評価がしやすく，短時間に多くの情報を得ることができる。

（2） 供述法

　受験者の考え方，理解力，表現力などを見る方法で，面接官の質問は総括的である。例えば，「愛読書のどういう点が好きなのですか」「○○事件の問題点はどこにあると思いますか」といったように，一問一答ではなく，受験者が自分の考えを論じなければならない。面接官は，質問に対し，受験者がどのような角度から応答し，どの点を重視するか，いかに要領よく自分の考えを披露できるかなどを観察・評価している。

（3） 非指示的方法

　受験者に自由に発言させ，面接官は話題を引き出した論旨の不明瞭な点を明らかにするなどの場合に限って，最小限度の質問をするだけという方法で。

（4） 圧迫面接法

　意識的に受験者の神経を圧迫して精神状態を緊張させ，それに対する受験者の応答や全体的な反応を観察する方法である。例えば「そんな安易な考えで，職務が務まると思っているんですか？」などと，受験者の応答をあまり考慮せずに，語調を強めて論議を仕掛けたり，枝葉末節を捉えて揚げ足取り

をする，受験者の弱点を大げさに捉えた言葉を頻発する，質問責めにすると
いった具合で，受験者にとっては好ましくない面接法といえる。そのような
不快な緊張状況が続く環境の中での受験者の自制心や忍耐力，判断力の変化
などを観察するのが，この面接法の目的だ。

◖◗ Ⅴ．面接Ｑ＆Ａ ◖◗

★社会人になるにあたって大切なことは？★

〈良い例①〉

　責任を持って物事にあたることだと考えます。学生時代は多少の失敗をし
ても，許してくれました。しかし，社会人となったら，この学生気分の甘え
を完全にぬぐい去らなければいけないと思います。

〈良い例②〉

　気分次第な行動を慎み，常に，安定した精神状態を維持することだと考え
ています。気持ちのムラは仕事のミスにつながってしまいます。そのために社
会人になったら，精神と肉体の健康の安定を維持して，仕事をしたいのです。

〈悪い例①〉

　社会人としての自覚を持ち，社会人として恥ずかしくない人間になること
だと思います。

〈悪い例②〉

　よりよい社会を作るために，政治，経済の動向に気を配り，国家的見地
に立って物事を見るようにすることが大切だと思います。

●コメント

　この質問に対しては，社会人としての自覚を持つんだという点を強調す
べきである。〈良い例〉では，学生時代を反省し，社会へ出ていくのだとい
う意欲が感じられる。
　一方〈悪い例①〉では，あまりにも漠然としていて，具体性に欠けてい
る。また〈悪い例②〉のような，背のびした回答は避ける方が無難だ。

★簡単な自己PRをして下さい。★

〈良い例①〉

　体力には自信があります。学生時代，山岳部に所属していました。登頂した山が増えるにつれて，私の体力も向上してきました。それに度胸というようなものがついてきたようです。

〈良い例②〉

　私のセールスポイントは，頑張り屋ということです。高校時代では部活動のキャプテンをやっていましたので，まとめ役としてチームを引っ張り，県大会出場を果たしました。

〈悪い例①〉

　セールスポイントは，3点あります。性格が明るいこと，体が丈夫なこと，スポーツが好きなことです。

〈悪い例②〉

　自己PRですか……エピソードは……ちょっと突然すぎて，それに一言では……。

〈悪い例③〉

　私は自分に絶対の自信があり，なんでもやりこなせると信じています。これまでも，たいていのことは人に負けませんでした。公務員になりましたら，どんな仕事でもこなせる自信があります。

●コメント

　自己PRのコツは，具体的なエピソード，体験をおりまぜて，誇張しすぎず説得力を持たせることである。

　〈悪い例①〉は具体性がなく迫力に欠ける。②はなんとも歯ぎれが悪く，とっさの場合の判断力のなさを印象づける。③は抽象的すぎるし，自信過剰で嫌味さえ感じられる。

★健康状態はいかがですか？★

〈良い例①〉

健康なほうです。以前は冬になるとよくカゼをひきましたが，4年くらい前にジョギングを始めてから，風邪をひかなくなりました。

〈良い例②〉

いたって健康です。中学生のときからテニスで体をきたえているせいか，寝こむような病気にかかったことはありません。

〈悪い例①〉

寝こむほどの病気はしません。ただ，少々貧血気味で，たまに気分が悪くなることがありますが，あまり心配はしていません。勤務には十分耐えられる健康状態だと思います。

〈悪い例②〉

まあ，健康なほうです。ときどき頭痛がすることがありますが，睡眠不足や疲れのせいでしょう。社会人として規則正しい生活をするようになれば，たぶん治ると思います。

●コメント

多少，健康に不安があっても，とりたててそのことを言わないほうがいい。〈悪い例②〉のように健康維持の心がけを欠いているような発言は避けるべきだ。まず健康状態は良好であると述べ，日頃の健康管理について付け加える。スポーツばかりではなく，早寝早起き，十分な睡眠，精神衛生などに触れるのも悪くない。

★どんなスポーツをしていますか？★

〈良い例①〉

毎日しているスポーツはありませんが，週末によく卓球をします。他のスポーツに比べると，どうも地味なスポーツに見られがちなのですが，皆さんが思うよりかなり激しいスポーツで，全身の運動になります。

〈良い例②〉

私はあまり運動が得意なほうではありませんので，小さいころから自主的にスポーツをしたことがありませんでした。でも，去年テレビでジャズダンスを見ているうちにあれならば私にもできそうだという気がして，ここ半年余り週１回のペースで習っています。

〈悪い例①〉

スポーツはどちらかといえば見る方が好きです。よくテレビでプロ野球中継を見ます。

●コメント

スポーツをしている人は，健康・行動力・協調性・明朗さなどに富んでいるというのが一般の（試験官の）イメージだ。〈悪い例①〉のように見る方が好きだというのは個人の趣向なので構わないが，それで終わってしまうのは好ましくない。

★クラブ・サークル活動の経験はありますか？★

〈良い例①〉

剣道をやっていました。剣道を通じて，自分との戦いに勝つことを学び，また心身ともに鍛えられました。それから横のつながりだけでなく先輩，後輩との縦のつながりができたことも収穫の一つでした。

〈良い例②〉

バスケット部に入っておりました。私は，中学生のときからバスケットをやっていましたから，もう６年やったことになります。高校までは正選手で，大きな試合にも出ていました。授業終了後，２時間の練習があります。また，休暇時期には，合宿練習がありまして，これには，ＯＢも参加し，かなりハードです。

〈悪い例①〉

　私は社会心理研究会という同好会に所属していました。マスコミからの情報が，大衆心理にどのような影響をおよぼしているのかを研究していました。大学に入ったら，サークル活動をしようと思っていました。それが，いろいろな部にあたったのですが，迷ってなかなか決まらなかったのです。そんなとき，友人がこの同好会に入ったので，それでは私も，ということで入りました。

〈悪い例②〉

　何もしていませんでした。どうしてもやりたいものもなかったし，通学に２時間半ほどかかり，クラブ活動をしていると帰宅が遅くなってしまいますので，結局クラブには入りませんでした。

●コメント

　クラブ・サークル活動の所属の有無は，協調性とか本人の特技を知るためのものであり，どこの採用試験でも必ず質問される。クラブ活動の内容，本人の役割分担，そこから何を学んだかがポイントとなる。具体的な経験を加えて話すのがよい。ただ，「サークル活動で●●を学んだ」という話は試験官にはやや食傷気味でもあるので，内容の練り方は十分に行いたい。

　〈悪い例①〉は入部した動機がはっきりしていない。〈悪い例②〉では，クラブ活動をやっていなかった場合，必ず別のセールスポイントを用意しておきたい。例えば，ボランティア活動をしていたとか，体力なら自信がある，などだ。それに「何も夢中になることがなかった」では人間としての積極性に欠けてしまう。

★新聞は読んでいますか？★

〈良い例①〉

　毎日，読んでおります。朝日新聞をとっていますが，朝刊では"天声人語"や"ひと"そして政治・経済・国際欄を念入りに読みます。夕刊では，"窓"を必ず読むようにしています。

〈良い例②〉

　読売新聞を読んでいます。高校のころから，政治，経済面を必ず読むよう，自分に義務づけています。最初は味気なく，つまらないと思ったのですが，このごろは興味深く読んでいます。

〈悪い例①〉

　定期購読している新聞はありません。ニュースはほとんどテレビやインターネットで見られますので。たまに駅の売店などでスポーツ新聞や夕刊紙などを買って読んでいます。主にどこを読むかというと，これらの新聞の芸能・レジャー情報などです。

〈悪い例②〉

　毎日新聞を読んでいますが，特にどこを読むということはなく，全体に目を通します。毎日新聞は，私が決めたわけではなく，実家の両親が購読していたので，私も習慣としてそれを読んでいます。

●コメント

　この質問は，あなたの社会的関心度をみるためのものである。毎日，目を通すかどうかで日々の生活規律やパターンを知ろうとするねらいもある。具体的には，夕刊紙ではなく朝日，読売，毎日などの全国紙を挙げるのが無難であり，読むページも，政治・経済面を中心とするのが望ましい。

　〈良い例①〉は，購読している新聞，記事の題名などが具体的であり，真剣に読んでいるという真実味がある。直近の記憶に残った記事について感想を述べるとなお印象は良くなるだろう。〈悪い例①〉は，「たまに読んでいる」ということで×。それに読む記事の内容からも社会的関心の低さが感じられる。〈悪い例②〉は〈良い例①〉にくらべ，具体的な記事が挙げられておらず，かなりラフな読み方をしていると思われても仕方がない。

●書籍内容の訂正等について

　弊社では教員採用試験対策シリーズ（参考書，過去問，全国まるごと過去問題集），公務員採用試験対策シリーズ，公立幼稚園・保育士試験対策シリーズ，会社別就職試験対策シリーズについて，正誤表をホームページ（https://www.kyodo-s.jp）に掲載いたします。内容に訂正等，疑問点がございましたら，まずホームページをご確認ください。もし，正誤表に掲載されていない訂正等，疑問点がございましたら，下記項目をご記入の上，以下の送付先までお送りいただくようお願いいたします。

> ① **書籍名，都道府県・市町村名，区分，年度**
> 　（例：公務員採用試験対策シリーズ　北海道のＡ区分　2025年度版）
> ② **ページ数**（書籍に記載されているページ数をご記入ください。）
> ③ **訂正等，疑問点**（内容は具体的にご記入ください。）
> 　（例：問題文では"ア～オの中から選べ"とあるが，選択肢はエまでしかない）

〔ご注意〕

○ 電話での質問や相談等につきましては，受付けておりません。ご注意ください。

○ 正誤表の更新は適宜行います。

○ いただいた疑問点につきましては，当社編集制作部で検討の上，正誤表への反映を決定させていただきます（個別回答は，原則行いませんのであしからずご了承ください）。

●情報提供のお願い

　公務員試験研究会では，これから公務員試験を受験される方々に，より正確な問題を，より多くご提供できるよう情報の収集を行っております。つきましては，公務員試験に関する次の項目の情報を，以下の送付先までお送りいただけますと幸いでございます。お送りいただきました方には謝礼を差し上げます。

（情報量があまりに少ない場合は，謝礼をご用意できかねる場合があります。）

◆あなたの受験された教養試験，面接試験，論作文試験の実施方法や試験内容

◆公務員試験の受験体験記

- -

| 送付先 | ○電子メール：edit@kyodo-s.jp
○FAX：03-3233-1233（協同出版株式会社　編集制作部 行）
○郵送：〒101-0054　東京都千代田区神田錦町2-5
　　　　　協同出版株式会社　編集制作部 行
○HP：https://kyodo-s.jp/provision（右記のQRコードからもアクセスできます） | |

※謝礼をお送りする関係から，いずれの方法でお送りいただく際にも，「お名前」「ご住所」は，必ず明記いただきますよう，よろしくお願い申し上げます。

長崎市・佐世保市・
県央地域広域・島原地域広域の
消防職短大卒／高卒程度

編　者　公務員試験研究会

発　行　令和6年5月10日

発行者　小貫輝雄

発行所　協同出版株式会社

〒101−0054
東京都千代田区神田錦町2−5
電話　03−3295−1341
振替　東京00190−4−94061

落丁・乱丁はお取り替えいたします
Printed in Japan